東アジアの近代と企業家

―ダイナミックな経済発展のキーパーソン―

East Asian Modernity and Entrepreneurship

【普及版】

金明洙・于臣 編著

明誠書林

まえがき

日本・中国・韓国の東アジア三国は、十九世紀から二十世紀にかけて、非欧米社会の中で驚異的な経済発展を遂げ国際社会に多大な影響を及ぼしたことによって多くの研究者から注目されてきた。そのダイナミックな経済発展の原因について様々な研究が行われてきた。古くから共有していた儒教文化圏や高い教育熱により形成された質の高い人的資源などを強調する研究はその代表的な事例である。明治政府による殖産興業政策・清朝末期中国の洋務運動・大韓帝国による近代化プロジェクト、そして第二次世界大戦後の日韓の高度成長期と二十一世紀に入ってからの中国の経済発展まで視野に入れて、国家主導の開発政策によって一糸乱れず迅速な経済発展が可能であったことを指摘する研究もあった。

特に本書と関連して、各国の経済発展における企業・企業家の役割に注目した研究成果も蓄積されてきたが、一国史の中で分散的に行われたことと個別の企業・企業家に注目してきたことなどにより東アジア三国の経済発展の全体像を捉えるには限界があったという問題意識がある。そうした研究史上の限界を乗り越えるために、本書では一国史の枠を超え比較史の手法を用いて東アジア三国間の企業家同士の相互交流や影響、そして企業家の組織的な活動がどのようにして東アジア全体の経済発展に貢献したかを解明していきたい。本書は大きく三部構成になっており、第一部と第二部ではそれぞれ日本・中国・韓国の研究者が比較史の観点から執筆している。第三部では欧米の研究者が日本とイギリス、日本とアメリカの企業家を比較している。以下ではその内容を概観しておきたい。

第一部は木村昌人・于臣・金明洙の論文から構成された。木村は「商業会議所（商務商会）と日中韓実業界—文化交渉の視点から―」で、企業家の相互交渉や企業家の組織的活動の基盤となった日本・韓国・中国の商業会議所（商務商会）の活動に焦点を当ててその形成過程と相互関係について比較研究を行った。木村はこの論文で、東アジア三国の中で先に欧米社会の経済システムを受容して経済発展を成し遂げた日本が中国・韓国に大きな影響を与えたという観点から、日中韓の実業界が地域や国境を越えた文化交渉を通じてどのような影響を受け、企業活動やさらには経済活動全体にどのような影響を及ぼしたかを比較した。ここで特に注目してほしいところは、陶徳民の研究に基づいて、友好関係や交際というイメージを持つ「交流」ではなく緊張を伴う駆け引きというイメージを持つ「交渉」という言葉を使っている点である。すなわち欧米から日本・中国・韓国、日本から中国・韓国、中国から韓国への影響というのが一方的ではなく、受容する側が自国の状況に合わせて「積極的に」取捨選択したという側面を強調している。これは本書全体の問題意識にもつながり、本書の執筆者たちが共有している研究視角でもある。于は「近代中国における「実業」と「実業家」―張謇（一八五三〜一九二六）と穆藕初（一八七六〜一九四三）の事例を手掛かりに―」で近代中国の実業家たちが「実業」と「実業家」という言葉をどのように理解していたかを検討している。具体的に中国初代実業家で「中国近代化の開拓者」と称される張謇と「新式資本家」を自任した次世代実業家穆藕初の言動を比較することによって近代中国で共有されていた「実業」の特徴と「実業家」の性格を解明し、さらに初代と次世代実業家との間にどのような接点があるかを検討した。金は「大韓帝国期における「企画された」日本実業視察と日韓企業家の交渉」で一九〇七年四月から六月まで約四十日間行われた韓国人実業家による日本実業視察を、視察団派遣の背景、参加者の履歴、視察日程、そして参加者の印象を中心に検討した。視察団の中心人物である韓相龍は交詢社演説で日本をモデルとする韓国の近代化を希望しているが、同視察団の多くが大韓帝国の自主的近代化プロジェクトに参加した経験があることを考慮すれば、日本モデルの韓国近代化の内容は一方的にではなくまさに「交渉」の結果であったことと、その後の政治的な変動がこれを許さなかったことを指摘した。

第二部では横山俊一郎・戴秋娟・李正熙が執筆に当たった。横山は「尼野源二郎の事業とその理想―十津川および泊園書院出身者の挑戦―」で、漢学塾泊園書院出身者の中で特に尼野源二郎の経歴・性格・交友関係を検討することによって漢学教養人による企業活動（筆者は事業活動と言う）がどのような傾向をもっていたかを明らかにした。筆者は泊園門人に対する網羅的な事蹟調査を通じて十津川村出身者の社会的な活動が多かったことに気づき、その代表的な存在として尼野に注目した。記念誌『尼野源二郎』を中心に検討した結果、横山は十津川出身者の泊園門人に共通する性格として郷土愛と公共心が高かったことを指摘し、それが尼野の実業界における活動に大きな影響を及ぼしたと結論付けた。戴は「近代中国銀行家の企業家精神―上海商業貯蓄銀行の陳光甫を中心に―」で近代中国銀行家の中心人物の一人であった陳光甫に焦点を当てて近代中国の企業家精神を検討した。工商業に比べて立ち遅れた銀行業が工商業を乗り越えて近代中国の中心産業に成長することができた背景に銀行家群体の形成があり、その典型的な人物として上海商業貯蓄銀行を設立・経営した陳光甫に注目した。戴は、同銀行関係史料と陳光甫の日記や言論集などを用いて検討することによって、近代中国銀行家の経営理念及び企業家精神の中心に銀行業の独立精神と専門精神があったと分析した。李は「朝鮮華商の和聚公と楊翼之の経営活動」で、これまでの植民地期朝鮮における華商の経済・経営活動が日本の植民地統治によりあまり活発ではなかったという通説を批判する新しい研究動向を紹介し、同研究が織物商店・中国料理店・理髪店・洋服店・建築請負業などではむしろ日本人と韓国人を圧迫していた事例を取り上げた。李はその研究動向に立って織物業界の新しい事例研究を行った。これまで同順泰研究に集中してきた朝鮮華商研究に対して楊建民の『祖業事蹟冊』を活用して山東幇系華商楊翼之の経営活動を分析した。

第三部はジャネット・ハンターとジョン・セイガーズの欧米研究者に研究成果を共有してもらった。ハンターは「一九一〇～三〇年頃の日本とイギリスの綿業における起業家精神と経営管理」で、この時代の日本とイギリス両国の綿業に見えるビジネス・リーダーシップの役割をどう特徴づけたのか、彼らのリーダーたちは海外同業者の出現により生じた競争をどう評価したか、さらに彼らはその競争にどのように対応したかを明らかにした。具体的に両国綿業を導いた何人かの起業家を取り上げ、上記の議論に基づいてその経歴と戦略を評価した。セイガーズは「より良い社会のためのより大きなビジネス―渋沢栄一、アンドリュー・カーネギー、ジョン・D・ロックフェラーの起業家としてのヴィジョン―」で、十九世紀後半から二十世紀の初頭まで東アジアの企業家精神を考慮する際に、経済的機会と障害物に大きな影響を及ぼした国際的な脈絡を検討するのが重要であると前提した上で、渋沢栄一、アンドリュー・カーネギー、ジョン・D・ロックフェラーの経済思想を比較した。セイガーズはこの分析を通じて、個人的な背景と産業発展及びフィランソロピーにおいては類似性が見えるが、その哲学と動機においては大きな相違点があったことを指摘した。

要するに、第一部は日本・中国・韓国の東アジア三国の間で行われたいわゆる「交渉」に対する研究が行われ、第二部は東アジア三国の各国を対象とした個別企業家の事例研究を通じて経営活動と経営理念・企業家精神を検討し、第三部は日本とイギリス、日本とアメリカの企業家精神を比較分析したといえよう。本書では、これまで一国史の枠の中で分散的に行われてきた東アジア三国の企業家研究とは異なる比較研究の手法を用いた共同研究を通じて、経済成長のキーパーソンとして企業家に対するより普遍的な認識が提示されたと考えられる。

本書の出版にはいろいろな方々の指導と協力をいただいた。本書につながる共同研究を最初に提案していただいた木村昌人先生とその支援を惜しまなかった渋沢栄一記念財団、本書の企画・原稿収集・執筆・出版社との日程調整に骨を折っていただいた于臣先生、そして執筆者の皆様には紙面を借りて心から感謝申し上げたい。また韓国啓明大学校国際学研究所の金晶奎所長は本書の企画に物心両面から支援を惜しまなかった。同研究所の人文社会研究所支援事業の研究費により学術叢書の形で出版することができた。ここに記して感謝したい。最後に、限られた日程であったにもかかわらず本書を立派な研究書に作り上げることに協力していただいた明誠書林の細田哲史氏にも感謝の言葉を述べたい。

アメリカ・オハイオにて

金 明洙

二〇二三年七月

目次

第二部

第三章 朝鮮華商の和聚公と楊翼之の経営活動 李 正熙……155

第三部

第一部

第一章　商業会議所（商務商会）と日中韓実業界——文化交渉の視点から——

木村　昌人

はじめに

1　問題意識と分析視角

十九世紀後半から二十世紀初頭にかけて、非欧米社会で日本は驚異的な経済発展を遂げ、東アジアの中国、朝鮮に多大な影響を及ぼした。これら三国の経済発展についてはすでに数多くの研究がなされてきた。従来の研究は欧米先進国の東アジアへの影響や東アジアの企業家や企業がそれをどう受け止め、何を吸収していたか。その過程で東アジアの政府や企業経営者は欧米企業にどのように対峙したのかが中心的なテーマであった。つまり、東アジア各国の政府や企業は、欧米企業や起業家から先進的な技術や制度を学び、導入する一方で、欧米企業の圧力をはねのけ、東アジアのライバル企業と競争していった、という視点から分析が行われていた。

日中韓三国間の経済関係に関しては、主に日本企業の大陸進出という視点から、鉄道、銀行、鉱山、繊維など基幹産業に関わる企業家やその企業に焦点が当てられた。欧米先進国から影響を受けた日中韓三国の実業界が地域や国境を越えた文化交渉を通じて、互いにどのような影響を受け、企業活動やさらには経済活動全体にどのような影響を及ぼしたのかについては、ほとんど研究対象になっていなかった。

しかし近年の研究から企業家や各企業が活動する場としての実業界やその国際・国内博覧会への参加、実業団の相互訪問などが、企業活動を促進するとともに、内外の市場への企業家の理解を深め、国際関係を安定的なものにするのにかなり大きな役割を果たしたことが明らかになってきた[1]。

本章では、一国史の枠を超え文化交渉学の視角から、日中韓実業界を商業会議所（商務商会）の活動に焦点を当てながら比較研究を行う。つまり企業家の相互交渉や企業家の組織的活動の基盤となった日本、韓国（朝鮮）の商業会議所と中国の商務商会がいかに形成され、互いにどのような関係を結んだかについて考察する。

分析の際に「交流」ではなく、「交渉」という言葉を使用する。国家や民族を超えた文化の交わりについては、「交流」という言葉がよく用いられる。それではなぜ「交流」ではなく「交渉」なのか。陶徳民によれば、「『交流』は友好な接触や交際というイメージがあり、当事者双方に有益で建設的な結果や影響がもたらされるというニュアンスで使われる場合が多い」。これに比べて、「『交渉』はもともと、①双方は接触によって関係が結ばれること、②双方がある懸案事項を解決するために折衝・談判を行うこと」という二つの意味を有するが、現在では②の意味で用いられているので、「緊張を伴う駆け引きというイメージが強い」。陶はこのように二つの言葉のイメージを区別したうえで、「異文化の接触は当事者に有害な結果ないし激しい衝突をもたらす可能性も十分ありうる」という前提に立って、「交渉」は、異文化接触から生じる様々な事象や連鎖反応に対して、「研究者の中立的姿勢を示すうえでより相応しい言葉」と述べている。

さらに、交渉は一対一で行われるばかりではなく、一対多数、あるいは多数対多数の交渉も含むので、その場合にも「交渉」のほうが、「交流」よりも適切であると指摘する。[2] そのうえで文化交渉学の目指すことは次の三点である。①何から何によって伝わるかを明らかにする「媒介から見た文化交渉の諸相」、②文化継承の相違を探ることにつながる「地域における文化接触とその影響」、③「他者から見た文化像とアイデンティティの形成」、すなわち「周縁アプローチによる新たな東アジア文化像の創出」である。[3] 筆者もこの定義に従い、東アジア文化交渉学という方法論を用い、日中韓の実業界の文化交渉について分析する。

東アジア文化交渉学とは、「国家や民族という分析単位を超えて、東アジアという一定のまとまりの内部での文化生成、伝播、接触、変容に注目しつつ、トータルな文化交渉の在り方を複眼的で総合的な見地から解明しようとする学問領域」と定義している。[4] 東アジア文化交渉学会ホームページの「紹介／創立趣意書」によれば、東アジア文化交渉学は、「グローバル的視野をもつ創造的な研究活動を目指し、研究の対象を『東アジアでの文化交渉』と設定していますが、それは『東アジアでの東西文化交渉』と『東アジア諸地域間の文化交渉』の両方を含む」。そして、「そのような文化交渉の実態を二国間・二地域間という『一対一』の視点というより、できるだけ多国間・多地域間という『多対多』の視点を生かして分析すること」となる。

その後、二〇二〇年三月に刊行された『Society for Interaction in East Asia（SICEA）』英文版序言で、文化交渉の対象地域が変更された。東西文化交渉という概念では、東アジアとそれ以外のアジア地域（中央アジア、南アジア、あるいは中東イスラム圏）、アフリカ、中南米、オセアニアなどが含まれなくなる。よりグローバルな視点で考えるためにも、また東アジア以外のアジア地域研究の促進のためにも、二つの地域を「東アジア以外の世界各地の文化交渉」と「東アジア諸地域間の文化交渉」とすることに改められた。[5] 本章では、日中韓実業界の文化交渉が東アジアの経済発展にどのように寄与したかを明らかにする。

2 チェンバー・オブ・コマースの歴史と役割

十九世紀後半に日本や中国が新設した経済団体（商業会議所と商務商会）の概念を提供したのは、欧米のチェンバー・オブ・コマース（Chamber of Commerce、以下チェンバーと略す）であった。世界においてチェンバーの歴史は中世にさかのぼる。近代資本主義以前のヨーロッパでは、フランス、ドイツ、イギリスなどの諸都市にギルド組織が存在していた。ギルドとは商工業者による職業別組合で、商人ギルド、手工業ギルドなどがあった。当時ヨーロッパでは、都市発展に寄与した遠隔地取引を行う商人によって組織されたギルドが市参事会を通じて、市制を独占していた。これに反発した手工業者が手工業ギルド（ツンフト・ギルド）を結成し、市政参加を要求し実現させた。しかし業種を超え商工業者が国王や各都市の指導者と交渉する組織はできていなかった。遠隔地取引が活発化するルネサンス期になると、業種を超えた商工業者が集まり、情報交換や為政者との交渉を行う場、すなわちチェンバーを作る必要が生まれた。

欧米のチェンバーの起源は、一五九九年に地中海の港湾都市マルセイユに設立されたものといわれている。チェンバーはその後十七世紀から十八世紀にかけてフランスの各都市で発達したチェンバー・オブ・コマース（Chambre de Commerce）が、ヨーロッパ大陸各国に大きな影響を及ぼした。特にナポレオン一世時代には、ドイツのライン河沿岸の諸都市がナポレオンに制覇され、チェンバーの組織が造られた。このほかのヨーロッパ大陸諸国も大なり小なりフランスのチェンバーの影響を受けている。

その後のチェンバーの発展には大きく分けて二つの流れがある。一つは先に述べたフランスを源流とする大陸系とするならば、もう一つは英米式である。イギリスで現存する最古のチェンバーは、一七八三年に設立されたグラスゴー商工会議所といわれている。その後十八世紀の後半から十九世紀にかけて各都市に商業会議所が設立された。一八八一年に首都ロンドンにもチェンバーが設立された。アメリカでは、一七六八年にニューヨークにチェンバーが設立されてから、各地に広がった。

英米系のチェンバーでは当該都市に所在する商人は会議所へ自由に加入でき、その運営は会員が支払う会費によって賄われる。これに対してフランスやドイツなどヨーロッパ大陸系のものは、当該都市に本拠を構える商工業者は、チェンバーへの加入を強制され、会費も支払わなければならない。市や政府が補助金を出すため、会議所活動の資金は潤沢であるが、その分監督官庁の影響を強く受けざるを得なくなる。

図１　経済界のしくみ

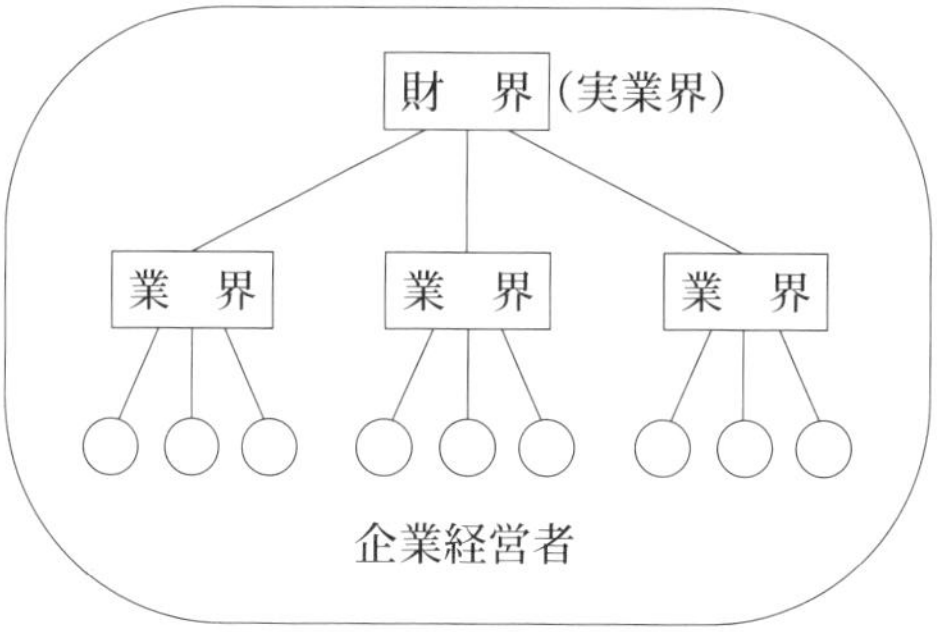

本論に入る前に、実業界ということばについて説明しておこう。同義語としては、経済界、財界、業界などがある。このなかで最も狭い範囲を示すのが業界で、繊維業界、木材業界など一産業分野を表すときによく用いられる。この四つの言葉の関係は図1のようになると考えられる。すなわち、最上層には政界、官界にも顔が利く財界という経済団体指導者があり、次の層に業種によって結ばれた業界指導者がある。底辺に個々の企業経営者があると仮定する。各層それぞれ一段下の層の利害調整と代弁を行う。

財界[6]という言葉は、一九一〇年代以降、日本工業倶楽部、日本経済連盟会がそれに当たる。第二次世界大戦以降は、経済団体連合会（通称経団連）、日本商工会議所（通称日商）、経済同友会などのいわゆる「経済四団体」を想定すればよい。

図1から考えると、本章で取り扱う商業会議所は、各業界団体や各地の商工会などの事業者団体で、日本の政治、経済、社会をリードするパワー・エリートの集団と見てよいであろう。したがって、財界に相当するが、先に述べた「経済四団体」とは異なり、十九世紀後半から二十世紀初頭にかけての商業会議所は、あくまでも都市を母体としていて、全国各都市の集合体としての日本商工会議所とも性格が異なる。したがって本章では、実業界という言葉を用いる。

一　日本における商業会議所の歴史

1　江戸時代から明治初期

日本にも中世から商人の様々な組織が存在していた。その中で今日に至るまで存続しているのが「講《コウ》」(7)である。「講」は日本各地で様々な形で生まれたが、その流れは二つに大別される。一つは民間の金融組織である。「頼母子講」「無尽講」「恵比寿講」などで、ブリタニカ国際大百科事典小項目事典によれば、「講員が掛け金を定期間に出し合い、入札または抽籤で毎回そのなかの一人が交代で所定の金額を受け取り、全員に渡し終えた時点で講は解散する」。鎌倉時代から存在したと思われるが、江戸時代に発達した。もう一つは、人々が信仰のために組織したもので、「成田講」「伊勢講」「富士講」「大山講」など神社仏閣への信仰を中心としたものである。

江戸時代の町人組織で注目しなければならないのは、江戸町会所である。これは商人の組織ではないが、江戸後期に老中松平定信が実施した「七分積金」の制度により、江戸窮民救済のためのコメ、金を積み立てたものを、江戸の町民に管理させる組織であった。町民の自治意識を高めるのに貢献したといわれる。これが東京会議所の源流である。(8) 明治になってから、町会所に積み立てられた江戸市民の共有金を一八七二年に設立された東京営繕会議所が引き継いだ。渋沢栄一はこうした松平定信の功績を高く評価した。(9) みずからが東京営繕会議所（後に東京会議所）会頭になり、共有金の管理だけでなく、東京市内の道路、橋の整備・修理、東京養育院、商法講習所(10)の支援などの事業を行った。

一八七五年、森有礼、福澤諭吉が中心になり、産業界の指導者育成を目的として商法講習所を設立した。国力の基本は経済にあると考えた森は、国際的に通用する経済人を育成する教育を米国のビジネス・カレッジを模倣した私塾としてスタートさせた。

日本で初めての会議所の設立に大きく関与した渋沢栄一や福地桜痴らが目指した社会は、フランスで見聞したような実業家が政治家や軍人と対等に国家社会について議論できるというものであった。つまり経済活動に直接携わる商工業者が民の中心となって公論形成のリーダーシップをとり、政府の政策決定に影響力を与えることのできる社会であった。そのためには商工業者の地位を向上させるとともに、商工業者自らが政治家、官僚、軍人と対等に議論することのできる社会的地位と見識を持っていなければならなかった。したがって、輿論ではなく公論でなければならなかった。日本の実業界を「民主化」させるためには、公益を民主的な方法によって増進することの意味を理解できる実業人を育成するだけでなく、商業者を教育する場を作らなければならなかった。

そのために渋沢らが試金石としたのが会議所組織であった。会議所組織は、江戸時代から存在した株仲間のような同業者組合ではなく、多業種の商工業者が一ヶ所に集まり、情報交換するだけでなく、条約改正、産業振興といった日本経済が直面する巨視的な問題点から商標登録、不正防止など経済活動に関する微視的な実務的な問題につき、調査に基づく議論を尽くし、自らが作成した案を政府に請願するという公論形成の場であった。また海外チェンバーとの人的交流を通じて、幅広く精力的な情報活動を推進した。

商法会議所は、江戸時代の町会所・東京会議所からの流れと西洋のチェンバーの制度が組み合わされて創設された日本独特の非政府組織（NGO）の経済団体であった。非政府組織にとって常に頭の痛い問題は、算盤、つまり組織の財政悪化を防ぐことと、運営資金の安定的な調達であった。以下、東京商法会議所、東京商工会、東京商業会議所へと名称が変化する中で、会議所の性格がどのように変化し、その中で、渋沢が果たした役割を明らかにしてゆきたい。

フランスから帰国後、まず渋沢は明治政府に勤務したが、官尊民卑の風潮はますます強く、優秀な人材が「官」に集まる状況を憂い、自らが銀行家として、日本社会に必要とされるさまざまな事業を創造するため政府を辞した。渋沢は官尊民卑を打破する手段としての「論語」と「算盤」（道徳経済合一説）」と「合本主義」を導入し、経済界を創出し、日本社会の「民主化」を図った。渋沢は福澤諭吉とは異なり、『論語』を徳と豊かさが共存する近代社会を実現するための指針とした。彼の解釈に従えば、儒教の教えはダイナミックで、多種多様な人々を組織化し起業するときに適用できる基本的な概念と考えた。彼は脱亜の立場を取らず、韓国・中国との経済提携を常に念頭に置き、欧米の資本や技術を取り込み、東アジアのインフラ整備を進めようと積極的に提言した。

2　東京商法会議所から東京商工会へ

一八七八年（明治十一）、伊藤博文、大隈重信から商法会議所設立に関する相談を持ちかけられた渋沢は、欧米

図２　経済団体の系譜

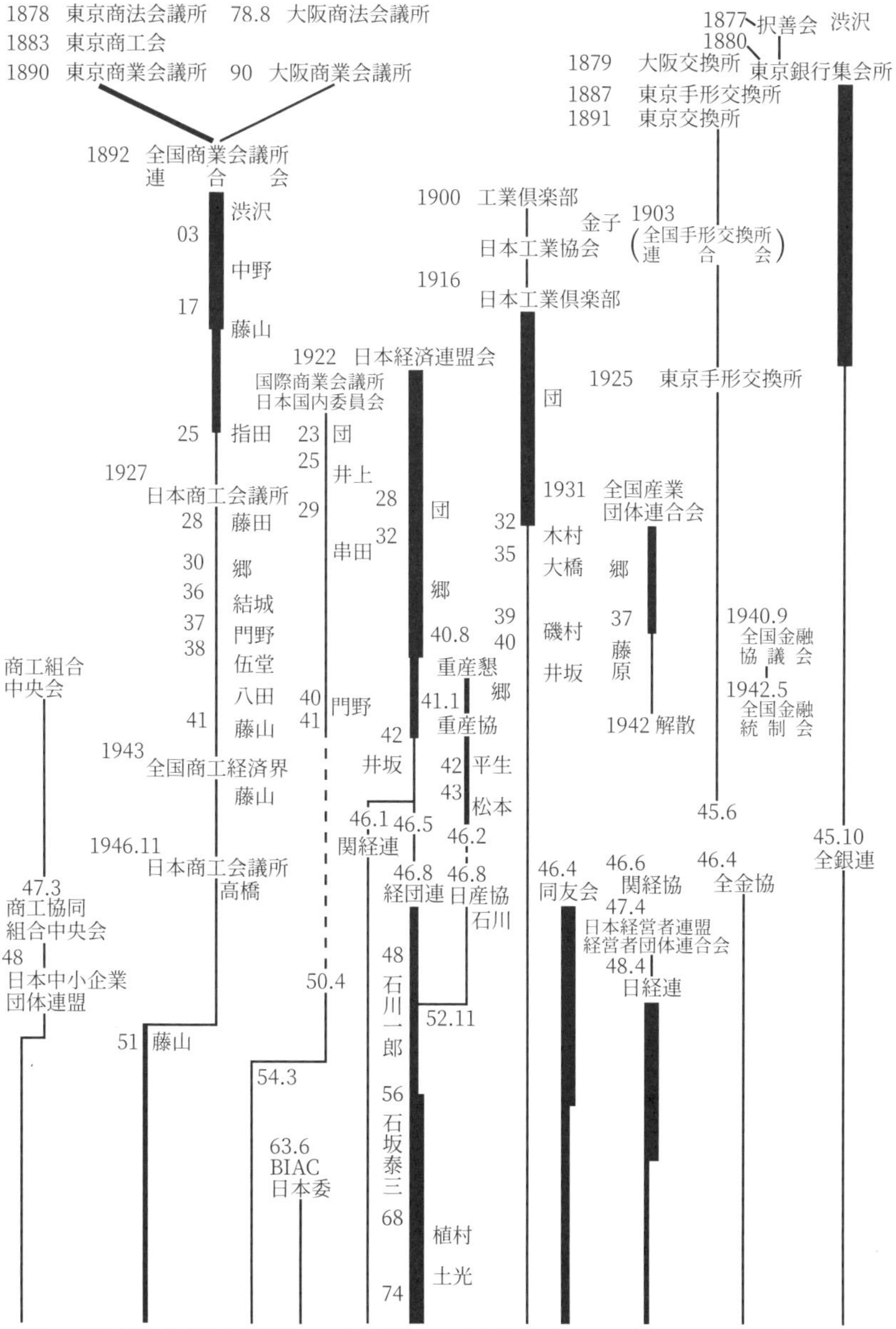

出典：中村隆英・伊藤隆 編『近代日本研究入門』（東京大学出版会、1977 年）175 頁より作成。

のチェンバー・オブ・コマースを導入することを考え、政府から千円の補助金を得て、東京商法会議所を創設した(図2参照)[11]。その目的は、まず明治日本が掲げた目標の一つである殖産興業を促進すること、次に、条約改正交渉を進めることであった。さらに、英国公使パークスから日本には世論がないと指摘され、不平等条約改正へ向けての公論形成の場を作りたいと考えたこと、業界団体とは異なる業種を超えての情報・意見交換の場として、実業界の地位向上につながると考えられたことが挙げられる。

一方大阪ではほぼ同時期に五代友厚が同年大阪商法会議所を設立した。その目的は明治以降陰りが見える大阪経済の復活にあった。したがって初期の大阪商法会議所は、江戸時代の株仲間や同業者組合的な要素が強かった。

東京商法会議所の創立発起人は、渋沢栄一(第一国立銀行頭取)、益田孝(三井物産会社社長)、福地源一郎(日報社長)、三野村利助(三井銀行)、大倉喜八郎(西洋織物商)、渋沢喜作(生糸米穀商)、竹中邢香(米商会所頭取)、米倉一平(両替商)という東京の代表的な実業家八人であった。渋沢、益田、大倉などは英米方式の会員制任意組織を目指したが、財政的自立は困難であったため、政府から補助金を受け取らざるを得なかった。その後、一時は政府の補助金と会員の拠出金で運営していたが、一八八〇年七月からは補助金が廃止されたため、議員の拠出金を倍額にして活動を維持した。

これは自立性の確保という点では好ましかったが、相当の金額を払える企業しか議員にはなれず、結局大企業が中心の運営になり、中小企業の会員からは不満が起きた。益田孝が指摘したように、渋沢は「至ってデモクラシーの人」で、実業界の「民主化」を図っていったが、一八八三年に東京商工会と改称された後の会員は、拠出金を支払うことができる大手企業が多数を占め、中小企業は事実上締め出された。つまり排他的な性格を有していた組織になっていた。これでは、本来、渋沢の重視した平等性の尊重という精神とは相いれないものがあったと思われる。

それが商業会議所条例制定の過程で顕在化し、財政の安定からもすべての商工業者が加入できる強制加入になってゆく。

東京商法会議所が行った主な事業は次のとおりである。①条約改正のための公論づくり、②外商と横浜連合生糸荷預所問題、③民間外交であった。特に指摘したいのは②である。

幕末から明治初期の日本では、外商の不正や不公平な取引も目に付いた。二百数十年も国を閉ざしていた日本には、本格的な工業化や海外取引の開始にあたって、グローバルに展開する商取引を円滑に進めるための海運業や海上保険、外国為替取引行が全く育っていなかった。国際取引に関する法的な整備も外商と交渉する商人組織も存在していなかったため、輸入品に対して法外な価格を要求され、輸出品は買いたたかれた。

しかし日本社会の商慣習を全く理解しようとしない横暴な英国商人を中心とする外商側にも問題があった。特に生糸の扱いを巡って、開港後の横浜での外商の横暴は目に余った。外商や海外メディアが、こうした外商の横暴を考慮せずに、日本の生糸の品質の劣悪さや見本との違いを批判するのは、あまりにも一方的に過ぎると渋沢や生糸売込み商は感じた。渋沢は、生糸貿易における外国商人の不正、横暴に対抗して、横浜の生糸商が計画した連合荷扱所の設立に協力した。

外商たちはこの動きに強く反対したが、海外での日本の生糸に対する需要は底堅く、日本側は反対を押し切り連合荷扱所の設立にこぎつけた。しかし最終的にこの問題が解決されるのは、外商の活動を居留地に隔離してきた不平等な条項が撤廃され、一九一一年に日英、日米通商航海条約が改定、関税自主権を獲得するまで待たなければならなかった。

ようやく全国に設置が進みだした商法会議所に対して、農商務省は農工商諮問会規則を制定し、全国各地に官選の諮問会を設置して、農商務省がイニシアチブを取り地方を統合し、指導しようと試みた。このため一八八一年には二十八を超えていた地方の商法会議所はその存在意義を失った。東京商法会議所は、一八八三年に組織替えを実施し、会員を会社と組合代表者に限定し、東京商工会という新たな組織を設立した。設立当時は、会員数は一〇七、うち組合数は四十八で八十八人、会社数は十五社で十五人であった。運輸倉庫業が六社と最も多く、次いで、工業、商業が続いていた。渋沢は東京商工会の会頭にも選ばれ、副会頭は益田孝が就任した。東京商工会の活動で注目すべきは、松方デフレが続いている中での不況対策と条約改正についての二つの建議である。名称こそ商法会議所から商工会に変わったものの、渋沢会頭、益田副会頭というトップの二人は変わらず、商法会議所設立初期の目的であった条約改正へ向けての公論づくりには貢献したのであった。

3　東京商業会議所の誕生

一八八九年にプロシア憲法を範とする大日本帝国憲法が発布、市町村制が施行され、翌年には帝国議会が開かれたが、同年日本初の恐慌が発生し、経済状況は深刻な事態になっていた。こうした中でより多くの商工業者が参加できるヨーロッパ大陸方式の商業会議所条例が制定され、商工会は商業会議所となった。さらに一九〇二年に商業会議所法が制定され、「商工業の発展に必要な調査[12]」、「商工業に関する法規の制定、改廃または施行に関し、意見を行政庁に開陳し、または商工業の利害に関する意見の表明[13]」などを行うことが主目的になった。

商業会議所はどのような機能を持つようになったのであろうか。まず国内ばかりでなく海外先進国に共通の組織を持つ唯一の経済団体であったため、三井・三菱といった財閥系企業や銀行集会所と並んで、日本実業界を代表する地位にあり、内外から認識されていた。次に商業会議所首脳が、実業界ばかりでなく、政界、官界にも太いパイプを持ついわゆる大物が多かったこと。第三に、ヨーロッパ大陸方式の強制加入のため、会議所の予算規模が大きく、情報活動の資金も豊富になった。

注目すべき機能は、活発な情報活動であった。国内情報に関しては、全国組織を通じて業界の動き、商品市況などが入手できるだけでなく、会議所首脳の持つ太い人的パイプを通じて、政・官界の経済政策についての情報をいち早く収集することが可能であったし、政府も会議所を活用するために積極的に情報を提供した。

東京商業会議所（以下東商と略す）が行った主な活動を見ていこう。

①日清・日露戦後経営への建議

日清、日露戦争を経て、二十世紀初頭に日本経済は大きな転換点を迎える。東商は日清戦争以降、経済動向や経済政策に対して積極的に新聞や雑誌で発言し始めた。東商はグローバル化が進み、国際競争が一層激しくなるなかで、日本経済の体質を強化し、国際競争力を高めることが急務と考えた。その中で、民間主導の手法だけでは限界があり、国家が政治経済に果たす役割が急激に拡大したことを認識した。しかし政府は、対露戦に備えるための軍備増強と国際的なインフラ整備のため、松方財政の路線を大きく転換し、積極財政政策を採用した。つまり金本位制度を導入し、海外からの投資を促した。東商は、清国からの賠償金を軍備増強に回すことに対しては反対し、経済振興に回すことを主張した。さらに民間の資金不足を補うために民間への積極的な外資導入を図ることが必要と考え、外資に対するアレルギーを取り除くための宣伝や啓蒙に努めた。

東商に代表される実業界が憂慮したのは日露戦争後の日本経済社会の行く末であった。戦費調達のため、巨額の外債に依存せざるを得なかった日本経済をどのようにして立ち直らせるか。そのために企業の体質転換をどのように進めていくかであった。第一次世界大戦による空前の好景気は、実業界の杞憂を消し去るほどであったが、大戦景気の反動不況が到来すると、渋沢は、すでに東商会頭を辞めていたが、金融不安や企業家の倫理欠如という問題に直面し、銀行家を中心とした実業家自身の道徳の高揚を目的とする「論語と算盤」(道徳経済合一説)をよりいっそう強調するようになったのである。

② 情報の発信と共有

情報の発信と共有という点からも、商業会議所は大きな役割を果たした。まず国内企業経営者に対しては、各業界内の動きだけでなく、地域経済の動向、さらには全国市場や海外市場の最新情報を入手し、広報、宣伝という情報発信の場としての機能が強化された。一八七八年に東京、大阪、神戸で創設された商法会議所は、その後、横浜、名古屋、京都、門司、新潟、函館など日本の主要都市から全国へ銀行とともに普及し、地域経済界の中核となり、企業を立ち上げ、博覧会、共進会などを地方自治体と共催した。商業会議所は都市を中心とする商工業者の組織であり、あくまでも地域の経済団体であった。そこで東商は、国内の商業会議所間の交流を進めるため、一八九二年には全国十五商業会議所が結集して「商業会議所連合会」を結成した。

明治時代の日本企業は、一般的に小規模なものであり、そのほとんどは経営の組織体にまで成長していないファミリー企業が多かった。このため国際的視野に立って、海外の政治経済情報や海外市況を探ることは、個々の企業では不可能に近かった。商業会議所はこうした企業の未発達な部分を補完し、会議所が国家と民間の意思疎通、橋渡しの役に任ずることを表明している。つまり実業界の要望の発信基地としても大きな役割を果たしていたのであった。

海外情報については、外務省ならびに海外日本人商業会議所や各国の商業会議所との交流を深めて、情報収集を行った。例えば、ロンドン商業会議所との通信交換の開始である。一八八八年五月、ロンドン商業会議所と東京商工会との間に通信連絡網が開通した。日英の商況報告、貿易統計などの経済活動の基礎データの相互交換が行われるようになった。渋沢は、東京商工会からは、日英貿易に関する緊要の統計類、日英貿易に於いて、日本人が英国人に向けて希望する要点、英国製造業者や商人に参考となる文献について詳しく情報を送るので、ロンドンからは日本側からの要望に応えるだけでなく、「新発明ニ係ル器械ノ事、又ハ製造品変遷ノ実況等最モ日本商工業者ノ気附ト可相成事項ニ就キ可成報告有之候様致度希望仕候[14]」と述べている。渋沢は海外各都市と商業会議所との情報交換を極めて重視していたのである。

第二に、商業会議所は海外に向けて、日本の対外政策、特に経済政策について情報発信を行った。朝鮮、清国への経済進出は、渋沢がこの時期に最も関心を持っていた問題の一つであった。東商は、在朝鮮、在清国駐在の外務省の領事と商業会議所の間に直接通信線を開くこと、主要な商業会議所の共同出資により、両国の重要拠点に通信機関を開設するという注目すべき提言を行っている[15]。商業会議所が日本の大陸への経済進出にあたり、独自の情報ルートを創設しようとしていたことがわかる。この情報ルートは、情報収集だけでなく、日本上の発信基地としても利用されることになる。一八九〇年代から一九一〇年代にかけて、商業会議所は海外情勢への関心をさらに高めたが、その際海外における現地の商業会議所や在外日本人商業会議所との間で、人的ネットワークを作りながら情報交流が行われた[16]。

③「民間」外交の推進

海外の実業家との経済や文化に関する様々な交渉を行うために、商業会議所は積極的に「民間」外交を推進した。一八七九年世界周遊の帰路、来日した前米国大統領ユリシーズ・グラント夫妻を東京商法会議所は東京府会議員と一緒に東京接待委員を組織して、上野公園での歓迎会には明治天皇が臨幸した。さらに上野精養軒、工部大学校などに加え、東商会頭の渋沢栄一は飛鳥山の私邸で歓迎会を催した。この歓迎行事が東商の「民間」外交の嚆矢となった。

商業会議所は海外商業会議所との交流にも積極的で、一九〇八年の米国実業団の受け入れや翌年の渡米実業団の時には主催者となった。特に渋沢が取り組んだのは、日本を代表する実業家を数多く引率し、将来の日本にとって、最も重要な国になると考えられた米国を訪問したことであった。数十名からなる実業団参加者には、経済経営のことだけでなく、その背景にある政治、社会、文化、教育、宗教などを理解させると同時に、幕末に締結したいわゆる不平等条約を改正し、グローバル化が進んだ時代の国際取引に適する対等な条約締結に向け、一九〇九年八月のホノルル寄港を皮切りに、九月から十一月末まで三ヶ月かけて、全米五十以上の都市を訪問した。「財界の岩倉使節団」ともいうべき大実業団の派遣は、空前絶後のものであった[17]。

日本側は、関税自主権の確立を中心に日米通商航海条約を改定するための地ならしをするという隠れた目的があった。日米経済関係については、米国側から提起された問題は、貿易不均衡問題であった。訪問先の多くの都市で、米国側から日米貿易不均衡について、強い不満が表明された。歓迎会のスピーチに立つ米国実業家の多くは、必ずと言ってよいほど対日貿易に対する苦情を述べ立てた。その場の雰囲気を壊すほどではなかったが、かなり辛辣であった。続くニューヨークやボストンでは、見本よりかなり劣る日本商品の質の悪さに苦情が相次いだ。この点に関しては米国側の言うとおりであり、日本側も頭を痛めたのであった。

日米実業団相互訪問を通じて、貿易関係に対する二国間の認識の違いが明らかになった。つまり、「米国は日本から多くの商品を購入しているのに、日本は米国からあまり多くの商品を購入せず、もっぱら英国やドイツに依存している。日米両国が今後も緊密かつ有効な関係を続けていくためには互恵主義（reciprocity）でなければならない[18]」というダラー汽船社長ロバート・ダラー（Robert Dollar 一八四四―一九三二）の発言に代表されるように、米国側は対日貿易構造が日本にあまりにも有利であり、さらには日本と米国東部市場を結ぶ中継地としての役割しか果たしていない状態を改善しようと考えていた。

これに対して、日本実業家にとっては、日米貿易は日本が貿易黒字を出すことのできる数少ない取引であるからこそ魅力があった。したがって、「公平」とか「公正」という概念で日米貿易を考えていなかった。松方幸次郎（川崎造船所社長）によれば、最大の原因は日米両国民の無知によるものであると述べる。日米の貿易業者の市場調査の不足に起因していると結論付けている。したがって、日米双方の実業家が相互交流を通じて相手の事情をよく知れば、貿易量は拡大し、対日貿易量も増加するのであり、「不公平」とか「不公正」という問題とは無縁のものであると論じている。[19] 渋沢ら多くの日本の実業家は、貿易の均衡を達成することが必要と考えていたが、海外取引においても適度の競争は必要と述べている。

渡米実業団一行はビジネス関連施設の訪問に加え、タフト大統領やトーマス・エジソンといった著名人にも会見し、さらにはハーバード、プリンストンなど主要な大学、教会、フィラデルフィアのジラードカレッジといった福祉施設も見学した。つまり団員は米国社会を総合的に理解しようとしたのである。米国各地の新聞に渡米実業団の様子を伝える記事が数多く残されている。渋沢はじめ、兼子夫人ら日本人女性が着物姿の写真入りで大きく報道され、現地の歓迎ぶりがうかがえる。米国民にとってもアジアからのこれだけ大勢の民間実業家の訪問は初めてで、興味津津だったのであろう。

訪米を通じて、日米親善を図り相互理解を深めた。実業界にとっては日米通商航海条約の改正に向けて、米国の政財界首脳と交流し、中国市場での平和裏の競争、資本・技術提携の可能性について率直な意見交換をする絶好の機会となった。訪問先では米国政財界人が必ず日露戦争の勝利を讃えた。日本側は、ロシアとの一戦はやむにやまれぬ戦いで、日本は好んでロシアと事を構えたわけではないと説明した。むしろ膨大な戦費を賄い、戦後の日本経済は疲弊している。再び経済成長の軌道に乗せるためには、米国の協力が不可決と窮状を述べた。また中国市場を巡っては日米が協力する可能性が大いにあるとし、より一層の資本・技術提携を推進するよう依頼した。

この結果、日露戦争後、ぎくしゃくし始めた日米関係を改善する環境を作り出し、「民間」外交の成果をあげた。また商工会議所の連携強化など民間交流の組織化に成功し、戦後の日米財界人会議へつながる日米経済界の太いパイプを築く出発点になった。日米経済界交流の新興国アメリカへの理解を深め、実業家に国際理解のための教育を行う必要性を認識させた。

4　商工会議所への移行—グローバルな企業家活動の舞台として

第一次世界大戦後、日米関係が単なる二国関係の枠組みを超え、太平洋地域さらには国際社会全体の帰趨に重大な影響を与えると考え、渋沢をはじめ日本の実業界は経済界を中心とした民間で定期的に腹蔵なく意見を交換できる場を作ろうとした。一九一五年にパナマ運河開通記念万国博覧会に出席した渋沢は、サンフランシスコ商業会議所内に、ウォーレス・アレキサンダーが中心となり米日関係委員会が設立していることを知り、翌一九一六年に数え年で喜寿を迎えた渋沢は、経済界から引退したのを契機に日米関係委員会を設立した。渋沢は中野武営と相談し、委員を二十四名に絞った。経済界からは井上準之助、団琢磨、さらに新渡戸稲造、島田三郎、金子堅太郎、瓜生外吉ら日米関係に深いつながりをもった人物が選ばれた。渋沢と中野武営が事務局を務め、一九二四年にいわゆる排日移民法が米国で成立するまで、米国各界首脳を日本へ招き、日米の相互理解を深めるための真摯な議論を行い日米親善の基礎を作った。

商業会議所は、グローバルな経済取引を円滑に進めるための企業家活動を取り囲む環境に対するアプローチを行った。換言すれば、政治・外交的な要素を含む国際関係を改善するために実業家が行う努力である。商業取引やさらには長期の投資や永続的な取引が締結されるためには、単に経済的な優位性や技術力だけではなく、政治、軍事、社会を含んだ広い意味での国家間や国際組織内での信頼関係が築かれていることが不可欠である。

特に渋沢は、他の実業家よりもはるかに大きなスケールで長期間にわたり、積極的な商業道徳を実践した。二十世紀初頭、世論が国際関係に及ぼす影響力の大きさを認識した小村寿太郎や金子堅太郎は、「外交は帝王と帝王との関係、もしくは外務大臣同士の関係であったが、二十世紀には外交の原動力は、国民と国民との間にあるので、野心ある政治家がいてもどうすることもできない[20]」と語り、アメリカにおける日本人移民問題解決に向けて経済界への協力を求めた。

渋沢は、外交には素人であると断りながらも、民間経済界指導者が行うべき商業道徳に含まれると考えた。つまり国境をこえるグローバル社会での企業家活動を円滑に行うためには、広い意味でのかつ積極的な商業道徳に含まれると考え、政府の申し出を引き受けた。渋沢は、還暦を過ぎてから米国に四回、ヨーロッパに一回、中国に一回、韓国には数回訪問し、日本との関係改善に積極的な活動を行った[21]。積極的な商業道徳活動を通じて、経済人が諸外国から信頼を得ることこそが、日本の経済社会を豊かにし、グローバル社会において平和を維持するために貢献できると渋沢は考えていた。他の実業界のリーダーに共通した国際認識でもあった。

一九二二年六月に全国商業会議所連合会は改編され、常設の機構・事務局を持つ「日本商工会議所[22]」が誕生した。渋沢とも関係の深い藤山雷太が初代会頭に就任した。商工会議所は①地域を基盤としている地域性、②会員はあらゆる業種・業態の商工業者から構成される総合性、③公益法人として組織や活動などの面で強い公共性を持つという公共性、④世界各国に商工会議所が組織されているという国際性、の四つの特徴を有する。全国の商工会議所の会員数は約一三三万に達する。[23] 渋沢が重視した地域振興の中核として地方の政治、行政、経済界、ＮＰＯを結び付ける絆の役割を果たしている。

明治後期より第一次世界大戦期までは、渋沢栄一、中野武営を中心とした東京、大阪、名古屋、京都、横浜、神戸などの大都市商業会議所ならびに全国組織である商業会議所連合会と東京銀行集会所が、経済団体の中心的な存在であった。しかし一九一六年に日本工業倶楽部が設立され、急速に発言力を強め、政策建議活動の中心になってからは、徐々に中小商工業者の利害や地方の利害を代表する経済団体へとその性格を変化させていった。

商業会議所の性格の変化の背景には、日本の財界構造が、大正期に大きく変化したことに注目しなければならない。第一次世界大戦を経て、軽工業を中心とした産業の近代化が一段落し、重化学工業化へ進むにつれ、渋沢栄一、岩崎弥太郎、五代友厚、安田善次郎、など明治初期からの大物実業家の多くは世を去り、財界の主役は代替わりの時期を迎えた。したがって、財閥と商業会議所・銀行集会所を押さえれば財界の動向をほぼ把握することができた時代は終わり、大正期に入ると状況はより複雑になってくる。

日本工業倶楽部が、国際商業会議所（International Chamber of Commerce: ICC）にも加盟し、[24] 内外ともに日本を代表する経済団体に成長し、商業会議所の地位は低下する。こうした財界の地盤変化は、渋沢の影響力を低下させる一因となる。三井、三菱といった財閥と軍部と太いパイプを持つ森恪のような大陸浪人的な財界人が、日中交流でも数多く登場し、彼らの動きが主流になってきた。日本工業倶楽部が財界活動の中心になるといえども、銀行の加入していない経済団体では、日本経済界の総意といえないため、国際商業会議所への加入を危ぶむ見方も多く、財界としては第一次世界大戦後の新しい国際経済秩序に対応すべく、体制の見直しに迫られていたのである。このため一九二二年、井上準之助ら十二名の代表的な財界人により「我経済力ヲ集中シ各方面ノ意見ヲ統一スルニ足ルベキ一大実業団体[25]」の結成の必要性が叫ばれ、同年八月に日本経済連盟会が設立された。直接の目的は、国際商業会議へ日本代表として加盟することであった。

渋沢が主導した実業家の様々な活動により、二十世紀初頭には、政界、官界、軍人と並んで実業家または実業界という存在が日本社会で認められるようになった。明治の評論家山路愛山は、明治の初め、官役人に対して平身低頭し、唯々諾々であった商人が、最近では、実業界で有力な人であれば、だれでも平等に大臣と交わることができ、「商人の位置が大いに進みたる」は良いことであるが、「商人と官吏との境が平等の境より更に一転し商人却って逆さまに役人を制し、金の縄にて役人を縛り、昔し髭の塵を払いたる役人をして逆さまに自己の靴の緒を結ばしむるの風に至りては」困ったことだと述べるまでになった[26]。

一九一〇年代に日米関係の国際的環境は激変した。第一次世界大戦後、米国は孤立主義的になり、ウィルソン大統領が提唱し設立された国際連盟には加盟しなかったが、世界一の債権国となった米国経済界は、戦後ヨーロッパの復興に関心を持ち米国は何をすべきかを模索していた。米国経済界の重鎮F・ヴァンダリップは、米国内だけでなく、ヨーロッパ経済の復興、中南米さらには東アジアにも投資、貿易先としての将来性を探ろうと考えた。一方東アジア情勢にも大変化が見られた。日本の韓国併合、中華民国の誕生、満州開放問題、日本の旧ドイツ領への進出、ロシア革命とシベリア出兵などを巡り、米国経済界の東アジアへの関心は高まり、日中間の経済交渉においても、イギリスと共に米国が大きな影響を及ぼすことになる。

二　中国の商務商会の発展

1　十九世紀までの中国の実業界

次に日本よりも早く一八四〇年に勃発したアヘン戦争以来欧米諸国との文化交渉が本格化した中国の経済団体についいて見ていこう。

いうまでもなく中国では古代から商業が盛んであった。古代漢代までは都市内の商業区域で同業ごとに区画されて、営業が認められていた。この区画は行と呼ばれた。城郭内の市でのルールに縛られ、自由な営業は行えなかった。しかし唐末、五代、宋の時代になると、新しい商業都市が登場する。商人たちは業種ごとに同業組合を結成するようになった。行はこの同業組合のことを意味するようになった。行に加わった商人は営業権を独占し、相互の利益保護に努めた。例えば、銀の両替にあたった商人の組合は銀行と呼ばれ、今日の銀行という言葉の起源になったとされている。

さらに明時代になると、国境を越え商人の往来が増加し、都市間の商業活動も盛んになった。しかし清時代になると一種の鎖国体制になり、海外との貿易は決められた港だけでしか行えなくなり、外国商人が自由に清国内で商業を営むことができなくなった。十七世紀以降、スペイン、ポルトガル、オランダなどとの貿易競争に打ち勝った海軍・海運力により七つの海にまたがる帝国を築いたイギリスは、清国への市場開放を強く迫り、アヘン戦争を仕掛け、市場開放に成功した。

清国内の商業者は、都市を中心に業界別に組合を作り、活動していたが、欧米諸国の中国への経済進出が始まる中で、業種を超えた実業界の必要性を感じるようになり、チェンバーを導入するようになってきた。その際に影響を受けたのが、日本の商業会議所組織であった。

先述したように、十九世紀以降の中国の経済経営史は近年、盛んに研究が行われているが、実業界についてはいまだに研究が進んでいない。本章では、陳來幸の実証的かつ詳細な分析に依拠しながら、日本の商業会議所にあたる商務商会について説明し、日本との比較を行う[27]。

経済界の育成に関しても中国では政府の意向が強く働き、商務商会は「準行政的な」組織であった。その商会制度は日本の商業会議所制度を手本にして発足した。商会は、家族経営の問題や濃密な個人間の信頼関係よりも、ナショナリズムが組織構築の原動力になった。

組織について見ていこう。創設の時から商会には総会、分会、分（事務）所の三ランクに分けられていた。商会の設立経緯に関しては、地域差が大きい。例えば江蘇省のように商務分会設置の申請が相次ぐところもあれば、そうでない地域も多かった。総商会を設置するか否かで国と商人との間で対立が起こった。清国政府は、総会組織をうまく利用して、商人の動向を正確に把握し、その行動をコントロールしたいと考えた。商会を統括する総商会は必要ないと考えて、政府は規約を改訂しようとしたが、これに対して商人たちは猛烈に反対した。

それでは総商会と商会の関係は具体的にはどのようなものであったのか。商会組織は、経済と社会の実態に即した有機的な結合の論理で形成され、行政にとっての都合の良さよりも優先された。したがって、総商会と商会の地位はほぼ対等のものになったが、各商会から上がってくる陳情や疑問などを取りまとめ、それを地方政府に伝えるという役割を果たしたのであった。こうした細かい配慮に基づいて形成された商会は、各地域の商人をどの程度補足していたかが次の問題である。

まず商会が社会にとってどれほどの権威を持っていたのかに注目しなければならない。清末には、清国政府から、商務商会総理には、「関防」という政府の各省庁で長官のみが使用することのできる権威ある印鑑を渡された。この金属で縁取られた長方形の政府公印を使用できることは、大きな権威づけを意味した。ところが、一九一四年の商会規則の改定により使用する印に「関防」の文字を使用できなくなり、権威が落ちたことで猛烈な反発が起こった。商会には、商務行政を補助する役割を国家から委託されつつも、民間によるボランティア団体である、という自認があった。したがって、総商会は必ずしも各商会を束ねていたとは言い切れないのである。

2 日中実業界の共通点・相違点および相互関係

商務商会と日本の商業会議所との共通点は、共にチェンバー・オブ・コマースという西洋の理念や組織を導入しながらも、独自のものに変えていったことである。また盛宣懐が、紳商に呼び掛けて設立した上海商会と渋沢栄一が条約改正に向けての世論形成や士農工商の身分意識の抜けない商人に対して官尊民卑の意識を改めるために、商業会議所を設立した点も共通している。つまり実業界という新しい権力を生みだすとしたことや、日中双方の伝統社会にあった中世的なギルド（座）や株仲間の流れをくむという都市の自治的な機関としての性格は共通点として挙げられるのである。

しかし大きな相違点も存在した。中国の商務総会制度は、清国政府からの補助金はほとんど受け取っていなかったことから、日本の商業会議所よりも商弁、すなわち民間の法人組織であったことである。

上海総務商会は中華総商会ネットワークの起点として国内外の華商の中心として、中国華商銀行株を販売し、『華商聯合報』を発行し、海外の情報を共有する仕組みを作成した。この活動のキーパーソンは、上海商務総会の総理、李雲書、シンガポールの林竹斎と林文慶であった。海外の中華総務商会に『華商聯合報』を販売し、常備することにより情報を共有することは、中国の商業会議所組織の強みであった。

それを見ると日本の対外経済政策や商業会議所の動きに敏感に反応していることがよくわかる。日本の各都市商業会議所も二十世紀初頭、特に日露戦争以降になると、商業会議所月報の内容が著しく詳細になり、海外事情の普及に関しては、外務省の領事報告を掲載した。また時局講演会、海外出張基調報告会などの記事を掲載し、海外情報の共有に尽力した。民族意識が高揚する中で、商会ネットワークのピークは辛亥革命前夜である。

商務商会がその地位を確立し、活動がピークを迎えたのは、中国内外で民族意識が高まり、『華商聯合報』『華商聯合会報』を刊行したころであった。つまり中華民国の成立直後の頃であった。全国商会聯合会が組織され、『中華全国商会聯合会会報』が国内外の商会に配布された時期であった。これにより中国国内での法的地位を確立すると同時に、海外華商の中国国内商人、また各地域間の商慣習の違いを知らしめることによりその違いを調整する役割も果たせた。他方で中国商人の海外との競争意識、特に日本に対する強い対抗意識を生むことになった。反日ボイコットにみられるように中華民国初期にかけての二十一カ条要求など日本の対中強硬策に対しては強く反発したが、他方、日本を商工業振興の手本、あるいは競争相手とする論調が目立った。例えば、横浜正金銀行の急成長や、内国博覧会の多数開催などである。商会の会報は、会員に海外情報を提供し、中国商人の一体感を増幅させることができたのであった。

3　長江デルタ地帯での商会

中国内で日本との経済的関係が伝統的に強かったのは長江流域と広東であった。同地域では、歴史的にも、清末民初にかけて最も商業が盛んで海外とのネットワークを有していた。長江デルタとは、長江下流（江西省湖口以東

図３　長江河口部分商会分布拡大図

出典：陳來幸『近代中国の総商会制度—繋がる華人の世界』京都大学学術出版会、2016 年、169 頁より作成。

から呉淞口まで）に長江が通過する江西、安徽、江蘇三省に浙江省を加えて長江下流地域と称する、鎮江を頂点とする長江白眼の平野部を含む、下流地域の中で最も経済と文化が発達し、人口密度が高い地区を指す。長江をはさんで、北と南で対立構造がある。清朝時代の商会の設立時期やその数を見ても浙江省の商会は際立って多く、組織率は一〇〇パーセントであった。江蘇、浙江両省における商会分布図（図３）はその状況を如実に示している。

政府と商会との関係については、キーパーソンとして張謇《ちょうけん》と唐文治が挙げられる。張謇（一八五三～一九二六）は一九〇三年に日本を訪問し、大阪博覧会を見学して日本の近代化のスピードの速さを実感した。帰国後清国政府を辞して、故郷の南通を中心として中国の近代化に尽くした張謇は、一九一五年サンフランシスコでのパナマ太平洋博覧会に参加した後、ワシントンまで足を延ばし、ウィルソン大統領やアメリカ政財界の要人に面会し、中米関係の改善に努めた。張謇が清国政府の高官を辞し、故郷の南通を中心に江蘇省一帯の近代化、工業化に貢献したが、商会活動に関しても、農業、工業、商業に分け、農、工に先駆け、治水をするにはまず下流からはじめるように、商を重視した。

具体的には商会の設立を通じての組織化を最優先課題として取り組んだ。張はあくまでも、民が主導権を取り、官の介入を禁じることを目指した。これに対して唐文治（一八六五〜一九五四）は、一貫して政府官僚の立場から商会設立の目的を、市場情報の交換を活発にして、利益を上げさせることを念頭に置いた。すなわち中国沿岸諸都市の商会間の情報交換を活発にして、外国製品の模造品などを製造し、一日も早く海外製品との競争に勝つことができるような体制を作ることが紹介制度設立の目的と考えた。こうして成立した商会は、一九一〇年に南京で開催された南洋勧業博覧会に参加するために清国を訪問した日米両国の実業団との交流を経て海外商業会議所との交流が促進された。

辛亥革命後中華民国が誕生し、一九一五年に商会法では、乱立していた商会を整理統合し、県内全域の商人を統合網羅する形に再編を試みた。統合する側に好都合な商会組織の改廃統合であるため、地域商人の利益には必ずしも合致しなかった。他方、全国商会連合会が合法組織化されたので、商会の発言権は確保されるようになった。連合会を通じて、商会同士の横のつながりは明らかによくなった。共産党との対決に神経をとがらせていた国民党が支配する都市では、商会主導で国産品の開発とその販売が促進されていた。このように中国では、伝統社会の絆を保ちながらチェンバーを導入し、日本の商業会議所を参考しながらも中国独自の商会制度を確立したのであった。

三　朝鮮商業会議所の発達

1　韓国・朝鮮[28]における日本人商業会議所

十九世紀から二十世紀の韓国・朝鮮実業界はどのようになっていたのであろうか[29]。ここでは主に朝鮮における商業会議所に焦点を当てる。一八七九年に釜山に最初の在韓国日本人商業会議所が設立され、続いて元山（現在のウォンサン）、仁川（現在のインチョン）が続き、一八八九年には京城（現在のソウル）に設立された。一八九〇年代から日清、日露戦争後に次々と主要都市に設立されていった。韓国内の日本人商業会議所の連合会や満州の日本人商業会議所も含めた会議が行われ、情報交換を行っていた。朝鮮経済の発展に関しても、いち早く仁川に第一銀行の支店を開設したのに続き、次々と主要都市に支店を展開した渋沢栄一は、金融、鉄道、鉱山、電力、ガスといった基幹産業の育成に関与し、朝鮮経済のインフラ整備に大きな役割を果たした。当時の日本人実業家としては、韓国経済の実情に通じていたと考えられる渋沢は、一八九八年に訪韓したときの感想として、韓国はまだ農業時代の国で、工業経済もしくは商業経済の時代に達していない、と述べている。全体としてみれば、日本実業界はまだまだ朝鮮への経済進出には消極的であった。日清、日露の両戦争を経て、一九一〇年の韓国併合により日本の領土に組み込まれたとはいえ、言語の問題や朝鮮の商慣習になじまず、日本企業の進出は限られていた。

一九一五年に朝鮮商業会議所令が発布され、日本人商業会議所に朝鮮人商業会議所が加わり、図4のように、京城、釜山、平壌（現在のピョンヤン）、仁川など十一の商業会議所が設立された。各地域の経済発展に関する問題だけでなく、各地域共通の開発上の問題に関しては、朝鮮全体としての議論が必要になるため、一九一八年九月に朝鮮商業会議所連合会が組織された。加えて満州地域との連携を深めるために満鮮商業会議所も組織された。一九三

図４　朝鮮商工会議所所在地図

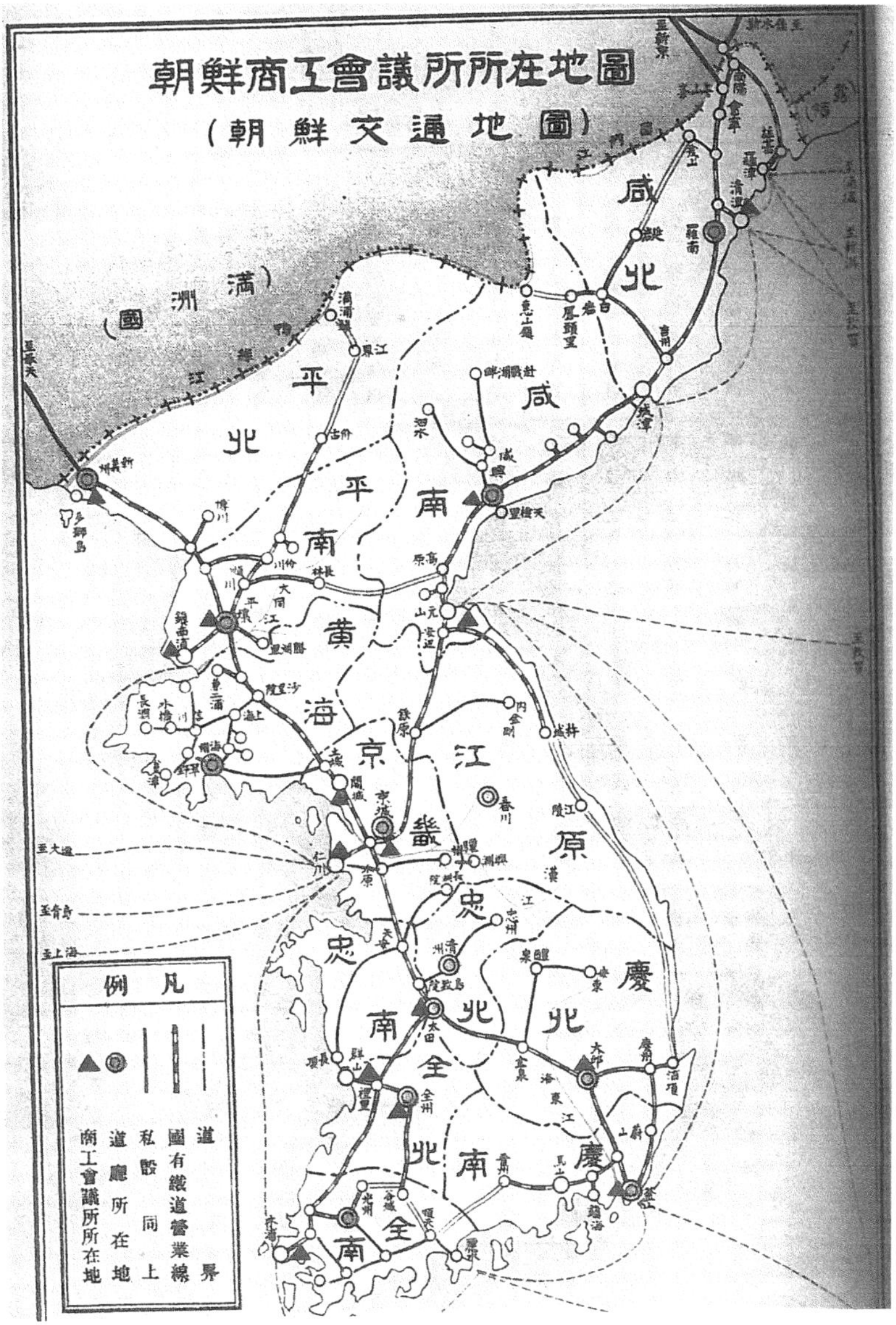

出典：田中市之助編『始政二十五年記念全鮮商工会議所発達史』釜山日報社、1935年

○年には改正朝鮮商工会議所令により、朝鮮商工会議所になった。事務局は、京城商工会議所内に設置された。

一九二三年九月一日帝都東京と横浜を壊滅させた関東大震災は、朝鮮経済界と日本との関係を見直すきっかけとなった。朝鮮経済界は大震災が日本経済に大打撃を与えたので、財政緊縮が不可避の情勢になり、朝鮮予算が大幅に減額されるのではないかと危惧した。そこで朝鮮商工会議所は、同年十月二十三日から三日間臨時全鮮連合会を開催し、次の三方針を決定した。

一、国庫補助金と事業公債の現状維持

二、金融緩和方策の促進

三、鉄道網予定計画遂行

この方針に従い、総督府や東洋拓殖銀行とも打合せ、十一月には京城、平壌、仁川の三商業会議所会頭三人が東京へ行き、諸大臣、朝鮮銀行総裁、東洋拓殖理事など要路に諒解運動を試みた。その要望事項は、①朝鮮産業の開発は急を要するので、朝鮮財政に対する国庫金補給金と事業公債は、削減または打ち切るようなことはしない。②朝鮮金融界の梗塞を緩和するため、朝鮮銀行、朝鮮殖産銀行、東洋拓殖会社はそれぞれの機能に応じて、積極的にそれぞれの項目に対して促進してほしい、というものであった。

まず朝鮮銀行に対して、①地方に対する貸出限度を引き上げ、担保の種類を拡大して、地方銀行を通じて積極的に融通の道を講じてほしい。②内地送金の制限を撤廃すること。③副総裁の内一名は必ず本店に勤務して、同時に上京することのないようにしてほしい、と要望した。

次に朝鮮殖産銀行に対しては、①今まで地方事業に融通私的な案件に対しては、今後も引き続き貸し出しを行うこと、②不動産担保の貸し出しを減額しないこと、③地方金融組合に対する金融は今まで通り行うこと、④各支店における為替準備金を不便なようにしないこと、⑤地方銀行の不動産担保の肩替えを容易にすることなどであった。さらに東洋拓殖会社に対しては、①朝鮮産業の開発上必要なことは従来の方針通り進め、②駐在理事の権限を拡大すること、③不動産担保の貸し出しを積極的に行うこと、④現在地方銀行が抱えている不動産担保の肩替あるいは再割引の道を講ずること、⑤産業開発と同時に国策上の根幹となる朝鮮における主要鉄道網を完成させるため、官民共に予定の計画を進めること、という具体的な要望を提出した[30]。

これを見てもわかるとおり、一九二〇年代の朝鮮経済界は、日本政府の公的な支援に相当頼っていたことがうかがえる。

2　韓国人経済界の設立

これに対して韓国人経済界が設立されるのには時間がかかった。韓国内では儒教（朱子学）の教えにより、商業活動は日本以上に低く見られ、約半数を占める社会指導者層の両班《ヤンバン》が商業活動に従事することを嫌ったためと考えられた。しかし二十世紀に入り、変化が見られた。一九〇五年に仁川朝鮮人商業会議所が設立され、同地日本人商業会議所と対立したが、一九一五年発布された朝鮮商業会議所令により仁川商業会議所として一体化した[31]。キム・ミョンス（金明洙）の研究によれば、朝鮮実業倶楽部が創設された一九二〇年三月に韓相龍が主導して設立した実業家の親睦団体の最初同倶楽部を発起した十九人の韓国人実業家は設立と同時に特別会員になって財政的にも支援した。その十九人は主に大韓帝国期の伝統的な有力商人と銀行経営者であって植民地期の「朝鮮人財界」を代表した。設立以後、朝鮮経済の発達とともに朝鮮で活躍する日本人が増えたため、徐々に日本人の会員も増加した。一九三〇年代に入ってから本格化した朝鮮工業化の流れを反映して朝鮮実業倶楽部にも日本人役員が現れ、全体的な倶楽部の運営に朝鮮在住の日本人が多数参加して朝鮮財界の主要メンバーを網羅する組織へと発展し、「朝鮮財界」を形成した(32)。

韓相龍は日本でも「朝鮮の渋沢」と称された朝鮮財界の最高実力者であった。例えば、一九二四年十月三十日付日本の朝日新聞には、韓相龍を「日本の渋沢栄一子爵の如き」人物とし、朝鮮の実業家のうち日本に渡り矢野恒太第一生命社長、佐々木勇之助第一銀行頭取、団琢磨三井理事長、渋沢など日本財界の大物と自由に意見交換が可能な人物はほとんどいなかった（朝日新聞 一九二四年十月三十日〈韓君から煽てられた人〉）と高く評価した。韓は、渋沢など実業界の大物だけでなく、旧知の宇都宮徳馬を通じて日本陸軍の上層部とも深いつながりが大きかったことも、朝鮮での韓の影響力の大きさにつながっていたと思われる。

一九三〇年代になると、韓はまさしく銀行・保険・信託業において活躍した自他共に認める金融専門家の第一人者になった。一九三三年に「朝鮮総督府財務局長の席を万が一朝鮮人に譲るのであれば韓相龍しかその椅子に座る適任者がいない」という評価を受けていたことから、韓相龍の朝鮮財界における地位の高さを知ることができる(33)。

四　日中韓相互交渉―南洋勧業博覧会（一九一〇年）をめぐって

1　南洋勧業博覧会をめぐる東アジアの国際関係

辛亥革命前夜、つまり二十世紀初頭の世界は、国境の壁を越え、ヒト、モノ、カネ、情報が自由に移動できるグローバル化が進んでいた。一九〇八年米国太平洋沿岸渡日実業団、一九〇九年渡米実業団（団長渋沢栄一）と、日米経済界の行った二つの実業団相互訪問は、中国実業界にも大きな刺激を与えた。特に米中貿易の拡大による太平

図5　日米両国渡清実業団の訪問都市とコース（1910年）

出典：外務省「米実業団南清巡歴一件」、同「日清両国実業家訪問交換一件」より作成。

洋航路の拡大をもくろむロバート・ダラーなど米国太平洋沿岸実業家が、日本を足掛かりにして中国実業界へ積極的に働きかけたことは、中国実業界に国際博覧会の開催を促すことにつながった。

その中で注目されたのが、一九一〇年に中国南京で開催された南洋勧業博覧会であった。さっそくロバート・ダラーが中心となって、一九〇九年九月に米国太平洋沿岸商業会議所連合実業団が訪清を具体化した。この情報をつかんだ日本の実業界は驚くと同時に、米国実業界の中国への関心を探る絶好の機会ととらえた。

日本実業界は小村寿太郎外務大臣をはじめ外務省と対応を協議した結果、米国の訪清より前に日本実業団を朝鮮経由で清国へ派遣することにより、日朝、日清実業界の交流を図ると共に、南洋勧業博覧会に参加するイギリス、ドイツ、フランスなどのヨーロッパ諸国の初任の動向も探ろうと考えた。その結果、図5のように、五月五日から六月二十日まで近藤廉平（日本郵船社長）を団長として、東京、大阪、京都、名古屋、横浜、神戸から実業家十二名が参加した。

日本実業団は急遽編成され、過密スケジュールであったため、朝鮮では日本人商業会議所での交流が中心で、あまり朝鮮人実業家と交流する時間はなかったと考えられる。また清国でも設定された歓迎行事に参加することがほとんどだったが、それでも南洋勧業博覧会への参加により、中国実業界とそれを取り巻く各国の活発な動きは十分に認識することができた。

以上からわかるように、日米中三国間の経済関係の拡大に加えて、シベリア、アメリカ両大陸横断鉄道の開通や欧米と東アジアを結ぶ定期航路の開設により、数十名の団体が長距離を安全に移動することができるようになり、二十世紀初頭には、太平洋をはさんだ日米中三国間で民間経済交流が活発に行われるようになった。なかでも渡米実業団と渡清実業団は、参加者の顔ぶれ、訪問日数、訪問先、各国政府と実業界との関係、参加者に与えた長期的な影響などを考えると、日本の実業界にとっては、近代日本に大きな影響を与えた「岩倉使節団」の実業界版と呼べるほどの重要性を有していたと考えられる。

この時期渋沢はじめ日本の実業界が取り組んでいた最大の課題は、英国の動きを考慮しながら日米中三国をいかにして協調させるかであった。具体的には中国市場における日米共同事業の可能性を探ることであった。一九〇九年の実業団渡米中にも、各地で日米共同出資による満州・韓国開発には積極的であった。この問題は単に経済的領域だけでなく、政治・文化面にも結び付いていた。

すなわち日本人実業家は、米国での日本人移民問題の背景の横たわる黄禍論や西洋対東洋の対立にも関連するものと認識していた。辛亥革命前後、日米実業界は一九一〇年の南洋勧業博覧会への実業団の派遣などを通じて、商業会議所や商務商会という組織間の交流を進めた。

2　南洋勧業博覧会での日中米実業界の経済・文化交渉の影響

一九一〇年の南洋勧業博覧会や日米独実業団の渡清は清国実業界に大きな刺激を与えた。日米両国に加え、ドイツ実業団の訪問などがもたらした経済・文化の交渉を通じ、ばらばらであった商務商会が統一して日本や米国へ実業団を派遣する計画が具体化してきた。南洋勧業博覧会の翌一九一一年には五十数名の規模で人選も始まり、実業団が日本経由で、米国西海岸を訪問する計画が出来上がった。

辛亥革命がおこり、清朝政府は倒され、中華民国が誕生した。しかし国内の混乱はなかなか収まらず、この計画もいったんは延期になった。しかし政治、社会の混乱にもかかわらず、渋沢栄一の一九一四年の中国訪問や一九一四年六月のパナマ運河開通を記念して翌一九一五年にサンフランシスコで記念万国博覧会の開催が発表されると、中国実業界は刺激され、再び実業団の派遣計画を開始した。

その結果、一九一五年には張謇を中心とした実業団が結成され、サンフランシスコだけでなく、米国東海岸にも足を延ばし、ウィルソン大統領にも面会した。辛亥革命により誕生した中華民国を姉妹共和国として賞賛していたウィルソンは、張謇はじめ中国実業家をホワイトハウスへ招き、米中経済関係の進展をめぐり歓談した。清国実業団の海上輸送を担当したのが、米中貿易の拡大をもくろむダラー汽船社長のロバート・ダラーであった。

第一次世界大戦の勃発により、ドイツが領有する青島を攻略し、二十一カ条要求を中国に突き付けた日本は、中国政府、民衆ばかりでなく実業界からも強い反発を受け、各地で日貨ボイコット運動が発生し、日中経済関係の将来に暗雲が垂れ込めた。

おわりに――近代化のための商業ネットワークの構築

本章では、十九世紀後半から二十世紀初頭にかけて、①日本が欧米のチェンバーの思想と組織を商業会議所として日本独自の経済団体として定着させたこと、②チェンバーの持つグローバルなネットワークを活用して日本の商業会議所が、実業団の相互訪問などを通じて、最大の貿易相手国米国との緊密な関係をどのように築いていったか。③中国の商務商会が日本の商業会議所の発達や日米実業界の経済・文化交渉の影響をどのように受け、自らが独自の実業界を気付いていったか。④韓国・朝鮮での実業界はどのように誕生したのか。について、日本語文献に基づき分析した。

その結果、二十世紀初頭には、日中韓三国で独自の実業界が形成されつつあったが、その中で渋沢栄一、張謇、韓相龍など傑出した実業家が果たした役割が大きかったことも明らかになった。

しかし一九三〇年代に入ると経済・文化交渉はますますうまくは機能しなくなった。一九一四年の訪中体験で、中国側の日本に対する複雑な感情や日本人の誤った対中認識を知った渋沢は、帰国後、中国社会の混乱を認めながらも、各界リーダーに中国に対する忠恕《ちゅうじょ》、つまり相手の気持ちや立場を思いやって対応するという精神で臨むことを強く望んだ。一九二六年（大正十五）には、南京、上海、天津、東北地区の商会、各業組合等の代表を含む総勢五十八名の上海総務商会虞洽卿一行が日本を訪問し、日本の実業家と懇親を深めた。しかし政治経済を一体化する中国側に対して、栄一は政経分離して、経済交流を図りたいとの意向を伝えたが、日本の軍事活動の活発化により中国側は不可能と言わざるを得なかった。渋沢も厳しい現実に直面して政経分離による経済協力に限界を感じた。民間の経済使節団（ビジネス・ミッション）相互訪問は、グローバルな取引を行う企業家が自分の目でビジネスの実態を把握するとともに、国境を越えた企業家ネットワークを構築し、新しいビジネスを始めるきっかけをつかむための絶好の機会として、現在でも全世界で活発に行われている。しかし、ロシアのウクライナ侵攻やコロナ・ウィルスの蔓延などにもかかわらず、企業家の地域に根差したグローカル（グローバル＋ローカル）な活動はますます重要になっている。二十世紀初頭の日中韓三国実業界の経済・文化交渉の歩みを見つめなおす必要があろう。

注

（1）商業会議所の情報機能については、木村昌人「経済団体の情報機能—商業会議所」（佐々木聡・藤井信幸編著『情報と経営革新—近代日本の軌跡』（同文舘出版、一九九七年）。万国博覧会については、伊藤真実子『明治日本と万国博覧会』（吉川弘文館、二〇〇八年）、清川雪彦「殖産興業政策としての博覧会・共進会—その普及促進機能の評価—」（『経済研究』三九—四、一九八八年）、陶徳民・朱荫黄・马学新・木村昌人編『世博会与东亚的参与』（上海人民出版社、二〇一一年）。実業団相互訪問については、木村昌人『日米民間経済外交　一九〇五—一九一一』（慶應通信、一九八九年）などがある。

（2）陶徳民「東西文化交渉」（湯浅邦弘編著『テーマで読み解く中国の文化』ミネルヴァ書房、二〇一六年）第一十四章、三六一頁。

（3）藤田高夫「東アジア文化交渉学の構築にむけて」（『東アジア文化交渉学研究』創刊号、二〇〇八年三月）参照。

（4）東アジア文化交渉学については、前掲、藤田論文、東アジア文化交渉学会ホームページの「紹介／創立趣意書」を参照。

（5）対象地域の変更については、陶徳民「〝東亜文化交渉学〞的関鍵詞—全地球時代文化研究的新視野與新視覚—」(Some Keywords in the Study of Cultural Interaction in East Asia: New Perspectives and Viewpoints of Cultural Studies in a Globalizing Era)（『東アジア文化交渉研究　東アジア文化研究科開設記念号、二〇一二年』）、および同、「テーマで読む『東西文化交渉』」の中国語版（第二回アジア文化交渉学会、於台湾大学、二〇二〇年五月）参照。

（6）財界の概念については、三沢潤生「対外政策と日本の『財界』」、緒方貞子「日本の対外政策決定過程と財界―資本自由化、日中国交正常化過程を中心に」（細谷千博・綿貫譲治共編『対外政策決定過程の日米比較』東京大学出版会、一九七七年）、原朗「財界」（中村隆英・伊藤隆共編『近代日本研究入門』東京大学出版会、一九七七年）を参照。

（7）講に関しての研究は、枚挙にいとまないが、近年の注目すべき研究としては、Tetsuo Najita, Ordinary Economics in Japan: A Historical Perspective, 1750-1950, The Regents of the University of California, 2009（五十嵐暁郎監訳、福井昌子訳、『相互扶助の経済―無尽講・報徳の民衆思想史』みすず書房、二〇一五年）がある。

（8）七分積金とは、一七九一年に、寛政の改革の一環として松平定信が江戸の町人に対して実施した政策。江戸の各町に於いて倹約を命じ、町人が二分、町が一分、残りの七分を町会所で積み立て、幕府も二万両補助して、窮民救済や大火や地震などの災害にあてさせた。

（9）渋沢栄一は、江戸町会所の仕組みを知り、松平定信の執政への決意を示した請願書や著作を読み、感銘を受け、定信の伝記編纂事業を行った。一九二五年から『徳川慶喜公伝』の編集と執筆にも関わった三上参次に編集を依頼した。渋沢存命中には間に合わなかったが、一九三七年に岩波書店から未定稿として刊行された。平泉渉が三上の旧交をもとに編纂し、後に中村孝也が修訂を行った。

（10）森が米国でビジネス・カレッジの存在を知った初代公使時代については、国吉栄『森有礼が切り拓いた日米外交―初代駐米外交官の挑戦』（勉誠出版、二〇一八年）が参考になる。

（11）東京商法会議所の設立については、依田信太郎編『東京商工会議所八十五年史』上巻、（東京商工会議所、一九六五年）および『東京商工会議所百年史』（東京商工会議所、一九七九年）を参照。

（12）前掲、依田信太郎編『東京商工会議所八十五年史』上巻、七六五頁。

（13）同右。

（14）一八八八年五月十五日付、渋沢会頭よりロンフォルド氏宛書簡、『伝記資料』第十九巻、七二二頁。

（15）商業会議所の韓国・清国への具体的な提案内容については、井上武久編『大阪商工会議所百年史』（大阪商工会議所、一九七二年）、二二一〇頁参照。

（16）前掲、拙稿「経済団体の情報機能─商業会議所」参照。
（17）一九〇九年渡米実業団については、渋沢栄一記念財団渋沢史料館編・発行『渋沢栄一、アメリカへ行く─百年前の民間経済外交』二〇〇九年、および木村昌人『日米民間経済外交　一九〇五～一九一一』慶応通信、一九八九年参照。
（18）Robert Dollar, Address at the reception in the Merchants Exchange to the Japanese Commissioners, November, 1909 (The Dollar Collection, carton 5, 70/114). ダラーに代表される米国太平洋岸実業家は、互恵主義の立場から日本にもっと米国製品を輸入するように要求した。
（19）Kojiro Matsukata, Speech at a Luncheon Party on s.s. "Saikyo Maru" in honor of the visit of the Honorary Commercial Commissioners representing Chambers of Commerce of the Pacific Coast of the U. S. A., Nov. 1, 1908 (The Dollar Collection, carton 6, 69/113).
（20）金子堅太郎　一九〇九年府県連合共進会における演説（於愛知県会議事堂）、『中央銀行会通信録』第六二号、一九〇九年、一三頁。
（21）渋沢の民間経済外交については、前掲拙著『渋沢栄一─民間経済外交の創始者』（中公新書、一九九一年）参照。
（22）日本商工会議所は、名称・組織の変更などを経て、一九五四年に現行「商工会議所法」に基づき特別認可法人として改編され今日に至る。
（23）日本商工会議所ホームページ（二〇二三年六月十日現在）参照。
（24）日本のＩＣＣ加盟に至る過程については、拙著『財界ネットワークと日米外交』（山川出版社、一九九七年）参照。
（25）若林幸男「日本における商業会議所の機能と構造」（横井勝彦編著『日英経済史』日本経済評論社、二〇〇六年）、一〇九頁。
（26）山路愛山『現代金権史』現代教養文庫、一九九〇年、一七五～一七六頁。
（27）陳來幸『近代中国の総商会制度─繋がる華人の世界』（京都大学学術出版会、二〇一六年）。
（28）本論文では、「韓国」を十九世紀後半から一九一〇年までを、「朝鮮」を日本統治下の植民地時代を指すこととする。
（29）十九世紀後半から一九一〇年の韓国併合に至るまでの朝鮮実業界の実態については、日本語による資料や文献がなかなか見つからず、本論文ではキム・ミョンス（金明洙）、「近代日本の朝鮮支配と朝鮮人企業家・朝鮮財界」（慶應義塾大学大学院経済学研究科博士論文、二〇一〇年）に依拠している。しかし韓国実業界の実態解明は、近現代韓国の経済発展に関する研究にとって今後の重要な研究課題といえる。

（30）田中市之助編『始政二十五年記念全鮮商工会議所発達史』（釜山日報社、一九三五年）。

（31）岡本保誠編『仁川商工会議所五十年史』（仁川商工会議所、一九三四年）。

（32）朝鮮実業倶楽部については、金明洙「日帝強占期朝鮮実業倶楽部組織과 活動」（『日本文化研究』第五一集、東アジア日本学会、二〇一四年）二九～六〇頁。

（33）「論説 闘志満腹の歴代巨頭」『三千里』五巻九号、一九三三年、四二頁。

第二章　近代中国における「実業」と「実業家」

――張謇（一八五三～一九二六）と穆藕初（一八七六～一九四三）の事例を手掛かりに――

于　臣

はじめに

周知のとおり、洋務運動をはじめ、中国近代企業の本格的発展は十九世紀後半、列強からの経済的圧力がきっかけである。しかし一方、近代中国における企業の発展は一九四九年までに二十世紀十年代から二十年代前半までの黄金期を除き、基本的に順調に進んでいなかった。

その原因についてこれまで数多くの研究が蓄積されてきた。その中で、政府や列強の侵入などの外部要因を強調するものが多かったが、実業家そのものに焦点を当てたものも少なくない。特に彼らに対して「紳商」や「企業家」などの呼称で類型化しながら論述した研究がよく見かけられる。例えば、馬敏氏は官界と実業界の両方で活躍したりする経済人を「紳商」と定義した上で、士人型紳商（張謇、経元善）、買弁型紳商（唐廷枢、鄭観応）、官僚型紳商（盛宣懐、周学熙）がいたと論じている。[1]そして紳商という概念を踏まえつつ、傅国涌氏は「企業家」という呼び方で紳商型（張謇）、商人型（栄氏兄弟）、買弁型（朱葆三、虞洽卿、劉鴻生）、海外華僑型（張振勲、簡氏兄弟）、知識型（范旭東、穆藕初、盧作孚、陳光甫）[2]と区分している。かくして近代中国の経済人は基本的に出身や教養、並びに政界との関係などを配慮しながら大まかに分類されてはいるが、研究者の立場によってその分類の基準は必ずしも統一されていない印象を受ける。なお、「紳商」にせよ、「企業家」にせよ、後人があくまでも第三者の立場で現代用語や概念を使って当時の経済人たちを捉えているにすぎない。「時代の児」としての彼らはこれらの呼び名をどう思うかについては考慮する必要がある。というのも、こうした自分のアイデンティティへの認識が経済人自身の言動と緊密に関わっているからである。

一方、経済人が活躍していた当時の中国において「企業家」[3]より、「実業家」という用語がよく新聞、雑誌などの出版物に現れたので、本章は比較の視点を援用しつつ、近代中国の実業家たちがどのように「実業」、「実業家」という言葉をみていたのかを取り上げてみたい。具体的には、中国初代実業家であり、「中国近代化の開拓者」とされる張謇《ちょうけん》（一八五三〜一九二六）と「新式資本家」と自認する次世代の実業家たる穆藕初《ぼくぐうしょ》（一八七六〜一九四三）の言動を比較することで、近代中国特有の「実業」の特徴と「実業家」の性格を浮き彫りにし、初代と次世代の実業家としての両者にはどのようなつながりがあったのかについても検証を行いたい。

一　近代中国の「実業」概念

1　日本の「実業」定義からみる中国の「実業」理念

中国語の「実業」という用語は日本語の“Jitsugyō”に由来したもので、それは英語の“industry”および

"business" に対する訳語であるという。[4] その用法は日本語と比べていかなる異同があるのかを見る前に、まず日本の「実業」を考察しよう。

日本では、「実業」という言葉は明治二十年代の後半に広く社会に流布し始め、三十年代に用語として一応定着したとされているが、[5] 渋沢栄一[6]の回想によると、一八七三年ごろ、「実業」という用語はまだなくて、「商工業」という言葉が用いられた。そして一八九〇年ごろ、「実業」という用語が世間に現れた。その定義について渋沢は「定義をどうかして定めたいと思ふですが甚だ苦しい、…試に…所謂実業の範囲・定義を申せば、渋沢は斯う考へる、即ち正経なる殖産的の業[7]」と語る。ここでの「実業」はある種の産業を指すという単なる文字面の意味をこえて、ある経営理念を含むものである。特にこの中の「正経」は「公利公益」を努める思想であり、彼の道徳経済合一説と一致しており、商工業立国の思想にもつながっている。[8] そして、当時、「実業」を「欲張り」と結び付けて捉える当時の社会通念に対して、渋沢は「動もすると実業といふと、慾張りとか儲けづくとか、立派な紳士がさういふ言葉を遣ひ、それを恥とも何とも思はずに居る、慾張りといふのはドウいふことかといふと、財を理することを間違て居るのであるけれども、理財と慾張りとは大変に違ふ、さういふ言語は実業家が自分を卑くするのである、…将来成るべくこれに注意せねばならぬのである[9]」と述べている。渋沢からみれば、実業は理財のことを意味し、欲張りとは無関係なもので、実業家たちは自信をもって実業を行えばよい。幸田露伴は「(渋沢が) 民間に下ってからなされた事といふものは、……皆さんに極く親しきところの所謂実業といふものを、まだ実業といふ言葉さへよく行はれて居らぬ時に、段々と其創始時代に成り立たしめられた[10]」と評している。つまり渋沢の「実業」定義および実業活動は「実業」という概念の定着に寄与したという。しかも、「実業」という言葉遣いは民間ビジネスが政府依存から脱却し、政商的行動様式や精神とは完全に異なる精神を示したと指摘されている。[11]

一方、「実業」の用語が中国に具体的にいつ普及しはじめたかについてまだ定説がみられないが、十九世紀六十年代の重商主義思潮に伴う商戦論が鼓吹されるとき、まだ使われていなかったことが確認されている。そのとき、外敵と太刀打ちするために「商務」の振興が唱えられたが、その商務の内容は製造業などの工業を含む一般の産業を意味した。その後、日清戦争後、「実業」は「商務」にとって代わり、「実業振興」という用語も用いられるようになった[12]。また「実業救国」論もその時に登場したので、「実業」という用語がだんだん一般に知られるようになったと考えられる。その「実業救国」論の代表は、まさに本章の考察対象の張謇である。

中国経済の立ち遅れについて、張は長らく続いた伝統的な商業蔑視思想を批判した。つまり「中国では士を尊び、商を卑しめ、「重義軽利」説が人心をとらえてから千年になり、…鎖国の時代は猶通じるが、二十世紀という商戦の激しい時代においては、必ず天演淘汰（自然淘汰）の列に在る[13]」と。商業蔑視という時代遅れの古い考え方を打ち捨てなければならないという立場である。さらに、彼は「堂々たる態度で利を求められるのは実業によるのみ[14]」と言い、「実業」という概念を以て堂々たる姿勢での「利」の追求を正当化させたのである。しかも、当時中国の紳商たちは自分の営利活動を、意図的に利欲にこだわりがちな伝統的な商人と区別するために「実業」と命名したそうである[15]。

ここまでみてきたように渋沢の商工業立国思想にせよ、張の実業救国にせよ、程度の差こそあれ、日中両国における「実業」という用語は、ある程度のナショナリズムの精神を伴っているのをまず指摘できる。まさに中川敬一郎氏が論じたように、外国の侵略と圧迫を受けた後発国の経済面の特徴として、経済合理主義的な要素以外にある程度のナショナリスティックな企業目的が必要である[16]。ただ、もし「実業」というものが「救国のため」という表面上のスローガンだけにとどまったら、その実業活動の内容は必ずしも公益、ひいては国益に結びつかなくなるだろう。

2　「実業」の問題点と張謇の「公僕」説

当時、中国実業の実態を目の当たりにした梁啓超（一八七三〜一九二九）は次のように中国の「実業」を認識している。彼は上述した張の「重義軽利」への批判と同じ年、一九一〇年十一月に『敬告国中之談実業者』の中で「今国中人士が各地を奔走しながら呼びかけている、いわゆる「実業」は実質的には新式企業を振興させることにすぎない。…、（企業は）株式会社をその中堅とする。今日、実業の振興を目指すなら株式会社の発達を待たなければならない」と述べる。つまり、梁からみれば、実業を発展させるためには株式会社を成立しなければならない。しかし、彼はまた言う。「中国今日の政治現象、社会現象は株式会社の性質と最も相いれない」と。その根本的原因は、株式会社の運営に必要とされる「公共観念と責任感」が当時の中国において非常に欠如しているからであるという。つまり「中国の人心や風俗の崩壊は今日その頂点に至った。人々は「公」より「私」を優先するというのが新式企業の性質と抵触している」と。愛国と「実業」との関係についても、梁は鋭くその問題点をあぶり出した。すなわち「会社の設立は往々にして企業意識を伴わない。例えば、近年、各鉄道会社や鉱業会社はそのほとんどが国権の挽回を目的に設立され、株主はそれを国家に果たす義務としておき、将来収益が生まれるかどうかを不問に付す。…経営者は国家に義務を尽くすように振る舞い、株主は国家のために奉仕するその雄姿を称え、（過ちがあっても）厳しく非難するのに忍びない。私利をむさぼることが発覚したことになってはじめて責任を追及するが被った損失を補うことができなくなる。こういった、公と私が混同し、経営者への曖昧な態度が愛国しているようにみえるが実は国を損なうことになる」と。梁に言わせてみれば、企業は経済の法則を踏まえず、愛国の情熱に頼るだけで救国の目的を実現できない。それどころか公益と私利の違いを弁別せずに私利だけを目標とする企業家すらいた。こういった背景のもとで張謇も一部のいわゆる「実業家」に対してはよいイメージを抱いていない。彼は一九一三年六月、北京商業学校で演説を行ったとき、次のように話をした。「我が見るには世の中の企業家というものは資本金を集めたら企業の運営体制をほぼ整えている。これに対して所謂実業家たちは高級馬車に乗り、競って酒食と遊びに溺れている。四、五年、もしくは三、四年その企業が倒産し、株主の元金と利息は悉く無くなる。一見偉そうにみえる企業家は一旦信用を失えば長らく持ち直らない[17]」と。明らかに張謇からみれば一部の「企業家」が集金して起業し、少し成果があったらすぐ「実業家」に転身する。しかも「実業家」というものは張謇にとって遊びに耽溺する、向上心のない連中であったようである。これは上述した、名目上の「実業」のもとで営利活動に取り組む行為と関係があるのはいうまでもない。実際、「実業」という名目で経済活動を通して私利を追求する商人も多かったという[18]。

では、張謇はどのように「実業」を営む自分のアイデンティティを考えたのか。結論からいえば、彼は「実業家」という呼び名よりも「公僕」という用語を選んだ。「公僕」「衆僕」を区分したときに彼は「公司（会社）が成立して、公司の責任者に選ばれた者は大衆の委託を受けた公僕なり。…大衆の資本家の委託を受け、大衆の資本家の私を計り、財を生ずるは衆僕の義である[19]」と説き、また「漸く投資経営の気風を開くは公僕の説なり。…数人の株主の牛馬を為し、彼らを喜ばせ、世間に関係しないのは衆僕の説なり[20]」と説明した。つまり、公僕は大衆からの依頼を受けて企業運営のあるべき姿を探るのに対して、衆僕は資本家の私利を求め、世間に直接役立たないという。最後に彼は「公僕を為すは可、衆僕を為すは不可[21]」と述べた。すなわち張謇の「公僕」は株主のような資本家層のためでなく、「大衆」、または「世間」に奉仕する役である。自分の実業界への転身について彼は「或る人は余が官を棄て実業を営むのは実業から儲かる利は仕官より大きいからであると謂う。…余が若し専ら個人の私利を図るなら、もとより不可である。若し公衆の利を謀るならば、どこが不可であろうか[22]」と反発した。すなわち張謇は個人の私利追求を否定して、「公衆の利」を追求する正当性をアピールしたのである。これこそ、前述した「堂々たる態度で」求められる利益のことであり、彼の「公僕」理念と通底している。ここでさらに着目したいのは、公僕の責任として「投資経営の気風を開く」ことである。上述したように梁啓超は当時中国の風土と習俗が新式企業の設立と運営に適合していないと論じた。張謇は明らかにこうした問題点に気付いているといえよう。自分の私利のためではなく、経営の風土を開拓せんとする度胸は「高級馬車に乗」っていた当時の一部の「実業家」が持てるはずがなかろう。

3　「実業」のなかの「農」

当時の中国では新語として出現した「実業」は「愛国のため」のものとして理解される以外に具体的な中身については、人によって捉え方がまちまちである。農工商を中心とする近代経済体系と認識する人もいれば、農工商のなかのいずれかの分野として捉える人もいる[23]。張謇は「農工商」三者のあるべき関係を念頭に次のように「実業」を考えていた。「実業は西洋人が農工商を合わせて呼ぶ名称であり、本と末の意味を兼ねている。中国漢代以降の儒者が農を重んじ、商を抑えるという説より完備している。工商がなければ農業は閉塞する。…本は末に対しているのであり、…文字上において前後があるが、軽重はない[24]」と。彼は、漢代以降の「重農抑商」(農を重んじ商を抑える)、「農本商末」(農が本で商が末)思想に比べると西洋の「実業」概念は完備であるとした。彼が伝統の「本」と「末」観念は前後の順序だけを意味し、内容の軽重がないというのは、前述した彼の「義利」観念を反映しており、「農本商末」観念への見直しを意味する。そして農業の発展には工・商が欠かすことができないという。さらに農・工・商の優先順位について、彼は「立国の根本は軍事ではなく、商業でもなく、工業と農業にある。そのなかでも、農業が最も重要である。農業に生産物がなければ工業に必要な原料がない。工業の製造物がなければ商業の取引ができない[25]」という。つまり、工業と農業を立国の基礎としている。これは渋沢の商工業立国思想とは対照的である。なお、張は特に農業への重視をみせていた。ただ、張の農業に対する着目は、それまでの重農思想や重商主義とも異なり、農業発展への要望を示すとともに近代資本主義商業の発達も目指しているとされる。しかも農業が工業に原材料を提供する役割を果たすと認識できた点は時代に先駆けたと評価されている[26]。工業に関しては、確かに張謇は先進国の工業への注力を認識してはいた。彼は「世人は皆西洋が商務で立国すると言うが、これは浅薄な見方である。彼らの富民強国の本は工業にある」と言い、また日本を例に「日本は殊に工業を重視している。この国は外国と通商する都会であまねく勧業工場を設立している[27]」と説いたことである。ではどうして自国の経済発展について殊に農業に重点を置いたのか。実際、十九世紀において外国商品が大量に流入するまでの中国社会は、一個の大きな自給体であり、この自給体のコア部分は衣食両種の生産労働と結合した小農経済である。そして小農の自給経済の追求と封建政府の「勧農」政策により、綿紡績業はすでに中国人にとって農業に次ぐ最も重要な生産労働になっていた[28]。農業と工業に関わる張謇の言動は、まさにこうした背景とも緊密に関わり合っていることにも留意したい。しかも当時の一般世論からみれば、張と同じく農業と工業を重視する説がよくみられる。すなわち「富を積む一般の順序として農と工が盛んになったら商が自ずとついてくる。……商の振興を欲するなら農と工を興さなければならない[29]」と。

次に穆藕初の例を取り上げることで近代中国の「実業」を改めて検討してみよう。

二　穆藕初の職業意識と科学的管理法

1　穆藕初の「新式資本家」

穆藕初は、本名は湘玥、字は藕初で上海出身。彼は、張謇に次ぐ次世代の実業家として生涯を通じて綿花の品質改良活動や紡績工場の科学的管理の普及活動に取り組んだ。穆は一九〇九年にアメリカに留学し、一九一四年にTexas Agricultural and Mechanical College で農学修士学位取得後、帰国。同年、徳大紗廠を創設し、一九一六年にさらに厚生紗廠を設立。一九一九年には河南省鄭州に豫豊紗廠も建てた。

アメリカへ留学に行く前に、当時中国民衆の低い生活レベルを前に穆は「諸般の実業の中で中心に位置するのは農業である。我が国は農業を持って立国する。必ずまず農作を改良することで国家を豊かにしてから国力を強めることができる。国力が強まったら国の独立を図り、侮辱を防ぎ、雪辱できる[30]」と述べ、張と似た農業重視の立場を表明した。しかも農業を振興させることで国力を強めようとする穆の意志は前述した、「実業」という用語に含まれるナショナリズムの精神にもつながっているといえよう。ただ、穆は張と違う次の特徴をみせていた。それは農業を「立国の道」と喝破し、張より鮮明に農業立国のスローガンを掲げている。つまり、「農業がなければ商工業がない。農工商の発展なしには利益を生み出すすべがない。そこで国も自立できない。それゆえ、立国の道は農業に取り組むことであり、衣食が足りてこそ、治安を図ることができる[31]」と。しかし一方、張と同じく農業と工業の同時発展を求めている。すなわち「国内の実業を振興するためには、まず鉄道を増やし、運輸を便利にする。次に農作を改良し、生産量を増加して内地の金融を活発化させる。人民の生計には余裕が次第に生じたあと、各地の状況に合わせて各種の実業を図る。農業と工業が平行して興り、商業もそれにつれて発達する[32]」と。綿業を特に重視した穆は「綿業を振興することは貧困の救済ができるし、救国もできる。…南通張謇の綿花栽培開墾方法を真似て種まきに綿業に着手し、土地を全て活用し、人も時間を無駄にせず、一石二鳥である」[33]と張謇を評価し、直接「農業の改良は実業振興の先決条件」[34]と張に見解を述べたことがある。

実に当時、両者の従事した中国の民族紡績業は外国資本の侵入に伴い、イギリス、アメリカ、日本の紡績業との不平等な競争環境のもとで展開したのである。ただ一方で、外国の資本は確かに中国の近代的部門、例えば造船や銀行、紡績、鉱業などを支配していたが、その資本はまだ経済全体の一〇％に過ぎず、農業は当時の中国において依然として主要な産業分野であったという。なお、農村が停滞しているからにはブルジョワたちは上記の近代的部門の発展を慎重に推進するしかないといわれている[35]。したがって張謇と穆藕初の農業へのこだわりは当時の中国の国情に適合しているといえる。なお、大きな文脈からみれば、近代中国の「重商」もしくは「商本」（商が大本である）思潮の発生は、西欧と異なり、外圧の衝撃のもとで「商を持って商と戦う」ことを図るいわゆる時代の産物であり、農本主義の経済構造の内部から生じたものではないとされている[36]。これは穆と張が徹底的に農本主義から脱出できない遠因でもあろう。

一方、前述した「実業」という概念は穆藕初の時代になるといかなる変化をみせたのか。「資本家」という用語から考察しよう。

中国における「資本家」という概念は十九世紀末ごろ、日本から伝わってから、イデオロギー闘争と結び付けられつつ、次第にマイナスのイメージを持つものへと変化した[37]。特に資本家の工場で働いていた女工らの長時間労働や低い賃金制度によって「資本家」は容赦なく批判される対象となる。穆藕初も厚生紗廠で発生した湖南省出身の女工の待遇問題についてメディアから痛烈な批判を受けた[38]。これに関連して「実業家」も反面教師として取り上げられる。例えば社会主義と労働者運動をよく取り上げる週刊誌の『星期評論』（第三十九号、一九一〇年二月）では、朱執信は穆藕初を批判したとき、意図的に「大実業家」という言葉で穆藕初を称して次のように述べた。「最近、「商戦」や「外貨ボイコット」、「工業振興」の用語が出現した。「実業」を提唱する人間なら、すぐ民に大いに貢献してしまい、しかも仕官により財を成す連中と違うと勘違いされる。彼らはビジネスの話はいっさいせず、まるで実業の提唱は自分の利益を犠牲にした上で社会に幸福をもたらすように自慢し、他人からの質疑すら許さない」[39]と。明らかに、「資本家」という言葉の流行と相まって、これまで経営ナショナリズムの意味合いを強く帯びた「実業」という言葉自体は疑問視されるようになった。言い換えれば、これまで商人たちが自分の経済活動を「実業」という名目で営利の正当性を主張することができたが、今日ではすでに通用しなくなる。穆藕初はその批判を受けて「資本家がもし私欲がなければ新式資本家と称されるべきである。その投資の目的の一つは、得るべき利潤を獲得、もう一つは、社会の公益を促すことだ[40]」と弁解した。つまり、穆に言わせてみれば、旧式の資本家と違い、彼のような、「私欲」がない社会に奉仕する資本家は新しいタイプの資本家として承認すべきである。なお、穆藕初は一時、「原綿の栽培工場と綿糸工場を作り、民衆に利益を与える穆藕初さんは真の実業家である[41]」と讃えられたことがある。換言すれば世間からみる真の実業家は穆のような新式資本家であるといえよう。

一方、張謇は「公僕」と「衆僕」を区別したときに「資本家」を、企業運営に必要な資金の提供者として中立の立場を取っている。彼は自分の地方自治活動を振り返ったとき、資本家の支援がなければ地元の教育と社会事業どころか何も成し遂げられないという。労資問題に関しては、資本家側と労働者側との調和に同調する[42]。

いずれにしても張謇と穆藕初は、「実業家」にせよ「資本家」にせよ、用語そのものを重視しないことを確認できる。張謇は自分のアイデンティティを「公僕」と自認し穆藕初は批判された「資本家」という呼称へのアンチテーゼとして「新式資本家」の風貌を世間に示そうとした。しかも穆は後述する科学的管理法を企業運営に導入したのである。

2　近代中国実業の経営課題

第一次世界大戦の長期化により欧米諸国からの機械製綿布の輸入が途絶えた東アジアにおいて、輸入代替型の綿工業が急速に成長した。その背景のもとで一九一九〜二〇年をピークに中国の民族紡績業界に活力を注ぐ未曾有の好景気がみられ、近代中国民族工業の「黄金期」が訪れた[43]。そのなかで、張謇の大生紗廠は一九一九年、二〇二万両の収益を上げて、利益率は八一％に達した。一九〇七年に創業した崇明分廠は一四四万両の収益で、一二〇％の利益率を記録した。穆藕初の厚生紗廠の収益は四十五万両で、三八％の利益率を実現した[44]。

ただ、黄金期が過ぎた後、大生資本集団は破綻の兆しをみせ、一九二二年に大生紗廠は国内の混乱と自然災害、並びに綿紗市場の「花貴紗賤」（綿糸安の原綿高）により初めて三十九万両の損失を被り、資金繰りも悪化した。特に第一次世界大戦後、中国の市場に大量に流れ込んだ廉価な外国綿製品にはとうとう太刀打ちできなくなった[45]。同年、大生二廠も三十一万両の損失が現れた。しかも大生紗廠に一三〇万両の融資を受けた通海墾牧公司も返済する能力を失った。一九二五年、大生グループは銀行団に接収されることになった[46]。

中国近代商工業のこうした不振について、アルバート・フォイヤーワーカー（Albert Feuerwerker）はその原因を分析したさい、外資企業との競り負け、弱腰の政府、資金の不足、遅れた技術、インセンティブの不足を挙げている[47]。

実際、張謇企業の失敗に関しては上述した原因からみれば、確かに積立金の不足に悩まされた。張謇が積立金の必要性に気づき、一時留保しようとしたが、とうとう株主のボーナス配分要求に曲げざるをえなかった。彼自身も一九二五年、『大生紗廠股東会宣言書』のなかで「四、五分の利潤、あるいは八、九分の利潤を獲得したさい、過分の利潤を年ごとに資本積立金にしなかったのは大きな間違いだった[48]」と反省したことがある。ほかに張謇の経営失敗について、産業外投資が多すぎることと外国資本の侵入にもよると捉えられている[49]。ここでいう産業外投資は張謇の社会事業への献身である。前述したように「公僕」としての張謇は地域社会のために活動するという社会的使命感を負っているので、本来の企業運営のあるべき方法からずれてしまうのではないかと思われる。例えば、彼は晩年、自分が抱いてきた地方自治[50]の抱負について、「自治を行えば則ち公司の構内で、次第に教育と実業を行い得るようになる。…各株主の力を借りて、新世界の雛形を建設する志を成し遂げ、中国の地方が自治できない恥を雪ぐ。従って社会の牛馬を務めて辞めることはない[51]」と述べ、自分なりの自治像をアピールした。また、彼は「私は株主の一人で、会社は地方自治、並びに全国の実業といずれも直接的もしくは間接的な関係があると思うので重視し、広げたいと思う[52]」と語ったのである。明らかに、彼の実業活動はこの自治計画の一部分にすぎなかった。彼の企業が不振に見舞われたときでも、ボーナスと減価償却が止められた一方、公益への出資額は減じられたものの、継続されていた[53]。前述した張謇の経営破綻の原因に関しては、張は企業の管理者として絶対的な権限をもって、地方事業への投資も企業資金の流用など自分で勝手に行っていたためだとされる[54]。これは張が「実業家」ではなく、「公僕」として目指している地方自治という究極的な目標と直接つながっているのはいうまでもない。これは梁啓超が懸念していた「企業観念」の欠如を如実に反映している。また、張謇が多くの学者に厳密な意味での実業家ではないと指摘される根本的な理由もここにある[55]。

もう一つ、指摘しておかなければならないのは、張謇の経営スタイル自体に問題があるということである。実は大生紗廠が操業を始めたころ、企業の管理に詳しい人員が僅かであった。張は「紡績工業の利害を上海の各工廠に求めたい。外国人の工場は秘密がありすぎる。中国人の工場は必ずしも全て秘密ではないが、いずれも経営の得失を語ることができない[56]」と失望の念を禁じえなかった。しかたなく、彼は身を以て『廠約』(工場規定)を策定し、『廠章』(工場条例)の修正まで深く関与した。各年度の大生紗廠の議事録を確認したところ、生産管理に関する記述がほぼ見当たらない。あったとしても僅少であった。圧倒的に多いのは、供給販売をめぐる記載である。実際の管理仕組みをみても、出荷入荷理事には補助役をつけており、工業生産部には一人の理事しかいなかった。張謇からみれば、原料綿花と綿製品の市場が大切なので、販売の競争であり、商品の品質管理は問題視されなかったという[57]。しかも管理職に名を連ねた顔ぶれも営業にたけている人であった。彼らは経営に詳しいが、科学的管理などには疎いと言われている。

一方、張謇をはじめとする近代中国の実業家の問題をめぐって、一部の先行研究は往々にして、地方、ひいては中央政府の経済政策や外国資本の圧迫など、外部環境の限界に起因すると捉え、実業家自身の問題に関してそれほど追究していない印象を見受ける。実業家そのものの問題点を含め、当時のメディアは次のように実業の現状を捉えている。つまり「中国の工業が発達できなかった原因は、よく資金の不足、小規模な企業組織、管理方法のなさにあるといわれている。むしろ実業家の投機心が工業発展の大きな障害ではないかと思う。資本が少なくてもよい人材を得て会社の信用が成立すれば資本が集まってくる。組織面と管理面の不足も虚心坦懐で学べば克服することもできる。工場の経営者は十分な職分意識を以て経営にあたり、工業の発展を生涯の志向とすれば、工業はいつか必ず振興するだろう[58]」と。ここで、管理方法の欠如とともに実業家の「投機心」も実業発展の妨げとして指摘されている。実業家たちは経営に専念する職分意識を持つようにと期待を寄せられている。

3　穆藕初の管理法と職業意識

上述したメディアの論点に応えるように、穆藕初は政府行為や国内の政治経済情勢を重視しながらも実業家自身の問題、特に企業管理の不足に気づいていた。

彼はまず中国の実業を次のように評していた。つまり「政府が実業の振興を提唱してから四十年になった。財力を尽くして大都市で造船局や工廠を作り、模範を示した。なお、条例を制定し、金銭で実業を奨励した。ほかに実業の振興を論じる説は至る所で見かけられる。大げさに中国の豊かさを談ずるものもあれば、民族精神を喚起するものもある。…しかし、全土を見渡す限り、日進月歩の外国工廠および華人が設立した僅かな工場以外に実業というほどのものがない。我々華人が実業を振興する能力がないためか、それとも振興の方法を知らないためか、研究の余地が大いにある[59]」と。ここで穆は政府の経済政策を振り返りながら、何故中国には実業らしい実業がないかという問題を提起した。そして彼は「実業家が最も重視すべきものは管理法である。…わが国の実業の失敗を管理法に関連付けて考えれば次の三つの原因がある。一、管理者が実務に疎い。二、（本務より）見栄を張り、規模が大きいがむだな人員が多い。三、賃金を削減しすぎて労働者が怠惰になり、職務を快く遂行できない[60]」と。ここで穆藕初は中国には真の「実業」が存在していないというのは管理者における管理知識が不足しているからだとみていた。彼は米国の生産管理体制と比較しながら、管理法による経営失敗の原因を分析した。彼がいうには、これまで企業の支配者の多くは社会的に著名な人物であるが、彼は業務に疎いものの、研鑽する気がない[61]。ここでいう有名人は張謇を指すわけではないが、管理者の問題は鋭く指摘されたのである。

そのために穆は米国のフレデリック・ウィンスロー・テイラー（Frederick Winslow Taylor）の科学的管理法を

初めて中国に導入した。その趣旨を一言で解釈すれば、働き手の各自の裁量に任せる昔ながらの体制よりも、働き手の自主性は科学的管理法のもとで本当の意味で発揮されることである。時間、精力、ならびに材料の節約がその主な内容である。言い換えれば無用の人材なし、材料の浪費なし、無駄な時間なし、精力の合理的使用ということである。穆藕初はテイラーの科学的管理を『学理的管理法』という書名で翻訳して、実業界の注目を集めた。当時の『紡績時報』によると、販売された冊数はかなりの数に達したそうである(62)。ただ、穆はテイラーの理念を鵜呑みにしておらず、実際の需要に合わせて柔軟に自分なりの管理法を唱道したと論じられている(63)。張謇と比べて、穆藕初はまず生産現場を一番重視していた。彼によれば、工場の各役職を設置する目的は四つあり、第一に廃棄原綿の減少、第二に従業員は全力で職務を果たすこと、第三に衛生管理に気を配ること、第四に機器を大切にすることである(64)。

実のところ、張謇の企業を含め、これまで中国の工場で生産管理には間接管理で番頭を雇っていた。番頭は機械の改良やコストの削減などに関わる技術面の革新は彼らの能力を超えていたとされる。穆は紗廠の操業を開始してから身を以て職員の機械の設置などを指導し、夜間も休まずに作業場の報告書様式などを設計した。長らく中国の近代紗廠は報告する習慣がなかったが、穆の提唱によって各紗廠があまねく採用することになったという(65)。

さらに注目したいのは、企業経営者（管理者）の素質を問題視した穆は、「実業」と違う「職業」という用語で強烈な職業意識を表す「天職」という言葉を提起した。彼は「職業の分類からみれば、農工商業はそれぞれ農民、労働者、商人が従事する業種である。良心という角度からみれば、世界中、どんな小さな事業でもその従事者はみなやる気を奮い立たせ、能力を発揮、責任をもって自らの職業の地位を向上させなければならない。しかもそれが単なる職業ではなく、絶対な「天職」であることを認識しなければならない。この「天職」という言葉は新しい言葉ではなく、孟子がいう「古之人修其天爵」（古の人、其の天爵を修める）まさにこれなり。わがままに職業を変えたり、職務を全うしなかったり、責任を負わなかったり、尽力しなかったりするのは、我が国の百業の不振につながっている」[66]という。つまり、穆からみる実業家はもちろんのこと、どんな小さな事業体でもその従業者はみな「天職」観念を抱くべきである。前述した精神的要素を持ち合わせた「実業」の曖昧さはここで克服され、企業経営者の備えるべき素質、もしくは企業家の精神というものは穆のこの「天職」という用語に収斂されたといえよう。

おわりに

レトリックは世界を変えると言われる。[67]渋沢栄一は「実業」の定義をはじめ、彼の持論たる道徳経済合一説および商工業立国理念は近代日本資本主義の育成と発達の時代要請に応じて提起されたのであり、日本の資本主義精神の形成にも大きく寄与した。近代中国においても経営ナショナリズムを意味する「実業」という用語が一時広く用いられたが、私利をむさぼる名目として批判されたことがある。

張は「実業」を定義するにあたり、渋沢のように経営理念に触れることなく、農工商の三者関係を中心に考えていた。というのも、統一した国家的規模の市場が早くから形成された[68]日本とは対照的に、実業の発展に必要とされる産業施設が整っておらず、安定した外部環境にも恵まれていない当時の中国において、渋沢のように企業家精神を取り上げる余裕がまだなかったはずだからである。これは梁啓超の「実業」への批判と一脈通じている。とうとう次世代の穆藕初は企業家精神をはじめ、企業家自身の問題に気づきはじめ、「天職」という用語で渋沢の道徳経済合一説に接近してきた。

なお、現代の我々は「実業家」という言葉を用いて近代経済人を捉えるが、彼ら自身はこれらの言葉に対する感覚は必ずしも我々と同様ではない。張謇も穆藕初も「実業家」にせよ、「資本家」にせよ、その呼び名にこだわらない。前者は「実業」云々を口癖にするいわゆる「実業家」に対しては良好なイメージを持たず、むしろ自分を「公僕」と自認するのに対して、後者は自分が「新式資本家」であるとアピールした。

次に実業の発展における工業と農業の位置付けに関して、石井寛治氏は一国が工業部門を失って純農業国になってしまうと、その国はいわゆる低開発国となり、先進諸国に従属することになりかねないと論じている。(69) また中国の近代経済史を振り返ってみれば、清末から民国に至るまで中国は農業国であり、工業が農工業生産額に占める割合は終始五分の一に至ることがなかった。一九二〇年はわずか四・九%、一九三六年になってやっと一〇・八%になったと推測されている。(70) こうした背景において、初代と次世代の実業家たる張謇と穆藕初は当時の国情を配慮しつつ、農業を重視しながら、民族紡績業が自立できるために、それぞれ試行錯誤を行ってきた。

しかし、前述したように張謇の大生グループは一九二〇年代、失敗を喫したが、科学的管理法を取り入れた穆藕初の徳大紗廠と厚生紗廠も、それぞれ一九二五年、一九三一年に経営に失敗し、栄氏家族に買収され申新五廠、申新六廠と改称された。豫豊紗廠は、一九二一年に経営難に陥り、米国のAndersen, Meyer & Company Limited of China に抵当に入れられ、一九三七年に債務返済不能のため、中国銀行の天津支行に接収された。彼の経営失敗は、功を焦るという彼個人の性格に起因したとみた研究があるが、(71) 張謇とともに直面した日々変わる国内外の政治社会情勢と不安定な投資環境を見落としてはならない。特に近代中国の民族紡績業は発足当初から欧米および同じアジア諸国との峻烈な国際競争下に立たされていた。隣国日本と比較してみても、市場経済の発達度、技術模倣吸収能力、操業の効率は異なっている。もう一つ、中国民族紡績の全般的特徴であるが、大多数の近代企業は伝統的商業市場のなかで、つまり新しい金融機構や労働力市場がまだ存在しない条件下で誕生したので[72]、企業の順調な発展はそもそも望めなかったのではないかと考えられる。

一方、一九二三年に張謇と穆藕初は『現代之勝利者』(*Stories of People: Who Achieves Success*)という本の中で取り上げられている。特に穆藕初に対して「我々は資本、原料、市場と労働力を持っている、しかし、中国の工業の発展に最も必要とされるのは組織能力、管理能力、誠意、ならびに能率の良い行政機構である。これらの才能は、穆さんの言動から反映されている。彼の指導のもとで、我々が最も望んでいる経済発展の時代が訪れるだろう[73]」と予見していた。結局、両者の企業は共に経営の破綻を見せたが、彼らのたゆまぬ努力は改めて評価すべきであろう。両者に対しては胡適が張謇に与えた「偉大な失敗した英雄[74]」という評語が正鵠を射ているといえよう。

注

(1)『官商之間―社会劇変中的近代紳商』天津人民出版社、一九九五年。

(2)『大商人―影響中国的近代実業家們』海峡出版発行集団・鷺江出版社、二〇一六年、四～五頁。

(3)「企業家」の概念について、マックス・ウェーバーとヨーゼフ・シュンペーターはそれぞれ「組織的合理的に正当な利潤を使命(「天職」)として追求する者」、「革新者、新結合を遂行する者」と定義している。こうした意味では本論で言及した渋沢栄一、張謇、穆藕初は正真正銘の「企業家」といえる。

(4)劉正埮等編『漢語外来詞詞典』上海辞书出版社、一九八四年、三二六頁。

(5)浅野俊光「明治期における「実業」概念の生成―「実業」・「実業家」概念の文献史的考察」早稲田大学『商経論集』第四三号、一九八二年九月、一五一頁。

(6)渋沢栄一は生涯を通じて約五〇〇社の企業の設立と運営に関わった上、約六〇〇の社会公共事業にも取り組んでおり、「日本資本主義の最高指導者」と称せられる。

（7）渋沢青淵記念財団竜門社編纂『渋沢栄一伝記資料』渋沢栄一伝記資料刊行会、一九五五〜七七年（以下『資料』と略す）、第二十六巻、一九八頁。
（8）渋沢栄一は「国家といふものは、商売とか工業とかいふものが基礎になる」（『資料』第二十六巻、四七五頁）と述べていた。詳しくは「実業とは何か—日中両国の実業家の観点を中心に」（島根県立大学北東アジア地域研究センター『北東アジア研究』十二号、二〇〇七年、四五〜六一頁）、また「渋沢栄一と『論語』」（江藤茂博『講座 近代日本と漢学 第八巻 漢学と東アジア』戎光堂出版、二〇二〇年、三〇〇〜三一六頁）を参照。
（9）『資料』第二十六巻、二九一頁。
（10）『資料』別巻第八、三〇五頁。
（11）浅野俊光前掲論文、一六三頁。
（12）馬伯煌編『中国近代経済思想史』（中）、上海社会科学院出版社、一九九二年、一八六頁。
（13）曹叢坡等編『張謇全集』第二巻、江蘇古籍出版社、九五頁。
（14）同右、第四巻、一一一頁。
（15）高俊「近代中国歴史上的〝商〟」上海社会科学院歴史研究所『史林』二〇〇五年第一号、五三頁。
（16）『比較経営史序説』東京大学出版会、一九八一年、一四四頁。
（17）『張謇全集』第四巻、一一二頁。
（18）郭庠林等『中国近代振興経済之道的比較』上海財経大学出版社、一九九五年、一二九頁。
（19）『張謇全集』第一巻、九九頁。
（20）同右、第三巻、七三頁。
（21）同右。
（22）『張謇全集』第四巻、一一二頁。
（23）鐘声「八十年代以来中国近代実業救国思潮研究総述」『株洲工学院学報』第十八巻第一号、二〇〇四年一月、六四頁。
（24）『張謇全集』第五巻、一五一頁。

(25) 同右、第二巻、一三頁。
(26) 「試論張謇『振興実業』的思想与実践」(『蘇州大学学報（哲学社会科学版）』一九八七年第三号、一三五頁)、厳学熙「張謇与中国農業近代化―論淮南塩墾」(『論張謇―張謇国際学術検討会論文集』江蘇人民出版社、一九九三年) 三八九～四一〇頁。
(27) 『張謇全集』第一巻、三七頁。
(28) 厳中平『中国近代産業発展史』商務印書館、二〇一一年、三六頁。
(29) 「論振興商務當先興農業工業」『東方雑誌』第二巻七号、一九〇五年八月二十五日、一〇三頁。
(30) 穆家修等編『穆藕初先生年譜 1876 ～ 1943』上海古籍出版社、二〇〇六年、三三～三四頁。
(31) 同右、一九三頁。
(32) 同右、二四二頁。
(33) 同右、一六二頁。
(34) 同右、一八七頁。
(35) Peter Zarrow, *China in War and Revolution, 1895-1949*, Routledge, 2005, p. 117.
(36) 王先明『近代紳士―一個封建階層的歴史命運』天津人民出版社、一九九七年、一八九頁。
(37) 徐天娜「近代中国的『資本家』―以其概念之生成、演変為中心」『江蘇社会科学』二〇一六年三月。
(38) 一九二〇年一月二十七日から二月初頭にかけて長沙の『大公報』、『湖南日報』は連日、穆藕初が湖南省で女工を雇うときの問題を取り上げ、批判を浴びせた。そのなか、女工の人権が保障されないとされ、低賃金、長時間労働、並びに工場の衛生、医療条件の悪さを鋭く指摘された（『穆藕初先生年譜』、一七一～一七五頁)。
(39) 中国国民党党史委員会『朱執信先生文集』裕台公司中華印刷廠、一九八五年、五五一頁。
(40) 『穆藕初先生年譜』、一九〇頁。
(41) 同右、一四一頁。
(42) 『張謇全集』第一巻、六二三頁。
(43) 森時彦『中国近代綿業史の研究』京都大学学術出版会、二〇〇一年、一三七頁。

（44）同右、一七〇～一七一頁。
（45）張季直先生実業史編纂処『大生紡績公司年鑑：1895–1947』江蘇人民出版社、一九九八年、一八七頁。
（46）汪聖雲「張謇与大生紗廠的興衰」『武漢科技学院学報』二〇〇一年第四号、五四～五九頁。
（47）Albert Feuerwerker, *China's Early Industrialization: Sheng Hsuan-huai (1844-1916) and Mandarin Enterprise*, New York:Harvard University Press, 1970, 245.
（48）『張謇全集』第三巻、一一五～一一六頁。
（49）楊桐「試析大生紡績企業興衰原因」張謇研究中心編『論張謇―張謇国際学術研討会論文集』上海社会科学院出版社、一九九五年、三五七～三六八頁。
（50）張謇は生涯を通じて、故郷・南通の発展に力を尽くしていた。
（51）『張謇全集』第三巻、三九五～三九六頁。
（52）同右、一一四頁。
（53）拙著『渋沢栄一と「義利」思想―近代東アジアの実業と教育』（ぺりかん社、二〇〇八年）を参照。
（54）王敦琴『伝統与前瞻―張謇経済思想研究』人民出版社、二〇〇五年、二八六～二九九頁。
（55）同右、二九八～二九九頁。
（56）『張謇全集』第三巻、一一七頁。
（57）舒祥鑫・施鳳良「試論大生紗廠的早期管理与大生的興衰」、『論張謇』三六九～三八一頁。
（58）『中国近代工業史資料 第一輯民族資本創弁和経営的工業』生活・読書・新知三聯書店、一九五七年、三〇～三一頁。
（59）趙靖編『穆藕初文集』北京大学出版社、一九九五年、一四二～一四三頁。
（60）同右、一四四頁。
（61）『穆藕初文集』一四三頁。
（62）陳正書「二十年代上海的企業改革家穆藕初」上海社会科学院経済研究所『上海経済科学』一九八四年第十一号、三九頁。
（63）『穆藕初文集』六七八頁。

(64) 同右、八六〜八七頁。
(65) 同右、六〇四頁。
(66) 同右、一三三頁。
(67) 馮興元「繁栄来自観念和修辞的力量——『企業家的尊厳』訳校序」Deirdre N. McCloskey 著・沈路等訳『企業家的尊厳——為什麼経済学無法解釈現代世界』中国社会科学出版社、二〇一八年。
(68) 依田熹家著・卞立強等訳『日中両国近代化比較研究』上海遠東出版社、二〇〇四年、一八〜二一頁。
(69) 石井寛治『日本の産業革命——日清・日露戦争から考える』朝日新聞社、一九九七年、一一四〜一一五頁。
(70)『大商人』八頁。
(71)『穆藕初文集』六八七頁。
(72) 中村哲編著『東アジア近代経済の形成と発展』日本評論社、二〇〇五年、八四頁。
(73)『穆藕初先生年譜』三〇九〜三一〇頁。
(74) 張孝若『南通張季直先生伝記』、『民国叢書・第三編七三』、上海書店、一九八九年映写版、胡序三頁。

第三章　大韓帝国期における「企画された」日本実業視察と日韓企業家の交渉

金　明洙

はじめに

この章においては、一九〇七年に行われた韓国人実業家の日本視察活動を視察団派遣の背景・日程、そして日本視察から受けた参加者の印象と帰国後の活動を中心に検討することによって、韓国金融近代化に対する大韓帝国と韓国統監府（日本）の同床異夢を解明する。

日露戦争後の一九〇五年から日本帝国主義による対韓侵略が本格化すると、日本人の来韓が相次いで韓国の至る所で韓国・日本両国民による不安定な同居が増加していた。とりわけ当時の韓国の社会指導層は日常的に様々な政治的・経済的「選択」に直面した。まだ身分制の影響が強かったものの、社会変動が激しく進んだ結果、新しく浮上する官僚・中間層・商人出身の近代企業家のプロトタイプも見え始めた。最終的に彼らの「選択」は日本の植民地支配を受け入れることであったが、他国の支配を認めざるを得なくなる認識転換に内部的な葛藤がなかったわけではない。この章ではそのような葛藤がどのように「最終的な選択」に帰結し解消していくのかを検討する。それは、アイロニカルに韓国人商人・実業家にとっては近代企業家への転換の道でもあった。

韓国人実業家による日本視察が行われた一九〇七年は二つの意味から重要な年であった。第一に、大韓帝国（以下、韓国）政府が積極的に推し進めていた自主的近代化（光武改革）が日本帝国主義の妨害に直面して頓挫してしまった。その政治的な帰結が一九〇七年七月の国王高宗の強制退位と第三次韓日協約（韓日新協約）による内政干渉の本格化であった。日本実業視察はその直前の四月末から六月中旬まで行われた。第二に、目賀田種太郎の韓国貨幣整理事業の実施過程で生じた金融逼迫を契機として始まった日本帝国主義による韓国金融機構の植民地的な再編が終わりつつあった時期であった。金融逼迫を解消するためにソウル（当時は「漢城」）には漢城共同倉庫株式会社と漢城手形組合を設立し、各地方には農工銀行と金融組合を設立したが、結果的には韓国の伝統的な商慣習を一掃し多くの韓国人資産家をこれらの金融機関に集めることによってコントロールすることができた。特に同視察団の人的構成が主に上記の金融機関の役員からなっていたこと、当時の韓国統監伊藤博文が同視察を勧誘したこと、そして視察一行の多くが帰国後も続けて日本による韓国金融の再編に協力的であったことを考慮すれば、一九〇七年の同視察の持つ意義は非常に大きいことが分かるだろう。

一九〇七年四月二十九日より約四十日間、韓国の実業家たちが日本視察に就いた。当時の伊藤統監はこの視察について以下のように意義付けた。「模来実施」すなわち日本視察から得た経験と知識を韓国に持ち込み「日本を模倣して」韓国に実施することを強調したわけである。

韓国においては累次視察委員を外国に遣わしたが、一次も実地視察するものはいなく、外国の物品を貿来したり自国の利権を図ったりするが、実に慨然する所である。今番には視察一行が特別に気を付けて如何なる法であっても模来実施することを絶望する次第である。(1)

しかし、右記の引用文からは、それまで視察団の派遣の主体は韓国政府であったことと、視察団の成果はともかく、同政府による自主的な近代化のための努力が傾注され続けてきたことが確認できる。

韓国人実業家たちの日本視察は、目賀田の貨幣整理事業により生じた金融恐慌がある程度落ち着いた時期に行われた。韓国を植民地として支配するための整地作業が終わりつつあった時期に将来韓国経済をリードしていく主要人物たちに日本を体験させるというのは、韓国実業家たちを内部の協力者として養成していく目的もあったことが見て取ることができよう。しかし、このような日本の試みは彼らに「近代」を経験し得る契機を与えたことにもある。韓国を自国の勢力圏下に置いて日本主導の東アジアを夢見た日本帝国主義、そして日本をモデルにして韓国を近代化させることによって世界の一員になろうとした韓国の実業家たちにとって、一九〇七年の日本視察は「同床異夢」の典型的な事例であったといえよう。

一　視察の背景と日程

日本視察団の一行（以下では「一行」と略す）は、趙鎮泰・白完爀・韓相龍・李鴻模・白寅基・李顯周・金時鉉など七人、随行員として通訳を務めた金鎮玉・洪学均の二人、そして財政顧問府財政監査官馬場鉠一を含めて総十人からなっていた。一行は一九〇七年四月二十九日の午前八時に京釜鉄道に乗って日本視察に就いた。この実業視察団は政府派遣の形式を採っていたので度支部より一行に旅費が支給された。度支部は、視察団七人には一人当たり三百圜を支給し、随行員二人にはそれぞれ百圜を支給した。出発前日の二十八日、伊藤統監は一行を統監官邸に呼び出して「訓示」とともに大蔵大臣宛の紹介状と餞別金一千円を支給した。一行は目賀田財政顧問も訪れて「訓示」を聞いた(2)。

然るに、何時からどのような目的でこの実業視察が計画されたか。三月二十一日付の『大韓毎日申報』の記事によれば、最初は銀行視察として推し進められたことが分かる。

各銀行と其他金融機関として設立された会社から重役一人式を日本に派遣して金融経済に関する事情を視察する予定である。其の顔ぶれは漢城農工銀行長白完爀氏、漢城手形組合長趙鎮泰氏、天一銀行取締役尹晶錫氏、漢城銀行総務韓相龍氏、韓一銀行取締役鄭東植氏、漢城共同倉庫会社理事白寅基氏に定まったと(3)

四月二十九日に出発するまで一行の構成に少し変化はあったものの、趙鎮泰・白完爀・韓相龍・白寅基など主要メンバーに変わりはなかった。また、後述するが、視察機関に日本の主なる金融機関が多く含まれていたことからもこの視察が銀行視察の目的から始まったことが分かる。ここでもう一つ注目したいのは、「公立漢城銀行総務長韓相龍氏をして視察委員を任定(4)」させたということで、漢城銀行の韓相龍が一行の中心人物であったことも分かる。韓相龍は、視察の三ヶ月後、すなわち八月五日に当時二十七歳の若さで京城商業会議所の会頭に選出されたので、視察当時すでに韓国実業界の中心人物の一人として認められていたことが分かる(5)。

一行が東京に到着したのは出発四日後の五月二日であった。三日には旅の疲れを解すために休み、本格的な視察は四日から始まった。以下においては、五月四日からの日程を、視察の日程を独占取材した『時事新報』を中心に『皇城新聞』・『萬歳報』などの韓国の新聞で補完しながらまとめておく。

四日には、当時の大蔵大臣阪谷芳郎が永田町にある官邸に一行を呼んで自ら視察上の注意点を説明し、一行のために準備した翌日の園遊会への参加を要請した。同要請に一行は「満心喜悦」し、その後大蔵省の若槻礼次郎次官と各局長を面談した。五日には上記の園遊会に参加して歓待を受けた。同園遊会には大蔵省の高等官が多く参加した。六日の午前には、第一銀行に赴き渋沢栄一頭取、佐々木勇之助総支配人などの接待を受けており、さらに日本橋にある銀行倶楽部で午餐を共にした。六日の午後には東京株式取引所を訪問して同取引所の江口駒之助と伊藤幹一理事に会った(6)。東京株式取引所は、一八七八年五月に渋沢・益田孝・小室信夫・三井養之助・大倉喜八郎・三野村利助など九十五人が二十万円の資本金を以って設立した日本最初の株式取引所であった。一行が訪れる直前の一九〇七年三月には資本金が設立当時の六十倍に当たる千二百万円にまで増加した(7)。

七日の午前には手形交換所を訪れて山中隣之助理事より詳細な説明を聞き、午後には日本銀行に行って片山貞次郎秘書役、野々村政也監査役の案内と詳細な説明を受けた。手形交換所とは、一定の地域内に所在する金融機関に相互合意して定時に定まった場所に約束手形と小切手などを持ち込み、金融機関間の交換と交換後の差額を決済する場所である。日本においては一八七九年十二月に大阪手形交換所が初めて設立され、一八八三年九月には東京手形交換所が一八八〇年十月に設立された為替取組所の下部機関として発足した。視察当時の韓国にも手形組合が組織されていた。一九〇五年九月三十日に公布された度支部令第十六号の「手形組合条例」に基づいて漢城にも漢城手形組合が誕生して一九〇六年一月より営業を始めた(8)。一行中の趙鎮泰と韓相龍はそれぞれ漢城手形組合の設立発起人であり設立後には組合長と評議員として活躍していた。

八日の午前には日本勧業銀行を訪問した。高橋新吉総裁をはじめ志村源太郎副総裁、五十嵐敬止理事などが応対した。日本勧業銀行は一八九七年に「農工業の改良発達のために資本を貸し付ける目的」を以って設立された。一九〇〇年に日本政府は農工銀行法を改正して日本勧業銀行をして農工銀行を代理人として保証による資金貸付の道を開いた。さらに農工銀行が発行する農工債券も引き受けた[9]。同日の午後には日本興業銀行を訪問した。興業銀行は井上辰九郎・金子直理事、岩井助役、大和秘書役代理が案内し、夜には視察団のために晩餐を提供した[10]。

九日の正午には東京商業会議所の楼上にて中野武営会頭及び副会頭の以下常議員が出席した上で[11]、午餐を共にした。大蔵省からは若槻次官と荒井主計局長などが臨席し、馬場鍈一・洪学均・韓相龍・李鴻模・白寅基・白完爀の談話があったとされるが、詳しい内容は知られていない。東京商業会議所から宿所に戻る途中で一行は日本橋にある三井銀行・三井物産会社・三越呉服店を見学した。三越呉服店写真部では記念撮影もした。銀座にある服部時計店によって買い物をして旅館に戻ってきた[12]。

十日の午前には日本橋の銀行集会所と現在丸ノ内の三菱銀行を訪問し、午後には京橋にあった当時「華族銀行」と呼ばれた十五銀行を視察して午餐を共にした[13]。十一日の午前には印刷局を午後には三井倉庫を訪問した。十二日には王子で開催された龍門社総会に臨席し、その後飛鳥山の渋沢邸で行われた園遊会に参加した[14]。当日園遊会では渋沢の挨拶があり、それに対して韓相龍が答辞を行った[15]。十三日の午前には王子醸造試験所を視察し、午餐のあと、午後には王子印刷局抄紙部と王子製紙会社を見学した。十四日の午前には向島麦酒製造所、午後には鐘ヶ淵紡績・千住製絨所・東洋硝子製造所を見学した。十五日の午前には、渋沢と共に国立第一銀行釜山支店を開設した大倉喜八郎の邸宅を訪れ午餐を共にし、午後には芝第二煙草製造所を視察した。十六日には砲兵工廠と後楽園を訪問した。十七日の午前には銀行集会所、午後には信用調査機関である興信社を訪問した[16]。

十八日には博覧会を見学したが、おそらく上野公園で開催された東京勧業博覧会を指しているのだろう。一九〇七年に第六回内国勧業博覧会が開催される予定であったが、日露戦争後の財政悪化により先送りになると、東京府が主催して博覧会を開催したわけである。(17) 一九〇七年三月二十日より七月三十一日までの会期で開催されたため、(18) 韓国実業家一行が見学することができた。十八日の夜には東京経済学協会の例会に招かれた。経済学協会は同日の午後六時より麴町区富士見軒で例会を開いて一行を招待した。同例会では荘田平五郎の経済談と藤原俊雄の欧米視察談が語られた。東京経済学協会は田口卯吉などによる経済談会（のちに東京経済学講習会）を母体として「学理上及び実際上における経済学の進歩を図ること」を目的として設立された団体であった。(19)

五月十八日よりは一行のメンバーそれぞれが従事する業務にしたがって該当する機関で実習した。(20) 例えば、漢城共同倉庫会社の白寅基と金鎮玉は五月二十日に渋沢倉庫部に渋沢を訪れ意見を交換した。(21) 韓相龍は一週間ほど兜町にある第一銀行本店に通いながら銀行実務一般について実習した。(22) 一行は二十二日の午後には再び東京勧業博覧会を見学し、夜には東洋協会の招待に応じた。東洋協会は一八九八年に設立された台湾協会を継承して一九〇七年二月に設立された団体で、日本の朝鮮・大陸経営に必要な人材を養成するために学校を設立するなど日本の植民活動を支援する組織であった。(23) 二十四日には横浜に赴いて横浜正金銀行・税関・築港を視察した。二十五日午後六時には興業銀行、二十六日午後一時には交詢社招待を受けて訪問した。交詢社は福澤諭吉の主唱により創設された日本最古の社交機関であった。交詢社の事務所は銀座にあったが、(24) 二十六日の午後三時から芝公園内にある三緑亭において交詢社の総会が予定されており、午後五時から一行と馬場財政監査官を招いた晩餐が開かれた。同日の午前中には芝公園内で開催されていた夫人博覧会を見学した。二十七日には観光のために日光を訪れた。(25)

新聞記事の予定では日光観光が終わると、五月三十一日か六月一日に東京を出発して名古屋・大阪・京都・神戸に赴いてそれぞれ商工業上主要な場所を視察する予定であった。例えば、三菱が経営していた兵庫県但馬にある生野鉱山も二日間の日程で視察する予定であった。このような日程が終わる六月中旬には帰国することになっていた[26]。東京以後の日程については韓国にも日本にもその資料が見つからず現在確認できない。しかし、韓相龍が六月二日に帰国挨拶のために渋沢を訪問したので、実際に東京を出発したのは六月二日または六月三日であったと考えられる[27]。

二　日本実業視察団の構成

1　財政監査官と随行員たち

一九〇七年四月二十九日に出発した視察団員の構成は、上述したように、各銀行とその他の金融機関の重役から七人に随行員二人、そして案内役であった財政顧問府の財政監査官馬場鍈一で総十人であった。その人的な構成をより具体的に検討することによって一九〇七年の実業視察団の性格がより鮮明に浮かび上がるだろう。

まず一行を引率・案内し、視察の実務を担当した馬場鍈一から検討する。馬場は『時事新報』と協議して東京における視察日程をオーガナイズしてもらい、さらに視察団を独占取材して同新聞に報道するように斡旋した。馬場は、一八七九年東京芝区柴井町生まれで、実父は山本時光であったが、一九〇〇年に馬場兼の娘信と結婚して婿養子になった。一九〇三年東京帝国大学法科大学政治科を卒業して文官高等試験に合格して大蔵省に入った。一九〇五年四月に税務監督局事務官に任命され横浜税務監督局で勤務し、同年六月よりは税関事務官及び税関監視部長を兼務した。一九〇六年五月に韓国政府財政顧問府に招聘され、同年九月に韓国統監府書記官に任命された。翌年の一九〇七年四月には統監府財政監査官になり、九月には法制局参事官になって日本に帰国した。一九二二年に法制局長官に任ぜられ、同年十二月に勅撰貴族院議員になった。一九二七年十月には日本勧業銀行総裁になり、一九三六年には大蔵大臣になって所謂「馬場財政」を導いた。馬場が韓国統監府で勤務した期間は一九〇六年五月から翌年の九月まで一年五ヶ月間であったが、その間に韓国実業家の日本実業視察団と共に日本を訪問したわけである[28]。ちなみに、馬場は一九二〇年四月に法学博士の学位を取得した。

随行員金鎮玉は、日本海外教育会が設立し、渋沢など日本政財界の大物たちがバックアップした京城学堂の出身であった。一八九九年六月十四日の京城学堂第一回卒業式では学生代表として韓国語と日本語を使って答辞し[29]、卒業後京城学堂の副教師として教鞭を執った[30]。京城学堂の設立目的が日本人商店あるいは会社に就いて勤められる青年たちを教育することであったため[31]、金鎮玉は同学堂で日本語と商業実務を勉強したはずである。韓一銀行の設立の直後、銀行内に内紛があった時、当時漢城共同倉庫の事務員であった金鎮玉を支配人として迎え入れようとしたものの、彼が「銀行重役などが旧習に尚泥して支配人を児孩（小僧）の如く認識するので不応」したため、重役たちが毎日のように会議をしてその対策に腐心したという記事がある[32]。韓一銀行の第四回営業報告書によれば、金鎮玉は支配人として勤務中であった。重役たちが金鎮玉の日本語能力と実務能力を期待して結局迎え入れに成功したと考えられる。一九〇七年四月の視察当時にはまだ漢城共同倉庫の事務員であったため、おそらく視察直後に迎え入れられたと考えられる[33]。金鎮玉はのちほど韓一銀行の取締役になる。

もう一人の随行員洪学均は、私立漢陽学校で勉強した。夏季試験の優秀な成績で優等生として学部より受賞したことがあり、卒業試験においても甲級優等になった[34]。漢陽学校は、初代校長の崔鎮が日本留学より帰国して一八九九年の春に開設した細泉夜学校を母体とする。早くから教育に志した崔鎮は、一八九六年九月より日本の東京築地にあった正鵠学館で日本語を勉強し、帰国後細泉夜学校を設立して青年たちに日本語を教育した。崔鎮は、一九〇〇年に再び日本留学を決心し大阪の泰西学館にて日本語の深化課程と普通学科を修了した。一九〇二年六月に関西大学法学科に入学、一九〇五年七月に法学士学位を取得して帰国した。崔鎮は、帰国後、一九〇六年七月に度支部主事、同年八月に法官養成所教官を経て一九〇七年に漢城裁判所の判事となった[35]。洪学均は一九一〇年に関税局主事を経て財務監督局主事に任命され[36]、韓国併合後には全羅南道財務部書記として勤務した。洪学均は一九二〇年に死亡したが、死亡当時漢城銀行東幕出張所の所長であった。一九〇七年四月の視察当時洪学均は漢城手形組合の事務員であった[37]。

要するに、馬場は、当時目賀田財政顧問の下で金融機関を監督する立場から一行と頻繁に接触していたため、彼らをよく把握していた。通訳として一行を随行した金鎮玉と洪学均は、早くから日本語教育機関で勉強したため日本語に堪能であり、それぞれ漢城共同倉庫と漢城手形組合の事務員として実務を担当していたため、日本人との接触が多く日本についてもよく知っていたのである。

2　日本実業視察団の顔ぶれ

趙鎮泰は、武官出身の商人で大韓帝国の金融近代化プロジェクトに参加するうちに近代企業家に転身した人物である[38]。彼は白完爀と共に一八九九年に大韓天一銀行の設立を主導し、一九〇三年には大韓帝国が意欲的に推進していた中央銀行の設立に関わった[39]。日露戦争後より本格化した日本の経済侵略に対応するため一九〇五年七月に創立された（鐘路）京城商業会議所の会頭に選任され、実業界のリーダーとして大きな役割を果たした。一九〇五年十一月に政府主導により創立された漢城共同倉庫株式会社の社長に任命されており、同年十二月に設立認可を受けた漢城手形組合の組合長に就任した。趙鎮泰は一九〇六年六月に設立された漢城農工銀行の設立委員としても活躍した。一九〇八年に東洋拓殖株式会社が設立された際には監事に就任した。一九二〇年三月には韓国人実業家からなる朝鮮実業倶楽部の会長に選出され、一九二七年には朝鮮総督府の諮問機関である中枢院の参議になった。大韓帝国期の金融近代化に意欲的に参加したはずであるが、結果的には日本による金融機構の植民地的な再編に協力したことになる。

白完爀も趙鎮泰と同じく武官出身の商人であった。一九一三年に五十六歳であったので、おそらく一八五七年生まれである。趙鎮泰と共に大韓帝国期の金融近代化プロジェクトに参加して近代企業家に成長したという評価を受ける。白完爀は一九〇六年六月に漢城に設立された漢城農工銀行の銀行長に就いて一九一八年九月に朝鮮殖産銀行が設立されるまで十二年三ヶ月間在職した。そのほかにも天一銀行、漢城共同倉庫、朝鮮商業銀行、韓一銀行、漢城銀行の重役を経て一九二八年四月より一九三三年六月まで五年二ヶ月間漢城銀行の取締役会長を務めた。一九〇八年に東拓、一九〇九年に韓国銀行、一九一八年に殖銀、一九二一年に朝鮮火災保険、一九二九年に朝鮮貯蓄銀行の設立委員として活躍した。白完爀が趙鎮泰と共に近代企業家として成長し得たのは、目賀田の貨幣整理事業とその後の強制的な金融再編が契機となったが、彼らはすでに韓国政府の近代化プロジェクトに参加していたことは再び指摘しておく。

李鴻模は漢城府主事を務めた官歴の持ち主であった(40)。一八九六年には独立協会へ補助金を寄付した。一九〇六年に漢城農工銀行が設立されると、同年六月に洪肯燮・李健赫と共に多点者順の理事に推された。監事は白寅基であった(41)。一九〇六年に京城商業会議所の建築金を寄付した(42)。一九〇六年七月に資本金二万円をもって設立された京城醸造合名会社と不動産開発の目的をもって一九〇八年五月に設立された京城隆興㈱に発起人・重役として関わった(43)。李鴻模は一九〇六年十二月現在に李鴻模薬局を経営していたが、一九一三年八月に製薬流通業を目的とした売薬㈱

を設立した。さらに李鴻模は薬業総合所の所長として朝鮮薬業の改革を主導して一九一二年に薬業総合所を朝鮮薬業組合と改称、認可を申請した。一九一五年六月には長薫学校内に薬学講習所を開設する際にも深く関与した。一九〇八年二月には宮内府御用達の東洋合資会社の経営を引き受けた[44]。東洋合資会社は「宮内府財政整理の必要から特許を得て株式で組織され数年間皇室と宮内府所管各院司応用物品を用達」してきたが、その後「株式営業が極めて不便であるため合資会社を改め資金を増加して諸般業務を一層拡張するために」李鴻模を営業主任に任命して営業を任せたのである[45]。この事例を通じて李鴻模が如何に宮内府の信任を得ていたか、さらに如何に優れた営業能力の持ち主であったかが分かる。一九〇八年八月現在には漢城手形組合の評議員でもあった[46]。

金時鉉は漢城の豪商であった。高宗が、厳妃の実弟にあたる厳俊源の高宗廃位に関する報告を受け、閔元植を遣わして廃位に関する噂の真相を把握するようにしたことがある。その時、高宗は、伊藤統監などの目を避けるために宮内制度調査員を同行させ、それに必要な費用を「京城の豪商」金時鉉に十万円もの巨額の上納を命じた[47]。金時鉉の財力をうかがい知ることができる。一九二五年六月の『東亜日報』によれば、「韓国時代に有名な実業家で、韓一銀行・漢城銀行・韓米瓦斯電気会社、その他の多くの銀行・会社の重役を務め、皇帝陛下より勲五等の勲章まで受賞したことがあるが、……明治四十四年陰六月に幼い娘たちを残して」死亡した[48]。そのほかにも一八九九年の大韓天一銀行の設立当時には株主として投資し、農業㈱の監査役、彰信社の株主、そして京城隆興の発起人として活躍した。一九〇九年から翌年の一九一〇年まで集中的に鉱業に投資した[49]。一九一一年一月には「砂金、その他の金銀地金を売買する目的」をもって朝鮮分析所を開業し、京城実業家と共に貯蓄銀行を発起して朝鮮総督府に請願書を提出したこともある[50]。

白寅基は一八八二年生まれで湖南富豪白南信の息子である。正確な時期は不明であるが、日本留学の経験もある[51]。

早くから客主業（仲介業）を通じて実業界に投身した白寅基は一九〇五年九月には漢城共同倉庫の理事に、一九〇六年五月に設立された漢城農工銀行の理事に、一九一二年十二月には韓一銀行の専務に就任した。一九〇七年には大韓勧農株式会社の設立に趙鎮泰・成文永・呉永根と共に参加した。同会社は不動産経営会社で山田桃作・岡十郎など日本人が主導して設立した。この会社に白寅基が関わったというのは日本人企業家たちと早くから交流が盛んであったこと、そして彼らの対韓投資に拒否感を持たず自ら参加したことを示す[52]。白寅基が日本留学出身で日本語に堪能な数少ない韓国人実業家の一人であったことが分かる。一九〇八年には渋沢の日韓瓦斯電気株式会社に取締役としてその経営に参加した。さらに白寅基は青年教育にも志して一九一〇年八月に金鎮玉と共に青年実業倶楽部を組織して日本語・簿記・商科などを教育し、彼らのために新聞縦覧所を設置したこともある[53]。白寅基は植民地期になってからも多くの銀行・会社に関わり旺盛な企業活動を展開した。

韓相龍は、一八八〇年生まれで、一八九八年より一九〇〇年まで日本で留学した。日本陸軍士官学校の予備校とも呼ばれた成城学校にて修学したが、病気により中退して帰国した。帰国後にはしばらく中橋義塾で教鞭を執ったが、高宗の従弟に当たる李載完に抜擢され一九〇二年に度量衡製作検定機関である平式院の創立と共に総務課長になった。一九〇三年に私立漢城銀行が公立漢城銀行として再発足する際に右総務として同行に入り、一九二八年に顧問として身を引くまで漢城銀行を朝鮮最大の銀行に成長させた。漢城手形組合の評議員、漢城農工銀行の設立委員に任ぜられ設立事務に関わった。一九〇八年十二月には東拓の理事及び調査部長になり、一九〇九年には白完爀と共に韓国銀行の設立委員に任命された。韓相龍は総理大臣李完用・軍部大臣李允用をはじめ内閣書記官長韓昌洙などの有力者たちが親戚で多く政界に布陣しており、本人も東拓の理事に任命されるほど彼に対する日本の信任も厚かった。各種金融機関の設立・経営に新星の韓相龍の役割が大きかったため、韓国実業界も彼を注目した。一九〇七年八月に二十七歳の若さで（鐘路）京城商業会議所の会頭に推薦されたのは、[54]政界に影響力もあり日本にも詳しい韓相龍が韓国実業界を刷新することを期待したわけである。韓相龍は漢城銀行を土台としてのちに「朝鮮の渋沢栄一」と呼ばれるほど多くの銀行・会社の設立と経営に関わった。[55]

李顕周は、詳しい経歴については不明ではあるが、一九〇七年六月に漢城農工銀行・公州農工銀行・忠州農工銀行が合併して漢湖農工銀行になった時、同行の取締役に名前を連ねている。[56]したがって、公州か忠州農工銀行の重役であったと考えられる。

以上からの検討結果、一九〇七年四月末に日本に派遣された韓国人日本実業視察団の一行は、大韓帝国の金融近代化プロジェクトの中心事業であった中央銀行の設立（未実現）に参加し、貨幣整理事業によって生じた金融恐慌を打開するために設立した漢城共同倉庫・漢城手形組合・農工銀行など各種金融機関に発起人・設立委員、設立後には重役として活躍した。視察後には一九〇八年に東拓の設立委員と設立後の重役に任命され、一九〇九年の韓国銀行の設立時にも設立委員として活躍した。大韓帝国は金融の重要性を認識して近代化を推し進め、一行の多くが当時韓国経済界の中心人物で金融近代化に参加した。日露戦争後、日本による韓国に対する植民地化が進んでいく中で、大韓帝国の金融近代化が日本主導の金融機構の植民地的な再編という内容に変質していき、多くの韓国人実業家（商人を含む）が日本に協力しながら近代企業家への転身に成功し植民地時代にも成長を続けることができた。

三　視察に対する印象――韓相龍の交詢社演説

一九〇七年四月から約四十日間の日本視察は一行に何を印象付けたのか。これまで視察日程と一行の顔ぶれを詳細に検討してきたので、ここでは視察からの印象をまとめておく。ただし、一行の中で唯一韓相龍の交詢社演説だけが『時事新報』に掲載され未だに残っているため、主に韓相龍の演説内容を吟味することにする。[57]日本留学の経験を持つ韓相龍の個人的な印象であるという点では限界があるかも知れないが、一行を代表して行った演説であるため、一行の印象とかけ離れた感想ではないだろう。韓相龍の演説は「遊ばない日本人」「義務の観念」「同心」「恥を知ること」の四つに分かれている。それを三つに分けて具体的に検討してみる。

1　遊ばない日本人

諸君、私が日本観察を終へて朝鮮へ帰った時お前は日本で何を見て来たかと問はれたとき私は何々を視て来たと口を開いて答ふることは出来ませぬ今日に至りましては総ての機関は皆概に備って居りますから是れが備って居ると指摘して言ふことは出来ませぬ或は何の機関が有るかないかと云へば其れは何がなかったと云ふことは出来るかも知れませぬ私は七八年前に日本に参りまして四五年居りました其時は充分発達せぬものもあり或は不完全なものもないにも限らなかったが昨年も参り今年も参りまして私が第一着に甚だ不思議に考へる処は其源に遡ってみれば日本人が遊ばぬことである其れはドウ云ふ点から見たかと云ふと銀座から俥に乗って私の泊ってる木挽町の水明館まで行きました其時十分か二十分待たして置いた所が其車夫は新聞を見て居りました勿論車夫より尚ほ一層の下等社会があるでありませうけれども車夫が新聞を見るからは其上の人間はドレほどであらうかと大に感心したのであります又会社とか或は電話交換局其他何処やらへ行くと小さき女が働いて居ります十歳或は十一歳の少女我々の眼から見れば情けない何故斯う云ふ人間を働かすのか自分の家で日に飯を二度も遣ればば活計が出来るのにコンナ処に使って一日働かした処で四十銭か五十銭の賃銀、情けないではないか其れはそうではない能く考へて見ると日本全国に於て遊ぶ人がないと云ふ適例、十歳か十一二歳の乙女が一日に四十銭五十銭、自分の喰ふ丈け儲けて或は其余裕で父母まで喰はせて行くと云ふ習慣斯様に日本には遊ぶ人がないと云ふのが私の最も感じた第一であります

韓相龍のこの演説は、一九〇七年五月二十六日午後五時芝公園三緑亭にて開催された交詢社招請晩餐会で行われた。当日三時から同じ場所で交詢社総会があったため、晩餐会も三緑亭で行われたのである。ここで韓相龍だけが代表演説をしたか、それとも一行全員がスピーチしたが韓相龍の演説だけが残っているか不明である。

韓相龍にとって何より印象的であったのは「遊ばない日本人」であった。休憩時間にも新聞を読む人力車車夫から中流以上の日本人の勤勉さを目撃し、さらに十歳・十一歳の少女たちが休憩なしで働く姿を見て、韓相龍は日本全国に遊ぶ人がいないと考えた。韓相龍は、一八九八年から約三年間の日本留学と一九〇六年の報聘使節団（団長：李載完）の随行、そして今回の視察団としての経験より、韓国社会と日本社会との大きな格差を痛感し、韓国社会が見倣うモデルとして日本社会を想定したと考えられる。なにより労働力の需要が多く少女の労働力まで活用しなければならない日本産業の発達状況に大きな感銘を受けたのである。

韓相龍は一九〇八年に東拓の設立委員の一人として再び日本を訪問し、八年後の一九一六年にまた東京を視察した。その時にもやはり日本社会の変化を見て韓相龍は類似の印象を残した。一九〇八年と比較して「其発達ノ迅速ナルニ一驚ヲ喫セリ」「生存競争ノ刺激ハ一般ニ普及シ浮華遊逸ノ風ナク実質努力ノ傾ヲ生セリ殊ニ馳走シテ時間ノ空費セサランコトヲ勉メ」る人が多く「恰モ戦時状態ヲ見ル」日本社会と「一枝ノ煙管ヲ握リテ悠然潤歩スル小両班ノ多キ」朝鮮社会との間に「雲泥ノ差」があると考えた。[58] 植民地になる前の一九〇七年の認識と植民地になっ

た後の一九一六年の認識に大きな差異がないので、その認識の連続性を確認できる。

2　義務の観念と同心

第二は　義務の観念　自分の義務自分の負担せられたる所の職務は自分が遣り遂げると云ふ観念の強いこと其れが最も大事である大臣と為るべき人は大臣と為り会社員たるべき人は会社員と為り車を挽くべき運命の人は人を俥に乗せて挽くと云ふ各々職務は違ひますけれども上下貴賤遊ばぬで各々自分の職務を尽すと云ふ観念の強いのは自分の驚く所であります　第三　同心　読んで字の如く同じ心、凡そ心と云ふものは百人寄れば百人違ひ千人寄れば千人違ひます人心の同じからざるは猶其面の如くであって決して心と云ふものは同じと云ふ訳には行かぬ然るに日本人は同じからざる心を同うする例へば露西亜と戦争せんか否や露西亜と戦争するは詰らぬと云ふ者もあったでありませう或は日本の独立の為め東洋の平和の為めに露西亜と戦争せんければならぬと云ふ人もあったでありませう、けれども一旦開戦と決するや始めから反対した人等も皆一致同心して露国に当ったであります其れは大なる問題であるが会社の社務斯う言ふ小さい面倒な事柄でも社長は社長、算盤を弾く者は算盤を弾くと云ふ訳で上下皆心を同うして働く是れが私の第三に感じた点であります

韓相龍が交詢社演説で二番目に取り上げた印象は「義務の観念」である。然るにここでの義務は、各自に与えられた職分を完遂するという意味のように捉えられる。政府の高位官僚であれ、一般の会社員であれ、人力車車夫であれ、上下貴賤を問わず自分自身に与えられた仕事に最善を尽くす姿勢、その中でも特に韓相龍本人が下層階級に属していると考えていた人力車車夫の新聞を読む姿に深い印象を受けたようである。韓相龍が三番目に取り上げた

「同心」も、日露戦争時に一致団結した日本国民をその一例として取り上げたが、社長であっても一般の会社員であっても同じ心構えで自分の仕事に最善を尽くす「義務の観念」の内容と類似している。韓相龍が指摘する「義務の観念」と「同心」はルース・ベネディクト（Ruth Benedict）が日本の伝統的な社会秩序として指摘した「和」の概念にも通じる。[59] おそらく身分制が強く残っていた当時韓国社会の内的葛藤とそれによって日本をはじめとした帝国主義列強の侵略に強力に対応できなかった韓国朝野の混乱状態に対する失望が日本社会を通じて見えてきたと考えられる。韓相龍は未だに官尊民卑の影響が強かった韓国社会において政界及び官界に進出しようとしたら可能であったにもかかわらず実業界に投身した。[60] 一八九八年よりの日本留学を通じて日本社会の身分制が事実上崩壊していく実状を目撃したため、韓相龍は身分制に対する批判意識が「相対的に」強かった。韓相龍の視角は日本を通じて投影されたオリエンタリズム的なそれであって、したがって韓国社会に対する批判はすなわち日本を韓国社会の発展モデルとして受け入れるべき対象として認識していたのである。

3　恥を知ること

第四は何かと云えば日本人の恥を知ること　人に撲たるゝは恥、又西洋の人は斯う云ふ学問が出来る日本人が知らぬと云ふのは恥であると云ッて研究する即ち始めは知らぬ事、不完全な事でも恥を知るの観念から斯の如く発達したのでありませう日本のエライのは先づ此四ツの事だらうと思ひます其他に或は私の発見し得ぬことが澤山あるかも知れぬ其れから鎌田（栄吉）氏の説明に依れば交詢社は広く智識を交換し世務を諮詢する為に設けたものと云ふ事ですが智識の交換は其程度の同一若しくは稍や同じき者に於て為し得べき事にて我々の如き智識の乏しきものは其仲間に加はるの資格がない併しながら食卓の上にて盃を交換する上に於ては国の差別なきを以て今後希ふ所は酒の友となって諸君の高見を伺ふの外はない日本の教育家としては福澤（諭吉）先生、事業家としては渋沢（栄一）男爵、その福澤先生と縁故深き諸君にお目に掛りてお話を承たのは我々一行が日本渡来の最も良き紀念でありますゝ之を紀念とし尚且つ前段述べたる如き所感を深く肝に銘じて帰国の上は予は漢城銀行の支配人なるを以て先づ其職務の上に尽さうと思ひます将来朝鮮国の開発に就ては諸君が一層の誘掖援助を与へられんことを望みます

右記引用文から分かるように、韓相龍は、日本社会における「恥を知ること」の重要性、特に日本人が文明開化の過程において西洋文明に対する無知を恥ずかしく考えたことを強調している。日本人がこの恥を乗り越えるために西洋文明に対する研究に励んできており、その結果「今日」のように西洋列強と肩を並べるほど発展し得たと考えた。したがって、韓相龍は「知識の乏しきもの」、すなわち韓国人が日本人と意見を交換し、日本人の高見を伺って韓国を発展させるべきであると主張した。そうした意味から日本の文明開化の先駆者である福澤諭吉が組織した交詢社で日本のエリートに会ったことは、韓相龍にとってそれまで形成してきた日本モデルの韓国近代化をより確信させたのである。

演説の最後に彼は漢城銀行の支配人としての自分の役割に充実することを誓い、向後韓国（朝鮮）開発に対する日本の支援を要請した。一九〇三年に公立漢城銀行が再発足してから第一銀行から運営資金と経営に対する指導を受けていた韓相龍にとっては、両者の関係を強調することは今後日本と韓国の関係が指導し指導を受ける関係になるべきであると言いたかったのであろう。

おわりに

この章においては、韓国統監府が設置され目賀田種太郎が財政顧問として貨幣整理事業を強行した時期に、一九〇七年四月三十日から約四十日間の日程で行われた韓国人実業家による日本実業視察旅行を検討した。具体的に同視察団派遣の経緯、詳細日程、人的構成、視察に対する印象と帰国後の活動について検討した。

当初銀行業者を中心とした銀行視察が推し進められたが、今回の視察は人数と日程を拡大して実業視察として行われた。東京における詳細な日程は『時事新報』で確認できた。当時案内役として一行と同行した財政顧問府の財政監査官馬場鍈一の肝いりで「東京に於る行動は全部時事新報社に一任しましたので徹頭徹尾時事新報社が世話をしてくれ、一行の行動は大小となく時事新報に掲載された」のである(61)。

一行は趙鎮泰・白完爀・韓相龍・李鴻模・白寅基・金時鉉など七人で、通訳の金鎮玉・洪学均が随行員として同行した。これに馬場を含めて十人の構成であった。彼らは主に漢城（ソウル）で活躍していた銀行関係者が多かったが、目賀田の貨幣整理事業により生じた金融恐慌に対する対策として漢城共同倉庫・手形交換所・農工銀行・金融組合などを設立する際に、その発起人・設立委員・重役として参加した。韓国政府が派遣する形式であったため政府より一行に旅費が支給され、韓国統監伊藤博文も餞別金と共に大蔵省宛の紹介状を与えた。

一行は大蔵省・第一銀行・日本勧業銀行・東京株式取引所・東京手形交換所・東京商業会議所・銀行集会所・三菱銀行・十五銀行・横浜正金銀行・日本興業銀行など主に金融と関連した機関を視察し、阪谷芳郎大蔵大臣・若槻礼次郎大蔵次官・渋沢栄一第一銀行頭取・大倉喜八郎・高橋新吉日本勧業銀行総裁など日本の主要財界人たちと面談した。五月十八日よりはそれぞれ専門分野に該当する機関に行って実習した。韓相龍も一行と離れて兜町にある第一銀行本店で実習した。彼の回顧録によれば、同実習から銀行経営に役立つ実務を多く学んだ。その他にも東京経済学協会の例会に参加し、東京勧業博覧会を見学した。また一行は福澤の創立した交詢社を訪問して演説し、日光を観光し、横須賀軍港を見学した。

一行が日本実業視察からどのような印象を受けたかは、韓相龍が行った交詢社演説からうかがい知れる。韓相龍は、上下貴賤を問わず真面目に働く日本社会と日本人の姿、与えられた職分に最善を尽くして「和」を実現する日本社会、西洋列強に比べて不足したことを恥と捉え、これを乗り越えるために研究を重ねた結果発展した日本経済などに強い印象を受けた。このような印象は帰国後にも日本による韓国経済の植民地的な再編に積極的に協力させ、結局一行は韓国に対する強制併合も抵抗感を持たずに受け入れるようになった。帝国主義と植民地関係がなかったら、近代化の流れは欧米から日本を経て韓国で花を咲いたかも知れない。しかし、大韓帝国が意欲的に推し進めた自主的近代化プロジェクトは日本によって頓挫してしまった。ここで注目したい点は、同過程で韓国の前近代的な商人などの実業家たちが近代企業家に転身したことであるが、ここで見逃してはいけないところがある。それは、大韓帝国の近代化プロジェクトに参加して各種資本主義制度の土台を築き上げようとした韓国人実業家たちの存在である。同プロジェクトは日本帝国主義の韓国植民地化政策に直面して結局失敗に終わってしまったが、その後彼らの韓国人実業家は「企画された」日本実業視察を通じて経済力の格差を実感し、日本企業家との交流を通じて各種資本主義制度を学習した。多くの先行研究が指摘するように、そのとき、彼らの大韓帝国の近代化プロジェクトに参加した経験が「学習」の前提になったことは否定できない。要するに、韓国における近代企業家の出現というのは、韓国をめぐる自主的近代化と植民地化という「同床異夢」の一方的な解消の結果物であった。

注

(1)『萬歳報』一九〇七年四月五日「統監勧告視察」。以下、『時事新報』以外の韓国新聞の記事と見出しは筆者が日本語に訳した。
(2)『皇城新聞』一九〇七年四月三十日「旅費支撥」。『萬歳報』一九〇七年四月三十日「訓示実業視察」。
(3)『大韓毎日申報』一九〇七年三月二十一日「銀行視察」。
(4)『皇城新聞』一九〇七年四月十八日「銀行視察」。
(5)『皇城新聞』一九〇七年八月六日「会頭被選」。しかし、選出後すぐ辞退してしまう。
(6)『萬歳報』一九〇七年五月十六日「実業視察一行経過」。
(7)副島八十六編『開国五十年史附録』開国五十年史発行所、一九〇八年、一七〇頁。渋沢栄一記念財団HP参照。
(8)『韓末近代法令資料集』Ⅳ、一九七一年、四〇四～四〇五頁。
(9)副島八十六編、前掲書、九五頁。渋沢栄一記念財団HP参照。
(10)『萬歳報』一九〇七年五月十六日「実業視察一行経過」。
(11)中野武営は東京商業会議所の初代会頭の渋沢に次いで第二代会頭として一九〇五年より一九一七年まで十三年間同会議所を導いた。一九〇八年には東拓の設立委員として活躍した。薄田貞敬『中野武営翁の七十年』一九三四年。石井裕晶『中野武営と商業会議所―もうひとつの近代日本政治経済史―』ミュージアム図書、二〇〇四年。
(12)『時事新報』一九〇七年五月十日「韓国実業家招待」。『皇城新聞』一九〇七年五月十六日「実業視察総況」。『時事新報』一九〇七年五月十一日「韓国実業家視察日割」。
(13)韓相龍は一九一一年一月に漢城銀行の資本金を三十万円から三百万円に十倍増資する際に朝鮮総督府と交渉して朝鮮貴族の恩賜公債を額面そのまま投資できるように法令を改めて実現させたことがある。そのため一九一九年三月の独立万歳運動のときに「貴族銀行」と呼ばれたことがある。日本の国立銀行の設立に金禄公債が多く用いられ十五銀行の場合「華族銀行」と呼ばれたことに似ている。韓翼教編『韓相龍君を語る』青雲出版社、一九四一年、一三〇～一三三頁。
(14)『皇城新聞』一九〇七年五月十六日「実業視察総況」。『時事新報』一九〇七年五月十一日「韓国実業家視察日割」。
(15)当日の園遊会には、視察一行のほかにも韓国人が多く参加した。宮内府参書官沈璋燮・侍従院侍従趙南益・学部参書官李会九などの官僚と官立法語学校教官李能和・農商工技手申昇均、そして申海永など多数の韓国留学生監督が臨席した。詳細なリストは『渋沢栄一伝記資料』第二十五巻、六八四〜六八五頁。
(16)『萬歳報』一九〇七年五月三十日「実業視察一行経過（続）」。
(17)https://ja.wikipedia.org/wiki/東京勧業博覧会。
(18)『時事新報』一九〇七年五月十一日「韓国実業家視察日割」。
(19)松野尾裕「田口卯吉と経済学協会―啓蒙時代の経済学（学院論文審査報告）」『立教経済学研究』第五二巻一号、一九九八年、一一九〜一二三頁。
(20)『時事新報』一九〇七年五月十一日「韓国実業家視察日割」。
(21)『渋沢栄一伝記資料』第十四巻、三七〇頁。
(22)韓翼教編、前掲書、九九〜一〇〇頁。韓相龍は、この時の実習が実際に得たものが多かったと回顧録に残した。
(23)崔恵珠「日本東洋協会の植民活動と朝鮮認識―『東洋時報』を中心に―」『韓国民族運動史研究』五一、韓国民族運動史学会、二〇〇七年、五頁。
(24)「交詢社の沿革」交詢社HP参照（https://www.kojunsha.or.jp/enkaku.htm）。
(25)『時事新報』一九〇七年五月二十三日「交詢社の韓国実業家招待」。
(26)『萬歳報』一九〇七年五月三十一日「実業視察一行経過（続）」。『時事新報』一九〇七年五月十一日「韓国実業家視察日割」。
(27)『渋沢栄一伝記資料集』第二九巻、一六五頁。
(28)以上、『馬場鍈一伝』故馬場鍈一記念会、一九四五年の「略年譜」参照。
(29)「（十九）京城学堂年報進達及保護金の件」『駐韓日本公使館記録』第十三巻、一八九九年四月七日、加藤公使→青木外務大臣。
『独立新聞』一八九九年六月十六日「卒良礼式」。
(30)『皇城新聞』一八九九年十一月十六日「日本人の三南學堂」。
(31)京城学堂については、尹健次「日本資本主義の前進基地としての京城学堂―日本のアジア進出の軌跡をふまえて―」（『海峡』十一、朝鮮問題研究所、一九八二年）、黄雲「開花期京城学堂の教育と運営―日本外務省外交史料館所蔵資料の分析を中心に

─」（『日本文化学報』九一、韓国日本文化学会、二〇二一年）を参照すること。
（32）『大韓毎日申報』一九〇六年十一月二十八日「銀行内訌後聞」。
（33）『渋沢栄一伝記資料集』第二五巻、六八五頁。
（34）『皇城新聞』一九〇一年七月九日「漢城校試」。『皇城新聞』一九〇二年七月九日「漢校試驗」。
（35）『大韓帝国官員履歴書』一三冊、三三七頁。『大韓毎日申報』一九〇六年九月十八日「光進創立」。『皇城新聞』一九〇六年九月十九日「崔氏設校」。
（36）『皇城新聞』一九〇六年十二月十二日「叙任及辞令」。
（37）『毎日申報』一九二〇年十月九日「洪氏の追悼会」。『渋沢栄一伝記資料集』第二五巻、六八五頁。
（38）以下趙鎮泰と白完爀については、李承烈「韓末日帝下京城の銀行家趙鎮泰・白完爀研究─伝統的商人のブルゾアジへの転換に関する考察」（『韓国近現代史研究』第三六集、韓国近現代史学会、二〇〇六年）にしたがう。
（39）大韓帝国の中央銀行設立の試みは日本の妨害により頓挫してしまった。羅愛子「李容翊の貨幣改革論と日本第一銀行券」（『韓国史研究』四五、韓国史研究会、一九八四年）、「大韓帝国期中央銀行設立試図に対する居留地日商の対応─『漢城新報』を中心に」（『歴史問題研究』第二四巻二号、歴史問題研究所、二〇二〇年）。
（40）『独立新聞』一八九六年七月十八日「十一号新聞に独立協会補助金を出した姓名正誤」。
（41）『大韓帝国官報』第三四七九号、一九〇六年六月一日「株式会社漢城農工銀行 理事監事 認可」。
（42）『皇城新聞』一九〇六年六月五日「京城商業会議所建築金寄附広告」。
（43）『皇城新聞』一九〇六年七月二十六日「釀造𥝱社」。
（44）『大韓毎日申報』一九〇六年十二月八日「漢城染織會社」。同社は一九一四年十月に朝鮮売薬株式会社と商号を変更した。『朝鮮総督府官報』第二五一号、一九一三年八月二十三日。『毎日申報』一九一二年八月八日「漢薬の大改革」。『毎日申報』一九一五年六月十六日「薬学講習所開校式」。
（45）『大韓毎日申報』一九〇八年二月七日「広告」。『皇城新聞』一九〇八年十二月十六日。
（46）『皇城新聞』一九〇八年八月一日「漢城手形組合」。

(47)「(十)韓国視察員ノ行動ニ就テ［閔元植の動静］」一九〇七年六月十四日『(韓国近代史資料集成三)要視察韓国人挙動』三、韓国史データベース。
(48)『毎日申報』一九一一年七月三十日「金時鉉氏身故」。
(49)『大韓帝国官報』第四五一五号、一九〇九年十月二十七日「鉱業許可」。
(50)『毎日申報』一九一一年一月十五日「広告」、一九一一年一月二十五日「貯蓄銀行設立」。
(51)呉美一「韓国資本主義発展における政商の道—白南信・白寅基の資本蓄積と政治社会活動—」『歴史と経済』五七、釜山慶南史学会、二〇〇五年、一三七頁。以下白寅基については同論文に従う。
(52)大韓勧農株式会社については、金明洙「植民地期における在朝日本人の企業経営—朝鮮勧農株式会社の経営変動と賀田家を中心に—」(『経営史学』第四四巻三号、二〇〇九年)を参照。
(53)『毎日申報』一九一〇年八月三十一日「実業倶楽部」。
(54)『皇城新聞』一九〇七年八月六日「会頭被選」。
(55)以上、韓相龍については、韓翼教編、前掲書(一九四一年)、金明洙「近代日本の朝鮮支配と朝鮮人企業家・朝鮮財界—韓相龍の企業活動と朝鮮実業倶楽部を中心に—」(慶應義塾大学経済学研究科博士学位論文、二〇一〇年)、飯森明子編著『国際交流に託した渋沢栄一の望み』(ミネルヴァ書房、二〇一九年)など参照。
(56)『皇城新聞』一九〇七年七月二十七日「光武十一年上半期第一回決算報告」。
(57)『時事新報』一九〇七年五月三十一日「韓相龍氏の演説—交詢社大会に於て」。
(58)韓相龍『内地及台湾視察記』一九一六年、漢城銀行、八一頁。
(59)ルース・ベネディクト『菊と刀—日本文化の型』越智敏之・越智道雄訳、平凡社ライブラリー、二〇一三年、第三章。
(60)若槻礼次郎は『韓相龍君を語る』の序文で以下のように韓相龍を評価した。「君は夙に官吏万能の時代に身を処して、志あらばその地位の容易に得らるべきを省みず、官尊民卑の時代風潮を打破し、早くより実業界に身を投じ終始一貫今日に及んだことは、君が烱眼に基くものとは言へ洵に敬服に堪えないところである」韓翼教編、前掲書、一頁。
(61)韓翼教編、同右、九九頁。

第二部

第一章　尼野源二郎の事業とその理想
――十津川および泊園書院出身者の挑戦――

横山　俊一郎

はじめに

本章では、大阪の漢学塾・泊園書院に学んだ実業家・尼野源二郎（一八六六―一九二〇）の経歴、性格、交友をその記念誌『尼野源二郎』の記述を踏まえながら振り返り、その作業を通して、漢学教養人による事業活動が如何なる傾向を持ち得たのかについて検討することにしたい。

そもそもなぜ、尼野という人物に興味を持ったかというと、泊園門人の網羅的な事績調査を行ったところ、意外にも社会的な活動を行った門人が大勢おり、そのうち尼野と同じ十津川出身者が数名見られ、なかでも尼野に顕著な活動が確認できたからである(1)。

現在の奈良県十津川村は古来より尊王心に篤く、幕末期に多くの十津川郷士が国事に奔走した。他方、泊園書院は文政八年（一八二五）四国高松出身の儒者・藤澤東畡によって大阪で開かれ、幕末維新期において大阪最大の私塾となるが、これも歴代の院主が尊王心旺盛であったことで知られる。[2] ここに十津川と泊園書院との間に一つの共通点を見出すことができるが、肝心の幕末期に十津川の志士が泊園書院に学んだという事実は見当たらず、一種の時代のズレを見出すことができる。

では、社会的な活動を行った十津川出身の泊園門人に共通する性格はあったのか。それは恐らく郷土愛と公共心が高いことであった。本章で取り上げた尼野も、その経歴を通観すればそのように理解できるだろう。ただ、尼野の職業に関しては、十津川出身の鉄道官僚・中川正左が自らの故郷について「実業界に頭角を顕はさんとする者及び顕はせしもの甚だ稀なり」とし、その理由として「所謂武士的教育旺盛なりしと雖、商賈の教育の如き殆んど絶無なり」と指摘するように、本来十津川は実業家を輩出するのに適さない土地であった。[3]

このようないわば実業家になりづらい環境で育ちながら、尼野はなぜ実業界に身を投じるにいたったのか、また尼野の実業家としての行動は何らかの特徴を有し、それは十津川で育まれた尚武精神や泊園で培った漢学知と関わりがあったのだろうか。こうした疑問にせまることを通して、泊園書院と実業界との関係を考えることにしたい。言うまでもなく、漢学とは日本中国や韓国といった東アジア諸国が共有した伝統教養の一つである。それゆえ、この試みは東アジアの近代と企業家の関係を明らかにするのに幾らか資することにもなるだろう。

なお、尼野の交友については、尼野と関係の深かった泊園同窓と海軍軍人のほか、晩年の尼野に少なからず影響を与えたと考えられる中国学者、具体的には狩野直喜との関係に注目し、それぞれ節を設けてより立ち入った考察を加えることとする。

一　記念誌『尼野源二郎』について

考察に入る前に今回取り上げる資料について説明しておきたい。『尼野源二郎』（以下、記念誌）は尼野の一周忌を記念して大正十年（一九二一）八月に尼野源二郎紀念志刊行会より刊行された。編者の石上欽二は同年九月に日東社出版部より刊行された『女工の躾け方と教育』の著者でもある。同書の序文に「夙に会社員として女工管理の実務に当り、後年また此種の研究を継続して居た」とあるように、石上は繊維工場において女工管理に従事していた人物のようである。

記念誌の構成を見ると、その全篇が『生涯』『最後』『追懐』の全三章に分かれている。すなわち第一章『生涯』には「年譜」「尼野源二郎氏伝」、第二章『最後』には「病床日誌」「通夜」「密葬」「葬儀」「弔電」「弔詞」、第三章『追懐』には尼野生前の知己から寄せられた追懐談、文章、詩歌等が収められている。また同書の巻首には尼野の肖像とその葬儀、経営したホテル等の写真が掲載されている。記念誌の表紙の題号は、尼野の莫逆の友であった広瀬武夫の筆跡、扉の題号は、尼野の同郷の先輩で援助者でもあった千葉貞幹の筆跡による。巻頭の題字は、尼野と親交のあった波多野敬直、八代六郎、本郷房太郎、嘉納治五郎、佐多愛彦、永田仁助、藤澤黄鵠、殿井隆興、生源寺伊佐雄、嘉納夫人須磨子の揮毫であり、また加藤寛治、武内作平、東武が序文を書いている。

なお、尼野の知己として『追懐』に寄稿した人物は、稲畑勝太郎、乾政彦、今西林三郎、石上欽二、岩村俊武、上野季三郎、大込正修、大島甚三、大谷喜久蔵、大森貞次郎、加藤寛治、狩野直喜、嘉納治五郎、川島令次郎、三宮元勝、塩崎千代子、下郷傳平、庄野貞一、白藤丈太郎、鈴置保長、膳鉦次郎、田中七三郎、玉置英三、玉置良直、田村繁、千葉断一、血脇守之助、殿井隆興、富田常次郎、富田頼治、中川貞夫、中川正左、永田仁助、南郷三郎、南郷次郎、錦織知恂、西村直一、秦政次郎、花房太郎、平松真兵衛、深瀬隆太、藤澤黄鵠、舟越楫四郎、本田増次郎、本郷房太郎、宗像逸郎、村田武一郎、森岡守成、吉川吉郎兵衛（以上、五十音順）の計四十九名にのぼる。

二　尼野の経歴

本節では、記念誌『尼野源二郎』の第一章『生涯』の記述を踏まえて、尼野の経歴を辿ってみたい。尼野は実業家として多くの事業に関与したが、「尼野源二郎氏伝」によると、なかでも「大阪ホテル、泉布観、青島グランドホテル、大正水力電気株式会社は氏の独力経営若くば其中心となり経営したもの」[4]であった。したがって、上記の四事業についてのみ「尼野源二郎氏伝」の原文をそのまま引用する。また本章では尼野と泊園書院との関わりに注目しているため、泊園書院入塾についても同様に引用することとする。

慶応二年（一八六六）二月十二日、尼野は大和国吉野郡平谷村（現在の奈良県十津川村平谷）の瀧本久米吉の次男として生まれた。父久米吉は十津川武士の一人で国事に奔走したという。七八歳の頃、地元の小学校に入り、卒業後に平谷師範予備校に進学する。明治十三年（一八八〇）同校を卒業し、学校より推薦されて地元の小学校教員となった。その後しばらくして両親に遊学を嘆願するも許されず、故郷からの脱走を決意したという。「尼野源二郎氏伝」にはその後の経過が次のように記されている。

その頃、竹馬の友白藤丈太郎氏が偶ま大阪藤澤塾から十津川に帰郷して居るのを幸ひ、逐一其決心を明かして同氏の紹介を得、且つ諸般の肝煎をして貰つて、日頃の友なる西村直一氏と共に万事を牒め合せ、夜陰、人の寝鎮まるを待つて窃かに学校の寄宿舎の三階より縄梯子にて降り、昼夜兼行、五条を経て大阪に辿り着き、その頃内淡路町一丁目に在つた藤澤塾に入り南岳氏の門下に教を受くる身となつた。遉がの厳君も之にはホト〳〵閉口して、後年学資金を送つて居たと云ふ。(5)

こうして小学校教員を数ヶ月で辞め、大阪に出て泊園書院に入塾、その第二代院主・藤澤南岳に師事して漢学を二年学んだ。のち親の意向に従って医学を志し、明治十四年（一八八一）九月、大阪府立大阪医学校に入学する。しかし学業に打ち込めず、両親の許しを得て退校、軍人になる素志を貫徹すべく東京遊学を決めた。この頃、母方の生家を継いで中島と改姓している。

尼野は同郷の先輩殿井隆興に付き従って上京、同年十一月に到着した。(6) しばらく東京赤坂の殿井方に寄食し、泊園同窓の田尾章（のちの川里種七郎）と同居した。(7) 明治十五年（一八八二）同郷の先輩で司法省法学校に在学していた千葉亀四郎（千葉貞幹の弟）に紹介されて東京小石川の嘉納塾に入塾する。同年には同じく嘉納治五郎が経営する講道館に入り、柔道に励んだ。翌明治十六年（一八八三）嘉納が新たに開設した弘文館にも入学、英文学を学ぶ。この頃の学友には本田増次郎、宗像逸郎、富田常次郎がいた。(8) 明治十七年（一八八四）東京神田の共立学校に転じ、英語、漢学、数学を学ぶ。当時の同窓には狩野直喜、血脇守之助がいる。(9)

明治二十二年（一八八九）十津川大水害が起こると、同郷出身の千葉貞幹、松村勇、前田喜唯、前田正之を訪ねてその善後策を話し合い、千葉貞幹と前田正之が唱えた北海道移住説を支持する。そして彼らと協力して時の宮内大臣、宮内次官を動かし、奈良県知事と吉野郡長の賛助を得て十津川罹災者の北海道移住を企画、罹災後一ヶ月余りで「北海道移住新十津川創立勧告書」を発するにいたった。その後、前田正之とともに十津川に赴き、罹災者を慰問するとともにその移住勧告に奔走した。当時、尼野は北畠治房に援助を求め、彼を有力な援助者たらしめたという。

明治二十四年（一八九一）帰阪していた頃、同郷の先輩である松村勇、千葉貞幹、前田隆禮の勧めにより、千葉を仮親として大阪の尼野吉郎兵衛の養子となり、同年八月、松村の媒介のもと吉郎兵衛の長女民子と結婚する[10]。尼野家はもともと大阪の豪家で巨財を有し、道頓堀にある劇場弁天座を経営していた。明治二十五年（一八九二）浮田桂造の紹介により大阪黄銅株式会社の支配人となるが、まもなく辞任、大阪玉屋町に分家して家業に従事し、以来養父を補佐して弁天座を経営した。その後明治三十一年（一八九八）大阪西清水町、しばらくして南海鉄道住吉停車場前に移住する。

明治三十四年（一九〇一）同郷出身の岡本正夫とともに大阪西道頓堀に旭材木商会を設立して材木商を営み、まもなく独立経営に移行、大正二年（一九一三）まで従事した。この間、株式売買に手を出して奇利を博すこともあったが、日露戦争に際して相当の損失を招いたという。その後明治四十四年（一九一一）新式娯楽機関として『新世界』の創設を企画し、土居通夫、宮崎敬介、高倉藤平、武内作平、岡島千代造らとともに大阪土地建物株式会社を設立してその監査役に就任する[11]。

こうしたなか、尼野は大正元年（一九一二）株式会社大阪ホテルを設立してその専務取締役に就任、大規模な改革を断行して業績を挙げるにいたった[12]。「尼野源二郎氏伝」にはこの試みが次のように記されている。

大阪ホテルは其前、同郷人大塚宇三郎氏が大阪市より其建造物の払下げを受けて経営して居たのであつたが、兎角其営業成績面白からず、年と共に失敗を重ねて遂に維持困難の状態に立至り、払下代金すら市に支払ふ事が出来なくなつたのであつた。ソコで氏は東京の小林武二郎、伊藤耕之進、村田武一郎の三氏と共に之れが整理の任に当ると共に、一方また市に交渉の結果、氏箇人として其経営者たることを許された。茲に於て氏は従来の設備並に営業方針を大に革め、我国第一の商工都市たる大阪市として決して恥からぬ迎賓館たらしめ、内外貴賓を迎ふるに遺憾なき程度の設備を行ふべく企てた。而して之れをよくせんには到底営利を目的としては成立たない。一種の公共事業として之れを大成すべく、当初大阪市第一流の富豪即ち藤田、住友其他を歴訪して賛助を求めたが、未だ其時機に非ずとして異口同音に寧ろ其非謀を警告注意されたのであつた。併し乍ら一旦事に当つては之れ位のことに逡巡する氏ではない。乃ち自ら其中心となり、大塚時代の大阪ホテル債権者を全部株主とし、大正元年十二月形式的乍らも株主組織となし、専務取締役として牛耳を執り、鋭意刷新を断行した。為めに大阪ホテルは俄然旧来の面目を一新し、随つて其営業状態亦優良なるに至つた[13]。

大阪ホテルの経営が軌道に乗ると、尼野は大正二年（一九一三）宮内省より大阪天満にあった行在所・泉布観の貸下げを受け、この経営を独力で行うこととなる。「尼野源二郎氏伝」にはこの事業について次のように書かれている。

而して氏は之を基礎として大阪に一大ホテルを建設せん目論見であつた。併し乍ら之れ容易の事でない。そこで氏は其大計劃の一端を実現すべく、泉布観の経営に着眼し、之れを株主会に諮つたが異論続出して到底纏らない。依つて氏は断然独力経営の決心を堅め家族と共に其処に移住して、悪戦苦闘、有らゆる辛惨と犠牲を払つて経営を続け大演習当時陛下の御避難所並に波多野宮内大臣宿舎を承り、其他各種公私集会の機関として朝野に重用されたのであった[14]。

このように大阪でのホテル事業で成功を収めた尼野であったが、大正四年（一九一五）中国大陸において青島グランドホテル株式会社を設立してその取締役に就任するなど、第一次世界大戦を契機として海外事業をも展開することとなる。「尼野源二郎氏伝」にはその当時について次のように記されている。

大正三年大阪ホテル経営の当時、偶ま日独交戦起りて我軍青島を占領するや、氏は逸早く青島の将来に着眼し、当局の認可を得て大正四年二月大阪ホテル支配人村田氏を該地に派して具さに実状を調査せしめ、グランドホテル、ストランドホテル其他独人経営の営造物払下げを受け、之れを大阪ホテルの事業として経営しやうとしたが、株主間に異議あり、容易に纏らなかつたので、別に大阪ホテル株主の有志を以て青島グランドホテル株式会社を創立し、其筋の認可を得て之が経営に着手し、取締役として大に才腕を揮ひ遂に今日の大成を贏ち得たのであつた[15]。

その後、泉布観の経営費がかさみ、これを維持することが困難となった。そこで宮内省に対して払下げを行うよう働きかけ、その結果、泉布観は大正六年（一九一七）大阪市北区役所に譲り渡されるにいたった[16]。こうして尼野は泉布観を去って大阪靭へと移り、同時に株式会社大阪ホテルの専務取締役をも辞任する。そして後任を下郷傳平に譲り、以来相談役として同社の経営に関与することとなる[17]。

そうしたなか、大正八年（一九一九）源二郎は郷里十津川の水力による電気供給事業の計画に参加し、大正水力電気株式会社を設立してその監査役に就任した。「尼野源二郎氏伝」にはその経緯が次のように書かれている。

氏の郷里なる大和十津川の水力を利用する電気事業は屢々斯業の人々に依つて企てられたが、未だ一として之れを実現するに至らなかつた。然るに明治四十五年、偶ま東京清水槌太郎氏一派に依つて、十津川の上流なる天野川の水を吉野川に落して水力電気事業を営む計劃が出来、之れに関する万般の折衝其他に就ての応援を、清水氏より下郷傳平氏を介して尼野氏に依頼して来た。之より先、和歌山水力電気株式会社は又、十津川の流域に於て水力電気事業を起すの計劃を立て出願して居たので、尼野氏は公平なる見地から其郷里十津川村の為めに此新事業を完成して将来永遠の大計を樹てんとし、先づ清水一派の計劃なる大正水力電気側の交渉権を掌握して起ち、十津川村会の一致可決に依る水利上の優先権を獲得し、茲に和歌山水電との合同妥協に就て尽力する事となつた。併し和歌山水電は岡崎邦輔氏に依り、強硬なる提案を成して容易に譲らないのみならず、政党関係が之に纏綿して、事態頗る紛糾を極め、氏は為めに岡崎氏としばしば激論したのであつた。而して氏の背後には坪田十郎在りて互に気脈相通じて提携努力するあり、遂に岡崎氏と氏との握手成るに及びて局面俄かに展開し、木田川奈良県知事の調停に依つて、十津川の上流なる風屋発電所を和歌山水電に、同下流なる小原発電所を大正水電に、と云ふ条件の下に妥協が出来、遂に主務省の認可を得て漸く大正水力電気株式会社の設立を見、事業其緒に就くのであつた。[18]

このように故郷の電力事業に関わる一方、源二郎は同年十二月に第一化学工業株式会社を設立してその社長に就任した。さらに翌大正九年（一九二〇）二月、下郷傳平一派の株式会社大阪ビルヂングが設立されるとその取締役にも就任する。こうして積極的に事業活動を行うなか、同年八月五日に大阪ホテル重役室において下郷傳平社長と対談中に倒れ、同年八月八日に逝去した。

三　尼野の性格とその交友

本節では、尼野の性格と交友について概観しておきたい。前節で見たように、様々な事業活動を展開した尼野であるが、一般にイメージされるような実業家とはずいぶん異なる性格の持ち主であったようである。まず、知己たちから見た尼野像を確認しておこう。『追懐』に寄稿した人々による評価は、次の通りである。

尼野源二郎君は軍人肌の実業家であつた。[19]（海軍軍人・加藤寛治）

氏の態度と云ひ風采と云ひ更に其談話と云ひ、毫も実業家臭くなく、寧ろ吾々社会の人士と余りに変らない。[20]（海軍軍人・川島令次郎）

君は実業界に不向きの人ではなかつたらふが、其よりも寧ろ軍人か政治家に向いて居はしなかつたかと思はれます。[21]（実業家・下郷傳平）

余は君に会する毎に、君が何故に政治界に身を投ぜざりしかを疑へり。率直に申せば、君は実業家たらんより

は寧ろ政治家に適したるなるべし。[22]（鉄道官僚・中川正左）

決して君は素町人でなく、武士気質の実業家であつた。[23]（実業家・永田仁助）

若し故人にして愍ひ実業家たらんよりは軍人にでもなつて居たならば必ずや異数の栄達を成したでもあらう、又、実に目ざましい程の偉績を貽したであらうと、常に私は遺憾に堪へぬのであります。政治家としても屹度相当の働きをする人でした。[24]（十津川村助役・深瀬隆太）

常に私共が不思議に思ふのは、ア、云ふ商買をして居るに拘らず、何時も吾々と同様に見へ、決して実業家とは見へなかつた点であつて、随つて一度逢へば百年の知己に遭つたやうな心持ちがする。[25]（海軍軍人・舟越楫四郎）

このように、尼野は「軍人肌」あるいは「武士気質」の実業家で、時には実業家らしくなく、実業家に見えないこともあったようである。また、軍人か政治家に向いていたとさえ言われ、そのどちらかであれば相当な働きをしていたと予想されている。海軍軍人から親しみを覚えられていることも大きな特徴といえる。

次に、尼野の交友とは如何なるものであっただろうか。記念誌において特に強調されているのが、尼野と同じく講道館門下生で、日露戦争で悲劇的な戦死を遂げ、のち軍神へと祭り上げられた海軍軍人・広瀬武夫（一八六八―一九〇四、最終階級は海軍中佐）との親密な関係である。実際、記念誌の巻首写真および「尼野源二郎氏伝」には広瀬が尼野に送った書信が複数掲載されていて、それらの内容を見ればその関係が事実であったことがわかる。また、広瀬の親友で尼野とも別懇の間柄だった海軍軍人・川島令次郎が「そうして君は常に国家を憂ひ時事を慷慨する、この国士の態度が広瀬と肝胆相照らすに至つた主因だナと、何時しか私も首肯さるゝと共に益々深く交るに至つたのでした[26]」と語るように、国家の行く末を憂い、時事問題について慷慨するという国士的な態度が、両者の関係をより強固なものとしていたらしい。

そうした尼野を見て川島が交際を深めたように、尼野のこの態度は軍人社会一般から歓迎されていたと思われる。「尼野源二郎氏伝」によると、尼野は海軍軍人の加藤寛治、八代六郎、舟越楫四郎、川島令次郎、岩村俊武、向井弥一と親交があり、陸軍軍人においても本郷房太郎、大谷喜久蔵、神尾光臣、福島安正と親しい関係にあった[27]。実際、八代と本郷は題字を、加藤は序文を、加藤、舟越、川島、岩村、本郷、大谷は追懐談を記念誌に寄せている。

一方、尼野と同じく泊園書院に学んだ実業家・永田仁助が「随つてよく人に好かれ、彼の泊園書院だの何だのと各種の方面に世話を焼かれたものである[28]」と語るように、尼野は退塾後も漢学塾・泊園書院との関わりを積極的に維持していたようである。

記念誌に寄稿した泊園門人を挙げると、永田仁助と藤澤黄鵠は題字を、永田、西村直一、黄鵠、白藤丈太郎、玉置良直は追懐談を寄せている。また北海道在住の西村を除く彼らはみな尼野の葬儀に参加し、黄鵠、白藤、玉置についてはその密葬にも参列するなど、尼野との深い絆が窺える。また記念誌に寄稿していない泊園門人に注目すると、粟谷喜八、鎌田衡、金光堂守親、篠田栗夫、藤澤黄坡、森下博は尼野の葬儀に参加し、梅見春吉、坂本文一郎、黄坡、細田美三郎、全田達次郎は弔詞を寄せている。こうした事実からして、尼野が泊園人脈を大切にしていたことは明らかである。

四　泊園同窓との関係

本節では、前節で得られた成果を踏まえて、尼野にとって泊園同窓との関係が如何なるものであったかについてより深く考察することにしたい。まず、尼野とともに故郷十津川から脱走して泊園書院に入塾した西村直一の追懐の一節を見てみよう。

尼野氏は荊妻の亡兄北村文徳と浪花及東都に於て幼年頃より親交あり。共に時事を談じ将来を語るの時皇国の男児は支那に於て一大事業を計画し日支提携の基を開くべきを語れり。中年別れて事業界の人となるや北村氏は鉄嶺及び旅順に於て民団長として若くは日露戦誌編纂の人として健闘し、大正八年一月旅順に客死し尼野氏は大阪屈指の起業家として霊腕を各所に振ひ、余力を以て清国青島及び済南ホテル起業の人として世に知られたり。而して両人共期せすして故福島大将の知遇を受け居りしことは大正八年一月僕浪花漫遊の砌親しく尼野氏より聞処にかゝれり(29)。

西村は尼野と同じく十津川郷士の子で、十津川大水害を機に北海道に移住し、のち移民総長、新十津川村長として地域に貢献した人物である。その西村が言うには、尼野は西村の義兄に当たる北村文徳（一八六四―一九一九）と大阪・東京遊学時に親交があり、ともに時事を談じて将来を語り、「支那に於て一大事業を計画し日支提携の基を開くべき」ことを主張していたという。北村は近江国（滋賀県）出身の泊園門人で、引用文にある通り、明治三十九年（一九〇六）満洲の鉄嶺居留民会が組織されるとその理事となり日中官民の折衝に尽力した人物である(30)。尼野は青年期においてこの北村から少なからず影響を受けていたと考えられる。なお、その後の彼らが期せずして知遇を受けたという陸軍軍人・福島安正は、明治期陸軍きっての情報将校として有名である。この事実からして、尼野と北村がともに軍事的な海外情報に興味を向けていた様子が窺える。

次に、藤澤南岳の長男で南岳引退後に泊園書院の第三代院主をつとめ、かつ、尼野の親友でもあった藤澤黄鵠の追懐の一節を見ておきたい。黄鵠は尼野に対する印象としてとりわけ友情に篤かった点を挙げ、その最近の事例として、次のように述べている。

嘗て藤澤塾の塾頭を勤めて呉れて居りました故中野寿吉君が、色々事業に失敗をされ、その最後に東讃鉄道で大失敗された時、中野君は私の方へは師家に迷惑をかけるに忍びないとて一切何事も知らさず、家族親戚其他にも打明けず、只尼野君だけに細々しく事情と自己の立場弁に其決心を書送つて、悲惨なる横死を遂げられたのでありました。尼野君は其手紙を受取つて地団太を踏み『コンな事ならば何故今少し早く相談して呉れなかつたか』と大変に口惜しがつたのです。無論中野君が身上の一大事、最大秘密を打明かす位ですから、誰よりも尼野君を一番に信頼して居たのでありませうし、尼野君も亦信頼されるだけの努力を払つて居たに相違ない。更にその最後の手紙を握りしめて、身も世にあられぬ程の悲歎に暮れ、落胆し、然かも其遺族に対して種々斡旋尽力して遣つた事は、到底普通人のなし得ぬ親切さでありました。[31]

ここに登場する中野寿吉（一八六五―一九一二）は、備前国（岡山県）出身の泊園門人で、備前紡績および吉備紡績の専務取締役に就任するなど実業家として活躍、さらに閑谷黌の教師をつとめ、その校務を一時的に監督するなど教育界でも足跡を残した(32)。また中野は美作国（岡山県）出身のアジア主義実業家・白岩龍平と親密な関係にあり、さらに備前国（岡山県）出身の鉱山経営者・坂本金弥とともに東亜同文会に入会するなど、日中間の政治情勢に強い関心を寄せる地元の実業家たちと行動を共にしていた。その中野が四国での鉄道ビジネスで失敗し、最終的には自死するのであるが、その最期において自らの「事情と自己の立場幷に其決心」を尼野に対してのみ書き送っていたという。この事実からは、尼野が泊園同窓のなかで志を同じくする者を見出し、距離を隔てて活動する彼らとの連携を図っていた可能性が考えられる。

五　海軍軍人との関係

本節では、前節に続き、尼野にとって海軍軍人との関係が如何なるものであったかについてより深く考察する。まず、僚友の広瀬武夫の紹介により尼野と交流することになった川島令次郎（一八六四―一九四七、最終階級は海軍中将）の追懐の一節である(33)。川島は職業上その境遇が異なるにも拘らず、広瀬と肝胆相照らす関係にあった尼野に敬服したうえで、次のように述べている。

氏は常に多忙なる実業界に奮闘努力して居乍ら、よくも彼んなに時事問題を究められたものです。氏の時事に関する観察は多く日本の将来、外国との関係でありまして、それ等は私共に語られた談話に依つて之を窺ふことが出来、亦一面にそれが都度の手紙によく現はれて居ました。彼の支那漫遊の途次、私に其消息を寄せて来ましたが、書信の一節に『支那ノ孔子廟カ日本ノ孔子廟カト申ス程に相成候』と云ふのがあります。何気なく読めばそれ迄ですが、考へて見ると之に依つて氏の所懐が窺はれるではありませんか[34]。

このように、川島は実業家尼野による時事研究能力の高さを称えるとともに、その研究における観察の多くが、「日本の将来」と「外国との関係」にあったと指摘する。またそれらは尼野の談話および手紙によく表れていたという。そして後者については、尼野が中国旅行の途中で川島に書き送った書信の一節『支那ノ孔子廟カ日本ノ孔子廟カト申ス程に相成候』を具体的に挙げている。この書信は「尼野源二郎氏伝」にも掲載されているので、ここで右の一節に加えてその前後の文章も抜き出し、川島のいう尼野の所懐について考えてみたい。

倭支那目下之景勢ハ小生共ノ知ル処ニ無之候へドモ吾同士ハ大ニ活目して視ルべキ時カト存候（戦争的ノ文句ハ不可ナレドモ）。日本ノ先鋒ハ既ニ山東鉄道ヲ占領して済南ニ在リ（商賈的ニ）。朝出立して孔子の泰山ニ登リ曲阜ニ参詣して夕べニ済南ニ帰ルナリ。支那の孔子ベウカ日本の廟カと申ス程ニ相ナリ候。長江一帯又英人之有ニアラザルモノヽ如し（商賈的ニ）。此際我商人の大ニ奮戦スベキ時カ幸ニ大ナルケイカイヲ実業家ニ加ヘヨ。南京の領事館ニ高屋領事、多賀陸軍大佐、上海ノ松井中佐等ありし好漢定て日本ノ為メニ謀リツヽ尽シツヽアル事と感謝セリ[35]。

このように、前後の文章を見てみると、尼野は第一次世界大戦における日本の対独参戦とそれによる山東出兵に乗じる形で、当地における日本商人による商圏拡大を目指すとともに、その支援を中国各地に駐在する外交官と軍人に求めていたようである。またその目的は、長江一帯の英国人の動向に注意が払われているように、中国大陸における列強諸国の商人たちの駆逐にあったことが窺える。したがって、尼野の所懐とは、「孔子廟」をはじめ儒教文化を共有する日中両国の人々が互いに連携しながら西洋列強の経済侵略からの解放を目指す考えであった可能性が高く、川島もそうした考えに賛同していたように思われる。

次に、川島と同じく広瀬の紹介により尼野と親交を結んだ加藤寛治（一八七〇―一九三九、最終階級は海軍大将）の追懐に注目したい(36)。加藤は記念誌に序文を寄せているが、自身がシベリア出兵に従軍した際の出来事を、次のように述べている。

大正七年浦潮に事あり。上命を拝し第五戦隊司令官として予の同地に赴くや、君一書を予に寄せて東亜の大勢より説き起し、自彊将命を以て立国の大本とせる我帝国の使命は、其の窮極とする所、東洋の平和を確保し、亜細亜民族を掖導して、世界人類の和親を促進し、利福を平等に治普せしむるに在りと為す平素の持論を反覆し而も閫外の将たる者は此の如き至公至正なる大精神に基く我帝国の国策遂行上、一切の狐疑を斥け、慧眼能く列国の情偽を査察し、断乎として所信を決行すべしと警告せる如き、着眼遠く時流を抜くものありき。而して予が在浦中、屢々事変の突発に遭遇し、内地の指令を請ふに遑あらず、身を以て独断専行に任せざる可らざるに際し、予をして寸刻も踟蹰せしめざりしもの、蓋し君の激成に負ふ所尠少ならざりしは、追憶私に感謝に堪へざる所なり(37)。

これによると、尼野は極東ウラジオストクにいる加藤に書信を送り、「東洋の平和を確保し、亜細亜民族を掖導して、世界人類の和親を促進し、利福を平等に治普せしむる」ことが大日本帝国の使命であると指摘し、それは

「至公至正なる大精神」に基づくものであって、「一切の狐疑を斥け」るとともに「列国の情偽を査察」する必要があると主張したのであった。このように、尼野は公正な精神によってアジア民族を導き、東洋ひいては世界の平和を目指すと同時に、その理想を阻む列強諸国による偽りの軍事行動を警戒している様子が窺える。またこうした尼野の直言は、現地で指揮に当たった加藤にとって何がしか役立つものであったらしい。

六　中国学者との関係

本節では、日中の提携と東洋の平和を目指した尼野にとって、中国学者との関係が如何なるものであったかについて考察することにしたい。そこで、京都支那学の先駆者とされる狩野直喜（一八六八―一九四七）の追懐の一節に注目する。狩野は共立学校の寄宿舎で尼野と生活を共にしたが、大学予備門に入学してからは交際が断絶していたという。

ところが程経て私が大学に居る頃、突然君が訪問され、其郷里の十津川が大洪水で、罹災者夥しく、為めに君は其救済策として北海道移住を企て、盛に奔走して居たと云ふ話などを聞いた。そして其夜は私の下宿に一泊されました。それから後、明治三十三年私の支那留学時代、北清事変起り、一時北京に籠城して居る内、文部省から帰朝を命ぜられて帰つた時、君は尼野源二郎と云ふ名前で手紙を寄越され、其後の身上異動を具さに記述し且つ一度逢はうと云ふ事であつた。併し間もなく私が再び留学をしたので、遂に其機を得ませんでした。然るに三十六年帰朝し京都大学文科大学に奉職して居た時、訪問して呉れ、それから一二度も来邸された。そして其最後の時には大連にホテルを建設するに就て、支那の事情も聞きたし、亦知人に紹介もして呉れとの事でした。容易な事であるから早速出来るだけの便宜を図つて置いたが、其後大阪ホテルで、君が青島ホテルを経営し始めたと云ふ事を聞いた。それが君と親しく話合ふた最後でありませう(38)。

このように、狩野が東京帝国大学文科大学漢学科に在籍して以降、尼野は何度か狩野と交際しており、その下宿に泊まったり邸宅を訪れたりした。尼野は中国留学中の狩野に対し、手紙によるアプローチを図っているが、これは狩野から留学先での出来事を聞き出そうとしていたのかもしれない。さらに尼野は大連でホテルを建設するにあたり、狩野から中国事情の聞き取りを行うとともに、狩野に知人の紹介を依頼している。尼野は実業家として中国ビジネスを展開するにあたって、狩野のような近代中国学を専門とする学者の知見と人脈に頼る傾向があったのである。

こうした実業家尼野の学術志向はその晩年において顕著であったようである。ここからはそのことを伝える証言を確認しておきたい。まず、故郷十津川の助役（のち村長）をつとめた深瀬隆太の追懐の一節である。

晩年に於ける故人は実に稀な支那通否支那研究家でした。常に各種新聞の切抜きを遺つて居ましたが、それは全部支那問題に関するもので、常に政治外交上の事項のみならず、地理歴史などの方面にまで行亘つて居ました。そして平常の談話にも支那の話の出ない事がない位で、随つて随分微細な点までも穿つて居り、犀利なる観察眼には毎度驚かされたのでした。支那に亜いで西剌利亜の研究をもやつて居られましたが、支那研究ほどには及んで居ません(39)。

深瀬によると、尼野は晩年において常に新聞の切り抜きを行い、その対象は全て中国問題に関するもので政治外交のみならず地理歴史にまで及んでいたという。またその姿は「支那通」というよりもむしろ「支那研究家」と見なせるほどであったらしい。そして尼野の「犀利なる観察眼」は中国に加えてシベリアへと向けられるものであったことがわかる。

次に、富田林中学校長をつとめた三宮元勝の追懐の一節を見ておこう。なお、三宮は尼野の学友本田増次郎の門下生であった。

最近には南洋産業会社の社長にならぬかとの話しがあるが、どう思うふと云はれた。私しも其三年前に南洋に行つたことがあるので、之についてつまらぬ考へを申し述べて置いた。故人が病気にかゝられたのは、之れから一週日位の後であつた。之れが私しが故人に会つた最後であつた。故人が青島グランドホテルに手を出されてからは、非常に支那の事を研究せられた。最近は又大に南洋の研究に意を注いで居られた。天、故人に対して、借すに数年を以てしたならば、或は南洋に向て、其大翼を広げて居られたかもしれぬ。惜しいことであつた。今もあの靱の家の二階で、椅子に拠つて地図を広げて、南洋談をした時が、彷彿として眼の前に浮かんでくる。(40)

三宮によると、尼野は死去する直前において南洋研究に没頭するとともに、南洋での事業開始を模索していたという。また尼野は青島グランドホテルの経営に関わって以降、熱心に中国研究を行っていたこともわかる。

このように、尼野は中国大陸で事業を開始する前に、中国学者の狩野直喜に知見および人脈面で支援を求めていた。そして実際に開始した後は、自らの中国研究を深化させるとともに、日本の勢力圏および植民地を含めたアジア諸地域に対する研究関心を深め、そこでの事業参画を試みていたといえる。

おわりに

本章では、大阪の漢学塾・泊園書院に学んだ実業家・尼野源二郎の経歴、性格、交友を記念誌の記述を踏まえて振り返り、その作業を通して、漢学教養人による事業活動が如何なる傾向を持ち得たかについて検討した。以下、本考察で得られた成果を概観したい。

尼野は十津川郷士の次男として生まれ、地元の師範予備校に学んだのち小学校教員となった。しばらくして両親に遊学を願い出るも容れられず、故郷を脱走することとなる。尼野は同郷の友人白藤丈太郎の紹介により西村直一とともに泊園書院に入塾、当時の院主・藤澤南岳について漢学を二年学んだ。

退塾後は両親の意向を受けて大阪府立大阪医学校に入るが勉学に集中できず、軍人志望の素志を遂げるべく東京遊学を決意する。そして同郷の先輩殿井隆興に付き従って上京、同じく同郷の先輩千葉亀四郎の紹介により嘉納治五郎のもとで柔道や英文学を学んだ。その後共立学校で英語、漢学、数学を学習するが、同校の寄宿舎で狩野直喜と出会っている。

故郷十津川で大水害が起こると、尼野はその罹災民を救済すべく奔走、のち大阪道頓堀の劇場弁天座を経営する尼野家の養子となった。これを機に実業界に身を投じ、家業として弁天座を経営、次いで材木商に従事、さらに『新世界』創設を企てて大阪土地建物の監査役に就任する。

実業家尼野が最も力を注いだのはホテル事業である。同郷人大塚宇三郎が経営するホテルを再建する形で新たに大阪ホテルを設立、これを商工都市大阪の迎賓館にすべく一種の公共事業と考えて経営にあたった。設立に際しては藤田と住友から支援を断られたものの怯むことはなかった。大阪ホテルの経営が軌道に乗ると、一大計画として泉布観の経営にも乗り出し、さらに第一次世界大戦を機に中国における青島グランドホテルの経営に参画するなど攻めの経営を続けた。

しかし、資金面の行き詰まりにより泉布観の経営を手放し、大阪ホテルの経営もその第一線から退くが、後任社長の下郷傳平の依頼により新たな事業に関与することとなる。これが故郷における大正水力電気の設立である。尼野は地元住民と資本家の間に立って利害調整役をつとめ、同社が設立されるとその監査役に就任した。その後、化学工業や不動産業にも参画していくが、突然の病により大阪で死去した。

このように様々な事業を展開した尼野であるが、記念誌に投稿した知己たちによると、尼野は実業家というよりも軍人もしくは政治家向きの性格の持ち主であったらしい。また尼野は多くの軍人とりわけ海軍軍人と交流している。日露戦争で戦死しのちに軍神とされた広瀬武夫とはとりわけ親しく、ともに国家の行く末を憂い、時事問題について慷慨するなど国士的な態度を共有する仲であった。一方で尼野は退塾後も泊園書院との関係も重視していたようで、記念誌には軍人に次いで多くの泊園同窓が投稿し、また尼野の葬儀や密葬にも多くの泊園同窓が参列している。

尼野が海軍軍人および泊園同窓と如何なる関係を築いていたかというと、まず後者との関係では、中国大陸において一大事業を計画して日中提携を目指す姿勢が見られ、さらにそうした理想を共有する同窓との関係を重視している様子が窺える。次に前者との関係では、日中関係を中心とした時事問題に関する会話が頻繁になされていたようで、書簡の中では、日中連携の象徴としての意味合いを帯びた孔子廟について言及していたり、偽りなき公正な精神による東洋の平和を目指すべきと主張していたりした。

また実業家尼野にとっての有力なキーマンとして中国学者狩野直喜が挙げられる。というのも、尼野は先述した理想を実現すべく中国でのホテル事業に参画するが、その際に共立学校在学以来の友人であった狩野に対し、その知見と人脈を提供するよう求めているからである。尼野はそれ以後「支那研究家」と見なせるほどの探究心を見せ、やがてその関心を極東シベリアや南洋へと広げていく様子が窺える。

以上のように本考察で得られた成果を確認したうえで、はじめに挙げた疑問にせまってみたい。まずなぜ尼野が実業界に身を投じたかというと、同郷の先輩の勧めもあって大阪で劇場経営を営む尼野家の養子となったことが決定的であったと考えられる。尼野はこれを機に商人となるが、生家が十津川郷士の家であったため軍人あるいは政治家の気質が温存され続けた。尼野の親友加藤寛治が記念誌の序文において「君や十津川郷士の家に生れ、後ち尼野家を冒して事に商業に従ひたりと雖も、士魂君の血肉に満ち、経世の志篤く、時に万斛の熱涙を揮つて時弊を論じ時務を談ず。若し夫れ国力の発展に関するが如き問題に至りては雄図縦横、論鋒犀利、其の鋭や当る可らざるものあり[41]」と語るように、その気質とは幕末の志士が有していた士魂と経世の志と言い換えることもできるだろう。

ただし、先述した中国学者狩野への接近とそれを契機としたアジア研究への没頭、さらに「尼野源二郎氏伝」によると、尼野は青島グランドホテルを設立したのち、「之れを土台として全支那の枢要地即ち北京、上海、天津、その他に理想的ホテルを建設して、日支親善上の機関たらしむると共に一方また之れを以て支那の商工業調査並に日支貿易上の補助機関たらしめんことを企劃し[42]」ていたのは、十津川郷士の子孫というルーツだけでは成し得なかった事柄のように思われる。やはり泊園書院で培った漢学知や人脈が尼野に幾らか影響を与えていたのではないだろうか。

尼野は幕末の志士に尊重された漢学を明治期になって学び、その経験を踏まえて理想とする地域秩序を構想し、営利追求との兼ね合いに葛藤しつつも、その秩序の実現を目指していた。このような伝統的な漢学教養を積んで当時の軍事情勢や国際政治にも強い関心を寄せる実業家は、当時の東アジア地域に一定数存在した可能性が考えられる。また彼らの固有の地域や文化に対する情熱は、独善に陥る危うさを孕みつつも、東アジアの近代化に少なからず貢献していたように思われる。

注

（1）事績調査の成果については、吾妻重二監修・横山俊一郎著『泊園書院の人びと―その七百二人―』（清文堂出版、二〇二二年）にまとめたが、その職能を分析すると、門人全体の三十七パーセントが「実業家・資産家など」、二十六パーセントが「政治家・官僚など」に分類できることが判明した。なお、十津川出身の泊園門人には、尼野のほか、大阪で石炭商を営むとともに堺港株式会社を設立した白藤丈太郎（生没年未詳―一九三九）、十津川村長を経て衆議院議員に当選し五條・新宮間の鉄道敷設運動を展開した玉置良直（一八七六―一九三四）、十津川大水害を機に罹災民とともに北海道に移住し移民総長として開拓事業に尽力した西村直一（一八六四―一九三五）がいる。

（2）泊園書院とその院主については、吾妻重二編著『泊園書院歴史資料集―泊園書院資料集成一―』（関西大学東西学術研究所、二〇一〇年）が最も詳しい。

（3）石上欽二編『尼野源二郎』（尼野源二郎紀念志刊行会、一九二一年）二二一頁。記念誌からの引用文中にある旧漢字はすべて常用漢字に直した。以下、同様。

（4）同右、四〇頁。

（5）同右、七、八頁。

（6）尼野の上京に付き添った殿井隆興（一八三五―一九三二）は陸軍軍人・漢詩人。大和国十津川（奈良県）出身。医師の家に生まれ、高野山義挙に加わる。戊辰戦争後は陸軍大尉として西南戦争に、陸軍少佐として日清戦争に従軍する。陸軍中佐に進んだのち軍職を退いた。

（7）殿井方で尼野と同居した川里種七郎（生没年未詳）は教育者。泊園書院に入塾、のち副塾長となる。十津川大水害ののち新十津川文武館の初代館長に就任。のち伊丹中学の教官を経て神戸中学に奉職、そのかたわら私塾「達成塾」（命名者は藤澤南岳）を開いた。なお、川里の事蹟については、前掲『泊園書院の人びと―その七百二人―』九四頁を参照のこと。

（8）本田増次郎（一八六六―一九二五）は英文学者・ジャーナリスト。弘文館と講道館で学んだのちキリスト教に傾倒する。東京高等師範学校や東京外国語学校で英語を教えた。その後英米に渡って「オリエンタル・レビュー」主筆として健筆をふるう。宗像逸郎（一八六六―一九四一）は柔道家・教育者。安芸国（広島県）出身。講道館、嘉納塾、弘文館に学ぶ。嘉納塾幼年舎監督をつとめ、のち講道館監事。また畝傍中学、庄内中学校、仙台一中の校長を歴任。のち指南役として講道館に戻った。富田常次郎（一八六五―一九三七）は柔道家。伊豆国（静岡県）出身。嘉納治五郎が開いた講道館の最初の門弟。静岡県韮山の伊豆学校の教師となり、講道館韮山分場を創設する。のち学習院でも柔道を教え、さらに渡米して柔道の普及に尽力した。

（9）血脇守之助（一八七〇―一九四七）は歯科医学者。下総国（千葉県）出身。英語教師をつとめたのち高山歯科医学院に学んだ。同校を継承し、東京歯科医学院と改称する。東京歯科医学専門学校（現東京歯科大学）とし、校長となる。日本歯科医師会初代会長。

（10）尼野の婚儀で仮親となった千葉貞幹（一八五二―一九一三）は裁判官・官僚。大和国十津川（奈良県）出身。高野山の三宝院で学ぶ。天誅組の中山忠光の軍に参加した。維新後は宮内省に出仕し、のち司法省に転じて岡山および神戸の地方裁判所長を歴任した。のち大分県知事、長野県知事。尼野を婚儀で媒介した松村勇（一八五一―一九一四）は陸軍軍人・教育者。大和国十津川（奈良県）出身。高野山義挙に加わり、西南戦争に従軍する。陸軍少佐に進むと退任し、第一高等中学校教員、東京高等師範学校教授に就任。日清戦争では召集により第五師団兵站部司令官。

（11）「年譜」では大正三年（一九一四）に尼野が大阪土地建物株式会社を創立して取締役に就任したとするが、これは誤りである。正確な情報については徳尾野有成『新世界興隆史』（新世界興隆史刊行会、一九三四年）の第四章「大阪土地建物株式会社の創立」より得た。なお、前掲『泊園書院の人びと―その七百二人―』一四頁の尼野の略伝は「年譜」に記載された創立年をそのまま引用している。この場を借りてその誤りを訂正するとともにお詫び申し上げたい。

(12)尼野による株式会社大阪ホテル設立については木村吾郎『日本のホテル産業百年史』(明石書店、二〇〇六年)一七九、一八〇頁に記述がある。それによると同社は伊藤耕之進(東京三田・東洋軒の経営者)、大島甚三(株式取引所仲買人)とともに設立され、その資本金は二十万円であった。また尼野は資本金の調達にあたって仁寿生命保険社長の下郷傳平に借り入れを申し入れ、このことが契機となって下郷は大阪ホテルと密接な関係を持つようになったという。
(13)前掲『尼野源二郎』三一、三二頁。
(14)同右、三二、三三頁。
(15)同右、三三、三四頁。
(16)「尼野源二郎氏伝」では大正五年(一九一六)に泉布観が大阪市北区役所に払い下げられたとするが、これは誤りである。正確な情報については大阪市教育委員会編『重要文化財泉布観修理工事報告書』(大阪市教育委員会、一九六四年)の四「創立及沿革」より得た。なお、泉布観は明治四年(一八七一)造幣寮の応接所として建設され、明治二十二年(一八八九)宮内省に移管、のち大阪市に払い下げられた。昭和三十一年(一九五六)には国の重要文化財に指定されている。
(17)尼野の後任となった下郷傳平(一八七二—一九四六)は初代下郷傳平の長男。近江製糸の社長をつとめ、長浜銀行頭取、長浜町長にも就任する。福祉目的の下郷共済会を設立、さらに図書館や美術館を開設した。伊吹山高層気象観測所の建築寄付などもしている。
(18)前掲『尼野源二郎』三五~三七頁。
(19)同右、一三七頁。
(20)同右、一〇六頁。
(21)同右、一六八頁。
(22)同右、二二〇頁。
(23)同右、一〇四頁。
(24)同右、二〇五頁。
(25)同右、一二〇、一二一頁。

(26) 同右、一〇六、一〇七頁。
(27) 同右、六三頁。
(28) 同右、一〇四頁。
(29) 同右、二〇〇、二〇一頁。
(30) 北村の事蹟については、前掲『泊園書院の人びと―その七百二人―』九九頁を参照のこと。
(31) 前掲『尼野源二郎』二一七、二一八頁。
(32) 中野の事蹟については、前掲『泊園書院の人びと―その七百二人―』二二三頁および拙稿「近代岡山における泊園書院出身者の事業活動の一考察―実業家星島謹一郎・中野寿吉を中心に―」(『関西大学東西学術研究所紀要』第五十二輯、関西大学東西学術研究所、二〇一九年)二四九〜二六六頁を参照のこと。
(33) 川島令次郎（一八六四―一九四七）は加賀国（石川県）出身。海軍兵学校卒。軍令部参謀、艦政本部第一部長を経て、海軍少将に進んだ。さらに海軍大学校校長、第三艦隊司令官、水路部長を歴任し、のち海軍中将に就任した。
(34) 前掲『尼野源二郎』一〇七、一〇八頁。
(35) 同右、六一頁。括弧とその中の語句も原文のまま。
(36) 加藤寛治（一八七〇―一九三九）は越前国（福井県）出身。海軍兵学校卒。第五戦隊司令官、海軍大学校校長を歴任したのち、連合艦隊司令長官、海軍大将、海軍軍令部長。ロンドン海軍軍縮会議で強硬論を主張して政府と対立する。
(37) 前掲『尼野源二郎』四、五頁。
(38) 同右、一七一、一七二頁。
(39) 同右、二〇五頁。
(40) 同右、二三八、二三九頁。
(41) 同右、四頁。
(42) 同右、六五頁。

第二章　近代中国銀行家の企業家精神
――上海商業貯蓄銀行の陳光甫を中心に――

戴　秋娟

はじめに

一九一二年から一九三七年にかけて中国の銀行業は大きく成長した。この時期、政府系の中国銀行と交通銀行、「南三行」[1]と「北四行」[2]が迅速に発展して、多額の資本金を抱え、全国範囲で業務展開をしている大銀行に成長した。近代中国において、銀行業の誕生は工商業より遅れていたが、その成長のスピードが速く、工商業を超えて、近代中国社会において最も注目される業界に発展した。幾多の困難を抱えている半植民地半封建社会においてこれだけ成長できたのは何故だろうか。それは銀行家群体の形成と関わっていたと察する。彼らの中に海外での留学経験があり、しかも清末期に作られた官営銀行での仕事経験を持っている人が多かった。その中には上海商業貯蓄銀行の陳光甫、浙江実業銀行の李銘、大陸銀行の談茘孫、塩業銀行の呉鼎昌、中国銀行の張公権、浙江興業銀行の徐新六などが挙げられる。彼らは現代銀行の独立性を重んじながら、進んだ経営理念を銀行業務に取り入れ、それまでなかった斬新な銀行業務を開拓して、銀行業を近代中国において近代化程度の最も高い業界に育て上げたのである。

本章は近代中国銀行家の中の中心的な人物の陳光甫（一八八一—一九七六）に焦点を当てる。彼が創業した上海商業貯蓄銀行[3]は、近代中国の銀行業において最も成功した民営銀行とされている[4]。陳光甫の経営能力は当時の国内外の銀行業界において高く評価され、「中国のモルガン」と称されていた。この他に、彼が創業した近代中国初の旅行会社の中国旅行社は、当時の中国観光業界においてトップレベルの企業になり、世界の大手旅行会社と肩を並べていた。また、第二次世界大戦後、工業化を中心とする経済再建と民族工商業の発展を促すために、米国資本を利用して中国工業投資会社の設立にも携わった。陳光甫は優れた銀行家、企業家であるだけでなく、社会活動家でもある。国民政府の江蘇兼上海財政委員会主任、財政部貿易調整委員会主任、外貨均衡基金委員会主任、国際商会中国分会会長、上海銀行公会会長、金陵大学校の取締役会の理事長など多数兼職している。抗日戦争の最も困難な時期に、蔣介石や孔祥熙等国民党要員から委任を受け中国を代表して、米国との借款交渉を成功させた。中国社会及び経済界に重要な影響力を持っているため、一九四七年に国民党政府から国府委員の赴任を要請される一方、毛沢東や周恩来ら中国共産党のリーダーからも政治協商会議への出席を何度も要請された。結局、彼は一九四九年以降は香港に移住して、香港と台湾を拠点に上海商業貯蓄銀行[5]の事業を継続させた。このような経緯もあり、中国においては陳氏に関する研究の蓄積がまだ少ない。本章は主に上海商業貯蓄銀行の史料及び陳光甫の日記や言論集等を用いて、彼が近代中国の金融業、民族工商業の発展に果たした役割への再評価を試みた上、近代中国銀行家の経営理念、企業家精神について探ってみたい。

一　陳光甫の経歴

1　生い立ち

陳光甫は一八八一年に江蘇省鎮江にある商人家庭の四男として生まれた。鎮江は古くから商業が隆昌な町で、一八五八年の「天津条約」が発効されてから開港場になり、租界も作られた。小さい時よく租界へ遊びに行った陳光甫にとって、租界にある広々とした西洋建築、整然とした道路と秩序のある社会生活などは新鮮で深い印象を残した。十二歳の時、英語ができる父親は当時揚子江の対外貿易中枢である武漢の関税事務所での仕事を見つけて、実家の小売業より収入が高いため、陳光甫を武漢に迎えて、関税事務所の仕事を覚えさせようとした。陳光甫はある関税事務所で見習いをして、昼間は税関関係の知識を覚え、ビジネス、金融の知識もそこで初めて接した。夜はあるベルギー人の先生に英語を教わっていた。このように数年間の努力を経て、一八九八年に漢口税関の附属郵便局の職員選考に合格して、その努力が評価され、一九〇四年に中国湖北省のアタッシェとしてアメリカで開催されたセントルイス万国博覧会に参加した。博覧会では、電子管ラジオ、フォード車など当時世界最高水準が反映されたさまざまな製品が展示され、陳光甫はそれに感服した。それと対照に中国の展示品は農産物が中心で、茶葉や刺繍などの伝統物産は受賞したが、欧米の先進国とのギャップが大きかった。そこで陳光甫は祖国の運命と自分の運命を真剣に考え始め、中国の遅れた現状を変えるために、西洋に学び、国を強くするほかはないと認識した。博覧会は一九〇四年に閉会したが、そこで知的な刺激を受けた陳光甫は新思想と新しい知識を得るために、アメリカに残って留学することを決意した(6)。

2 アメリカ留学

アメリカでの留学は順風満帆ではなかった。最初はセントルイスにある商業学校に入って、商業と貿易の基礎知識と実務ノウハウを習ってから、アイオワ州のシンプソン・カレッジ（Simpson College）に編入して、そこで大学の予備勉強をした。英語で簡単な会話はできるが、大学の授業を受けるのがまだ困難であるだけでなく、そこの気候に慣れずよく風邪を引いていた。これらの困難を克服して、一生懸命数学や物理の知識を学んだ。その後、キリスト教系のオハイオ・ウエスレヤン・カレッジ（Ohio Wesleyan College）で一年間の勉強を経て、名門のペンシルベニア大学ウォートン校（Wharton School of the University of Pennsylvania）に合格して、そこで金融、財政、会計、税金などに関する新しい知識を吸収して、さらにそれを自分の漢口税関での勤務経験と結び付け、理解を深めた。わずか三年間で商学学士の学位を取得した。アメリカで過ごした五年間が彼の人生に与えた影響は三つにまとめられる。第一に、そこでマスターした当時最も進んだ商業、金融および企業ガバナンスに関する知識はその後の近代銀行と企業経営に大いに活用された。第二に、勤勉で真剣な陳光甫は同級生や先生に高く評価され、そこで作り上げた人脈はのちにアメリカで展開された社会活動の重要な助力になった。第三に、中国民主主義革命の先駆者の孫文や、のちに民国政府の財務部長になる孔祥熙などとアメリカで知り合い、それをきっかけに、国民党要人との密接な交流が始まったのである。彼らは陳光甫のその後の人生に大きく影響を与えた。

3 帰国後、政府系銀行でのキャリア

一九一〇年に帰国してから、江蘇省の財政部門での勤務を経て、政府出資の江蘇銀行の頭取に就任して、アメリカで学んだ新しい経営管理方法を取り入れた。銀行は貨幣を発行すべきではなく、政府との関係をはっきりと区切

る必要があると主張したり、いろいろな方法で預金集めに力を入れた。江蘇銀行での経験は彼にとって海外で学んだことを生かす初舞台であった。しかし、政府出資銀行である以上、政治による影響が大きく、官僚が銀行を私物化して操ることも少なくはなく、これは陳光甫の目指している純粋な商業銀行と大いにかけ離れたため、一九一四年に江蘇銀行を辞職した(7)。

その理由として、以下のことが考えられる。第一に、金融業が国家社会にとっての重要性を認識して、「一国の工商業の発展を支えるのが金融である」と考えられている(8)。第二に、江蘇銀行の経験から分かったことだと思われるが、中国の発展は自国の民族銀行に依存し、中国にある外資系銀行はいずれもその母国の利益を最優先にして、しかも中国の民族工業、金融業の生存を脅かすことがある。また政府と関連のある金融業は独立性を貫くことが難しく、私営銀行のほうが一定の独立性を守ることができる。第三に、当時は私営銀行を発展させるための絶好のチャンスであることが認識された。一九一四年は第一次世界大戦が勃発し、西洋列強が中国経済界における勢力が多少弱体化してしまい、その合間に民族資本は迅速な発展時期を迎え、金融サービスに対する需要が高まった。当時、上海の金融業を支えているのが銀行と銭荘である。銭荘はその投機的な体制で新興産業の強大な資金需要を満たすことができない。外資系銀行は戦争の影響を受けて、業務停滞または萎縮がみられる。官営銀行は政府にコントロールされているため、近代工商業の発展という時代の流れに応じられない。その中で、私営銀行は未曽有の発展チャンスを迎え、陳光甫を代表とする銀行家にとって、非常に時宜を得たものであると言えよう。一九一五年に陳光甫は上海商業貯蓄銀行を設立し、彼の輝かしいビジネスの世界を切り開いた。

二　陳光甫の銀行経営

上海商業貯蓄銀行は設立された当初、資本金が七万元しかなく、当時上海において規模の一番小さな銀行であった。しかし、陳光甫の強いリーダーシップのもとで、数年後、上海商業貯蓄銀行は全国で影響力のある銀行に成長した。その成長の道を探ってみよう。

1　誠信を本とする企業理念

陳光甫は銀行を経営する者の第一の要務は信用であると主張している。誠実と信用は上海商業貯蓄銀行の最も重要な経営理念である。民国期において、公債投機のコストが低く、利回りが良いため、多くの銀行は政府と公債の取引をし、信用を顧みないことが多発していた。上海商業貯蓄銀行は、経営困難に陥った時も断固として公債投機を断り、銀行としての信用基盤を築き上げた。陳光甫は貨幣の発行、不動産投資、証券投資に一切手をつけなかったため、長期的にわたる銀行の信用が維持できた。これは上海商業貯蓄銀行の飛躍的な発展を支える原点であろう。

2　サービス精神への追求

上海商業貯蓄銀行を設立した当初、陳光甫は優れたサービスの提供を重視していた。彼は、銀行の六つのサービス規則を作った。第一は煩労を厭わず。第二は苦労を避けず。第三は厚利を図らず。第四は些細なことでも真面目に対応する。第五は他社が気づかなかったことをやる。第六は常に新しい方法を考える。(9)このように銀行の如何なる業務もそのサービス品質を保証する前提でやっと成り立つことを行員に繰り返し強調した。六つのサービス精神に基づいた上海商業貯蓄銀行独自の制度がたくさんある。例えば、行員一人が通帳、小切手などの確認から支払いまでの全過程をフォローし、顧客が預貯金のために別々のカウンターを回らなくても済ませられる。この他に、店長と経理マネージャーが営業室で仕事をすることで、顧客がいつでも彼らに問題解決をさせることができる。顧客第一主義で、客との争いは絶対に許されない。客の機嫌を損ねたら、誰もが処罰を受けることが行員の中に徹底されている。

陳光甫が一九三三年に行員との談話で次のようにサービス精神の重要性を強調した。創業以来、一貫してサービス精神を重んじてきた。

本行成立这十八年来、有一句格言、为本行同仁不敢一日忘怀的、即：〝服务社会〟、这四个字是本行生存的要素、第二生命。无论政局如何变迁、环境如何恶劣、思想如何更换方向以及世界潮流如何日新月异、〝服务社会〟这四个大字的精神始终如一、丝毫不改[10]

良質なサービスの提供を目指している上海商業貯蓄銀行は短期間で圧倒的に多くの市民に認められた。開設初年度の預金総額はわずか五十七万元だったが、十年後の一九二六年には急速に三二四四万元に増え、三十年代までの銀行預金総数はさらに全国銀行界一位、二位に上がった。

3　革新的な経営手法

創業当初は資金不足の問題に加え、特殊な政治背景もなく、他の銀行との競争のなかで、非常に不利であった。

陳光甫はその先見の明を以って、当時の銀行の数は少なくはないが、経営の中でまだ未開拓の分野がたくさん残っていることに気づいた。例えば、分散した零細資金を預金として吸収することである。二十世紀の初め、銀行の主要な業務は預金を集めることであったが、大規模資金の顧客が歓迎され、中小の個人顧客はあまり重要視されなかった。陳光甫は「商業を発展させ、貯蓄を本とする」を提唱し、上海商業貯蓄銀行は一元でも口座を作るサービスを新しく開始した。このような大衆を視野に入れた業務は広く受け入れられて、それぞれの金額数は大金ではないが、顧客数が多く、しかも預金の流動性が低く、安定的な資金が確保できるメリットがあった。この他に、振り込み業務を拡大させ、個人の振り込みに関して手数料の免除など対応策を出し、このような一連の斬新的な取り組みを通じて、上海商業貯蓄銀行が着実に成長した。

上海商業貯蓄銀行が設立された当初、中国では貨幣がまだ統一されていなかった。当時は銀貨と銀が同時に流通していたが、銀行業は銀に基づいて記帳し、顧客が銀貨を預けるとき、利息をもらえないどころか、それを銀に換算してからの手数料も徴収されていた。陳光甫は顧客の利便性を図るために、国内で初めて銀と銀貨の併用を唱え、両者に対して同じく利息を払うように指示した。このようなやり方は銀行にとっては人件費の増加と手数料の減少を意味しているが、顧客にとって大変ありがたいことであり、社会において広く歓迎された。彼のいわゆる「小利を捨て、大成を求める」というやり方は企業家としての賢明さが反映されているほかに、社会へ奉仕する理念のあかしである。

貸出しに関しては、中国の銀行業において、長い間信用に基づいて貸出しを行っていた。しかし、近代工商業の発展の中で、このような伝統的な信用方式は企業の膨大な資金需要に対応できなくなった。上海商業貯蓄銀行が創業当初、「物的信用」を主張し、企業が原材料、製品、不動産、生産機器を抵当にすれば貸出しできるように設定している。これは民族工商業の発展を促すだけでなく、銀行の貸出し業務を大いに促した。物品の抵当があるため、上海商業貯蓄銀行の貸出しは非常に安定しており、しかも不良債権が最も少ない銀行であった。

また、上海商業貯蓄銀行は外国為替業務を最初に取り扱った私営銀行であり、外国企業を顧客名簿に書き入れた初めての中国の銀行である。

表1　1932年中国各銀行の営業収入比較（万元）

銀行名	預金総額	営業収益
中国銀行	557,197.0	1,848.0
交通銀行	214,339.4	451.2
中央銀行	168,539.0	11,962.0
上海商業貯蓄銀行	166,836.6	865.0
金城銀行	116,342.1	831.0
中南銀行	106,326.0	937.0
浙江興業銀行	95,402.3	552.5
塩業銀行	93,673.2	656.0
大陸銀行	86,412.0	512.8
浙江実業銀行	48,912.2	503.6

出所：中国銀行経済研究室（1933）『中国重要な銀行業概況研究』

以上のように、それまで中国にはなかった取り組みが奏功して、創業一年目の預金総額は五十七万元に上がり、その十年後の一九二六年には三二四四万元に急増し、三十年代になって、預金総額は全国銀行業界においてトップレベルにランクインした。表1によると、トップスリーに入る中国銀行と交通銀行、中央銀行が中国の主要な銀行であり、政府主宰または半官半民の金融機関である。私営銀行の中で、上海商業貯蓄銀行は預金総額が一位で、営業収益は中南銀行に次いで第二位となっている。

4　情報の獲得

ビジネスの世界は変化が激しい。陳光甫は情報獲得と調査を重視していた。銀行の中に国外部を設置して、ロイター通信と連携し、世界各地の金融情報、マーケット、経済情報を集めている。また信用調査部門も設けられ、海外の同業者を通じて、上海商業貯蓄銀行と取引する企業の信用を調べる一方、中国の業者の財務情報を海外の同業者に提供している。その後、業務範囲の拡大につれて、新たに調査部を設置して、国内外の経済情報、金融、証券、幣制、工農業製品の販売価格の変化など広範囲にわたる情報を集めていた。調査を重視することは、上海商業貯蓄銀行にとってリスク回避につながった。陳光甫は広範囲にわたる調査を重視するほかに、調査で得られたデータに対する分析も重視し、「市場に流通する商品の調達、販路、品質、総量、取引規定などについて研究する必要がある」と強調している。[11]上海商業貯蓄銀行には経済研究室、農業研究委員会などの研究機関が置かれ、定期的に研究会を開き、銀行の各部門が意思決定する際、その研究成果を参考にしている。商業情報の正確性は企業にとって極めて重要である。二十世紀初頭の中国において、この点に着目することは彼が優れた企業家としての卓見が反映されている。

5　人材の育成

陳光甫は人材を重視して、人材の育成、管理に力を入れている。創業当初、銀行の競争力は健全な人事制度に関わっていると考えられ、楊敦甫、朱成章、唐寿民、資耀華など銀行界の優れた者を上海商業貯蓄銀行に招聘して、彼らが上海商業貯蓄銀行のコア管理層となり、銀行の発展を促した。例として資耀華（一九〇〇―一九九六）のケースを見てみよう。[12]

資耀華は日本の著名な経済学者の河上肇に教わり、二十六歳に京都帝国大学経済学部を卒業してから、中華匯業銀行に入職し、『銀行月刊』[13]で論文を発表し、その能力が陳光甫に認められ、上海商業貯蓄銀行の主任に抜擢された。資耀華が調査部門の設立を陳光甫に進言して、初代調査部長となった。その後、陳光甫の母校であるペンシルベニア大学ウォートン校とハーバード大学ビジネススクール（Harvard Business School）に派遣され、アメリカで金融を習わせた。帰国後の資耀華は上海商業貯蓄銀行の天津支店長兼華北区総代表に任され、華北地域における業務展開に奔走した。上海商業貯蓄銀行の発展に大きく貢献した資耀華は一九四九年に上海商業貯蓄銀行総経理となり、中国、日本、アメリカの金融体系を熟知している彼は中国金融界の権威とされていた。

このように管理職に対しては海外留学、特別養成コースが用意されているが、陳光甫は人事制度の公正性を最も重視していた。上海商業貯蓄銀行に入行するために、筆記試験と面接試験を受けなければならない。当時中国の金融業でよく見られた縁故入職は、上海商業貯蓄銀行では通用しなかった。試験に合格してから、学歴や経験に基づき配属し、昇進のコースを行員に明示している。また行内では様々な人材育成コースを設けて、従業員のキャリアデザインをサポートしている。そして従業員のインセンティブを上げるために、持ち株制度も取り入れられている(14)。彼の一連の取り組みは今日でも遅れていないだろう。

6　銀行公会での活躍

一九一五年前後、上海の中国系銀行の相互間の放漫かつ無秩序で、規範と協調性が欠けている状況に対して、中国銀行、交通銀行、上海商業貯蓄銀行、浙江実業銀行などの数行は銀行公会の設立について協議を始めた。最初は上海商業貯蓄銀行を拠点にして、各銀行の主要責任者が定期的に集まって会食し、銀行間の事務について意見交換を行っていた。日本の社長会に近い組織であり、上海銀行公会の雛形になる。しかし、このような散漫な会合を通じて、中国系銀行が直面しているリスクから回避することが依然として難しく、陳光甫は金融業には業界の組織がなければ成功できないと何度も訴えた。「組織がなく、対外的には外国銀行との競争に抵抗するには十分ではなく、内部には衝突し合い、偶発的なリスクに対応することができない」と述べた(15)。

銀行業が共に努力して、ついに一九一八年に上海銀行公会が正式に設立され、陳光甫は副会長に選出された。上海銀行公会が設立してから、貨幣制度改革の推進に力を入れ、『銀行週報』を創刊し、中国信用調査所の設立を推進し、同業最低賃金を議決し、金融用語を統一し、新型経営管理方法を徐々に中国系銀行に取り入れた。さらに共通のリスクを回避するために、銀行公会の積立金を取り入れた。これらの一連の対策は中国金融の近代化を推進し、国内金融界の基本的な安定を保証することに大きく貢献した。銀行公会の責任者の一人である陳光甫もその中で重要な役割を果たした。

三　社会活動

陳光甫は優れた銀行家、実業家でありながら、社会活動家でもあった。上海財政委員会主任、財政部貿易委員会主任、外国為替平準基金委員会主任、国民党政府参議院、立法委員、国府委員などの社会的な役職に就いたことがある。第二次世界大戦中に、前後二回にわたって渡米し、ドル借款の交渉をしたことが注目されている。

一九三八年から、抗日戦争が一番困難な時期に入った。国内においては戦争に対抗するための資金が極端に欠乏しており、外交面において国際社会から孤立している状況であった。このような窮状から脱出して国際社会からの支援を獲得するために、国民党政府は交渉使節団を派遣したが、アメリカ財政部長のモルガンに信頼されている陳光甫もその中の一人であった。交渉の最初、中国の返済能力は疑われていたが、米国側の各界を安心させるために、陳光甫は中国が桐油と錫鉱を抵当に借款を求めることを提案して、米国側に認められた。米国は一九三八年の末と一九三九年に合計四五〇〇万ドルの借款を提供した。これは中国が第二次世界大戦中に財政および外交面において獲得した大きな勝利である。それによって、物資を獲得しただけでなく、国際社会で中国の孤立された状況も打破され、中米関係、中日関係、日米関係及び太平洋地域の情勢が大きく変わった。陳光甫はアメリカとの交渉の中で、強い交渉力を発揮して、優れた外交官であるとも讃えられた。

一九四七年の春、蔣介石が国内外における支持を得て、国民政府のイメージを改善するために内閣を改組し、民間人の入閣を視野に入れた。陳光甫もその中の一人であった。国府委員の任命を受けて、米国借款、経済発展、内戦の停止などについて意見を述べた。彼は、国内情勢を安定化させるために、一日も早く内戦をやめなければならないと主張した[16]。また、国内の金融業を困難状態から脱出させるために民族資本の地位を上げなければならないと提言した。この他に陳光甫は多数の社会事業に関わり、商業人材の育成に積極的に貢献した。良心と責任感のある社会的活動家と評価されている。

四　民族鉱工業への支援

近代中国の商業銀行が二十世紀に入ってから大きく成長している中で、民族鉱工業への貸出しの範囲と規模も拡大されていた。一九〇七年に設立された浙江興業銀行は「工商業の発展を原則に」を重要な方針と位置付け、一九二二～二六年の工商業への貸出しは全体の四〇％以上を占めている[17]。上海商業貯蓄銀行が設立されてから、陳光甫は「社会へ貢献、工商業をサポートする」という経営理念に基づいて、一九二六年の貸出し総額は三四〇〇万元に達して、そのうち工業への貸出しは二〇％を、商業への貸出しと合わせて七五％も占めている。二十年代から三十年代にかけて、上海商業貯蓄銀行の支店は江蘇省、安徽省、河南省、湖北省、四川省及び天津に拡大し、すでに五十社の企業へ貸出しを行っていた[18]。王宗培の一九三二〜三九年の一〇〇社の企業の資本構成に関する調査によると、この一〇〇社の自己資本総額は二億六二二〇万六七六七元であり、そのうち銀行からの借金は約三三%を占めており、資金面から民族鉱工業を支えていたことがわかる[19]。

商業銀行の鉱工業への支援は貸出しの金額だけでなく、貸出しの審査も中国の伝統的なビジネス習慣を考慮に入れている。ヨーロッパと違い、個人に対する信頼、信用に基づいて貸出しを行うことが中国社会で長い伝統を持っている。上海商業貯蓄銀行は調査部を設置してから、取引先の代表者に対して徹底的な信用調査を実施した上で、抵当ではなく、個人信用に基づく貸出し業務も行っていた。これは業務範囲の拡大とサービス対象の多様化につながった。

このように、近代銀行業と近代鉱工業との関係は徐々に緊密になってきていた。銀行資本は貸出しと投資を通じて鉱工業に参入すると同時に、鉱工業も銀行への出資、銀行の設立を通じて、資金調達の利便性とリスクシェアを図っていた。上海商業貯蓄銀行が一九二六年に行った、張謇の大生紡織と栄氏の申新紡織への貸出しは紡織業全体貸出し額の五九・四八%を占めており、中国セメント会社への貸出しはセメント産業の一〇〇%となり、福新面粉と茂新面粉への貸出しは小麦粉加工業の七六・五五%も占めている。一方、張謇の大生紡織は一九一九年に上海商業貯蓄銀行へ一五万元の出資をし、当時銀行資本金の一五%を占めており、福新の栄宗敬が二十万元を出資し、二〇%を占めている[20]。二人とも上海商業貯蓄銀行の取締役になっている。

中国の資本主義発展の初期において、陳光甫などの銀行家が民族鉱工業の発展を常に念頭に置きながら、民族鉱工業に投資をする一方、鉱工業からの融資を受けている。銀行業と鉱工業との間に密接な連携を作り、鉱工業ともに大きな発展を迎えたといえよう。

おわりに

近代中国の商業銀行の経営者たちには生涯の目標として、銀行の独立性を重んじ、政府からの干渉をなるべく排除して、中国における健全な金融業を整備させたいという共通の理念があった。彼らは学縁、地縁、友縁などを絆に、横の連携を重視している。一九一七年に上海銀行公会が設立され、後には全部で十二の銀行が公会に加入して、銀行家たちが定期的に意見交換を行い、いかに外国銀行との競争に勝ち残るのかなどについて方策を講じていた。陳光甫はその中での中心的な人物の一人である。彼は上海商業貯蓄銀行を設立してから、組織と体制における一連の改革を行った。例えば、新たな預金制度、為替業務、行員育成制度、新たな会計方式の普及が挙げられる。彼の経営戦略は、銀行業務の普及化、外国銀行家との協力と競争、社会へ奉仕する、銀行同業公会の設立、専門精神への追求が今になっても通用していると思われる。

第二次世界大戦終了後の一九四五年に、陳光甫、李銘、張公権など中国の銀行家がアメリカ工業企業ゼネラル・エレクトリック（General Electric Company）などと協力して、中国工業投資会社を設立した。それは、外国資本を吸収して民族鉱工業の発展を狙いとしている。陳光甫は中国工業投資会社について、「戦後経済の復興に伴い、中国人が衣食住行に対する需要が上がり、それに対応して、中国工業投資会社の経営発展方向は、海運、ガラス、建築、紡織、肥料、製紙、化工、製薬などの軽工業に集中する傾向がある。中国工業投資会社は労働者の生活、国の新興に貢献するべきだ」と考えている。[21] 中国工業投資会社は国内戦争などの諸要素の影響で失敗していたが、近代中国の銀行家がアメリカの民間資本を誘致して、中国の工業発展を促すことはイノベーティブな発想である。実際に東アジアの近隣の日本は、同じ方法で大きく成功した。
陳光甫をはじめとする近代中国の銀行家は、銀行業の独立精神と専門精神を追求して、近代中国の銀行業と社会経済の発展に大きく貢献したといえよう。

注

(1)上海商業貯蓄銀行、浙江興業銀行と浙江実業銀行を指す。
(2)塩業銀行、金城銀行、大陸銀行と中南銀行を指す。
(3)https: // www. scsb. com. tw/
(4)李培徳他「論中国金融企業家精神」、『档案与史学』、二〇〇〇年第二期、六三頁。
(5)https: // www. scsb. com. tw/
(6)郑焱、蒋慧著《陈光甫传稿》(二〇〇九)湖南师范大学出版社、七頁。
(7)宋春舫「上海商业储蓄银行二十年史初稿(二)」、『档案与史学』、二〇〇〇年第二期、一五頁。
(8)傅国涌编著『金融的原理:陳光甫言論集』(二〇一六)新世界出版社、一〇頁。
(9)『陳光甫与上海銀行』(一九九一)中国文史出版社、二頁。
(10)上海商业储蓄银行『陳光甫先生言论集』上海图书馆藏、一二三—一二五頁。
(11)上海市档案馆编『陳光甫日記』(二〇〇二)上海書店出版社、四七頁。
(12)資耀華他著『回憶陳光甫与上海銀行』(二〇一八)中国文史出版社、六—三八頁。
(13)一九二一年に北京で創刊された月刊誌であり、北京及び全国各地の金融、財政について詳しく報道されている。
(14)上海市档案館编『陳光甫日記』(二〇〇二)上海書店出版社、一三八頁。
(15)陳光甫『我国銀行公会之回顧』上海市档案館蔵上海商業貯蓄銀行档案:档案号 Q275-1-2130、五頁。
(16)上海市档案館编『陳光甫日記』(二〇〇二)上海書店出版社、一八九頁。

(17) 李一翔『近代中国銀行与企業的関係（一八九七―一九四五）』（一九九七）台湾东大图书公司、六五頁。
(18) 中国人民銀行上海分行金融研究所編『上海商業貯蓄銀行史料』（一九九〇）上海人民出版社、七〇一頁。
(19) 陳真編『中国近代工業史資料』第四巻（一九六一）、三聯書店、六七頁。
(20) 王相欽等『中国民族工商業発展史』（一九九七）華北人民出版社、一二〇頁。
(21) 皇普秋実「陳光甫と中国工業投資会社」、『暨南学報』、二〇一六年第二一四期、三五―三六頁。

第三章　朝鮮華商の和聚公と楊翼之の経営活動[1]

李　正熙

はじめに

植民地期朝鮮華僑の経済及び経営活動は、日本による植民地統治によってそれほど活発に行われていなかったことが一般的な認識であった。すなわち、朝鮮華商は日清戦争直前に朝鮮に先に進出して、朝鮮の貿易と商業を掌握した日本人商人を両分野においてキャッチ・アップしたが、戦争で清国が敗戦することによって、その後の華商の経済活動は衰退したということである。しかし、最近の研究によってそのような既存の認識とは異なる史実が新たに提示された[2]。このような研究成果は華商が織物商店、中国料理店、理髪店、洋服店、建築請負業などの分野で統治者の日本人及び原住民の朝鮮人を圧迫する勢力を形成していたことを実証的に明らかにした[3]。特に、近代朝鮮商業の一角を占めていた織物商業界においてこのような地位にあったことは驚くべきことである。

朝鮮華商の織物商店に関する先行研究は、このような地位を占めるようになった原因に重点を置きながら、その実態と中国、日本、朝鮮を跨がる商業ネットワーク、そして朝鮮と中国での織物生産の実態を中心に分析した。[4] しかし、どのような華商がどのような経緯で織物商店を設立し、経営活動を行ったのかを具体的に分析した研究は少ない。主要な原因は史料の不足にあった。最近、近代朝鮮華商を代表する織物商店の和聚公関連の資料が発見された。後述する如く、この資料は和聚公の経営者である楊翼之の長男である楊建民が肉筆で書いた《祖業事蹟冊》というものである。彼自身も和聚公の経営に深く携わった人物であったため、和聚公及び楊翼之の経営活動を明らかにする重要な端緒を提供してくれると期待している。

朝鮮華商に関する先行研究は、これまで広東幇系資本の同順泰とその経営者の譚傑生を対象としてきた。姜抮亜[5]と石川亮太[6]は、ソウル大学中央図書館所蔵の《同順泰文書》を活用して、朝鮮開港期における同順泰の貿易及び商業活動を分析した。[7] ところで、同順泰及び譚傑生は朝鮮開港期に絹織物と綿織物を上海から輸入して朝鮮各地に販売した朝鮮最大規模の華商であったが、植民地期に入ってからはこの分野から撤収して西洋雑貨商店、漢薬材商店、不動産業、タクシー業などに多角化経営を行った。植民地期華僑経済の核心はあくまでも織物商店であって、その商店はほとんど山東幇系華商によって占められていた。したがって、山東幇系華商及びその経営者に関する研究が必要であった。まさにそのような時に楊建民が書いた《祖業事蹟冊》を入手し、上記のような研究空白を埋める資料として活用することになった。本稿は資料の《祖業事蹟冊》を活用して、山東幇系華商及びその経営者の楊翼之の経営活動を具体的に分析したい。

一　和聚公の設立経緯と発展

1　《祖業事蹟冊》の紹介

《祖業事蹟冊》は表紙に『祖業事蹟冊 中華民国五十五年元旦日 楊建民備忘録』と記載されている。すなわち、《祖業事蹟冊》は楊建民が一九六六年旧暦一月一日（新暦一月二十二日）に脱稿した原稿であることがうかがえる。原稿は横八㎝、縦十九㎝の用紙で、枚数は表紙を除いて二十三頁である。繁体字の中国語で書いてあって、字数は三、五一七字である。楊建民は、自身の家系が歩んできた足跡と先祖が起こした事業を後の世代に伝えるために、この備忘録を書いたという。(8)《祖業事蹟冊》の内容は次のような構成になっている。《祖業事蹟冊》には、彼の父親の楊翼之を基準とした楊氏家系の歴史、仁川で和聚公を設立した経緯と経営実態、和聚公がハルビンで和聚公油坊という工場を設立した経緯、実弟の楊子平が英米煙公司に勤務して同会社の特約店を開設しながら抗日活動を展開した経緯、そして和聚公が仁川所在の中国料理店の共和春への投資活動などを行った内容が盛り込まれている。

《祖業事蹟冊》の著者である楊建民がどのような人物であるか調べてみよう。彼の本名は楊従中であり、建民は字である。彼は山東省養馬島出身で父親に連れられて仁川へ移住して、和聚公で働きながらハルビンで和聚公油坊を設立するときにはその経営者として派遣された。《祖業事蹟冊》には日本と「満州」における金融関連の専門用語を多く使っているほか、経済と経営を正確に把握していたことから、当時としては知識人であったことがうかがえる。なお、仁川華僑小学の校董会（理事会）の名誉理事としても活動していることから仁川華僑社会のリーダーグループに入っていた人物と思われる。(9)〈表1〉は仁川華商商会が一九四二年に仁川府弥生町居住の華僑各世帯別居住者を調査した記録の、『仁川華僑世帯別名簿』のうち、弥生町六番地の和聚公に居住する者のリストである。居住者のうち店員を除けば楊建民の父親の楊翼之家族関係の居住者で、《祖業事蹟冊》に記載されている家族とほぼ一致する。

表1　弥生町六番地の和聚公居住者のリスト

姓名	性別	職責	生年月日	年齢	出身地
楊翼之	男	主人	1869. 1. 19	73	山東省牟平県
曲信之	男	支配人	1902. 8. 1	40	山東省牟平県
楊従諤	男	店員	1904. 10. 30	38	山東省牟平県
姜樹籓	男	店員	1915. 2. 2	27	山東省牟平県
呂普文	男	店員	1906. 11. 18	36	山東省福山県
張仲休	男	店員	1915. 1. 13	27	山東省牟平県
孫建治	男	店員	1920. 7. 15	22	山東省牟平県
周運山	男	店員	1922. 7. 9	20	山東省牟平県
楊学之	男	店員	1925. 7. 9	17	山東省牟平県
孔慶□	男	店員	1926. 11. 26	26	山東省牟平県
沙昭忠	男	店員	1906. 2. 16	36	山東省牟平県
王嗣鵬	男	店員	1919. 7. 9	23	山東省牟平県
楊従中	男	家族	1895. 1. 4	47	山東省牟平県
楊先温	男	家族	1919. 2. 26	23	山東省牟平県
楊先良	男	家族	1922. 5. 8	20	山東省牟平県
楊先譲	男	家族	1929. 11. 16	13	山東省牟平県
楊黄氏	女	家族	1892. 3. 19	50	山東省牟平県
楊王氏	女	家族	1868. 8. 23	74	山東省牟平県
楊曲氏	女	家族	1918. 12. 12	24	山東省牟平県
楊学英	女	家族	1925. 4. 29	17	山東省牟平県
楊学勤	女	家族	1931. 3. 23	11	山東省牟平県
楊風子	女	家族	1936. 7. 13	6	山東省牟平県

出典：仁川華商商会、『仁川華僑世帯別名簿』、仁川市立博物館所蔵、1942。

楊翼之は楊建民の父親でありながら和聚公の経営者であった。楊従中は楊建民を指す。楊建民の後に登場する楊先温、楊先良、楊先譲は建民の息子である。楊黄氏は彼の妻である黄氏である。(10)《祖業事蹟冊》によれば、楊建民と黄氏は当時仁川に居住しておらず、事業関係でハルビンと仁川を往来しながら生活していたと思われる。楊建民の三人の息子のうち、楊先譲は筆者の《祖業事蹟冊》の入手と楊建民死後の楊氏家系の展開において重要な人物であり、詳細に見てみよう。

楊先譲は現在中国で有名な

西洋画家として活動している。彼は中国の版画と油画分野において足跡を残した画家として知られている。代表的な作品の《黄河十四走》は二十五年間黄河周辺地域の民間美術を探訪して描いた画報集で、中国国内のみならず国際的にも高い評価を受けているという。彼は一九二九年に山東省牟平県養馬島に生まれ、一九三九年頃祖父と父親がいる仁川へ移住した。[11] 仁川華商商会が〈表1〉のような調査をする時には仁川華僑小学の学生であった。彼は和聚公から近い旧清国租界と旧日本租界の境界階段付近で朝鮮人と日本人画家がチャイナタウンをスケッチする姿を見ながら絵画を学んだという。[12] 仁川華僑小学卒業後、ソウル所在の華僑中学である光華中学に進学した。なお、中国大陸に渡り瀋陽の国立東北中山中学の高等部を卒業して、北京の国立北平芸専（現在の中央美術学院の前身）に進学して美術教育を受けた。卒業後、中央美術学院の民間美術系主任教授を歴任しながら中国美術家協会版画芸術委員会副主任、中国民間美術学会の常任副会長を務めた。[13]

楊先譲は一九八四年に米国を訪問して約四十年ぶりに楊建民に会った。[14] 彼は進学のために仁川を離れて中国へ渡ったため、父親と長い間会えなかった。中華人民共和国建国後、韓国と中国は国交が樹立されておらず、両国間の人の移動は不可能であった。楊建民は朝鮮解放直後にハルビンから仁川に戻ってきて居住したが、一九六〇年代にソウルへ移住した。彼は一九七〇年代に台湾に再移住し、再び米国へ移住した。彼が米国に居住していた時に楊先譲と四十年ぶりに再会し、その時に《祖業事蹟冊》を息子に手渡しただろう。

楊先譲は二〇一〇年頃約六十年ぶりに仁川を訪れた。仁川市万寿洞にある中華義地に埋蔵されている祖父楊翼之の墓を故郷へ移葬するためであった。[15] その時、彼は娘の楊陽（清華大学美術学院教授）と楊教授の息子である楊海郎夫婦を連れてきた。[16] 彼らは移葬の手続きなどをよく知らなかったため、鞠柏嶺漢城華僑協会顧問の協力を得て、祖父の遺骨を養馬島東中原村に移葬した。楊先譲は鞠柏嶺顧問に自身の家系の話をしながら父親からもらった《祖業事蹟冊》のコピーを手渡し、筆者はそれを入手した[17]。なお、二〇一二年四月八日に行われた移葬時祭文のコピーも鞠柏嶺顧問を通じて二〇一六年に入手した。

2　和聚公の設立と発展

楊翼之が山東省から仁川へ移住したのは一九〇〇年前後と見られる。彼が一九〇三年頃仁川の清国租界に織物商店である裕盛桟を設立したと記されているためである。《祖業事蹟冊》によれば、彼が裕盛桟を開業した経緯は次のようである。彼の祖父である楊若桂は一八一七年に生まれ、「清朝光緒二十六年（一九〇〇）に享年八十三歳で亡くなった。居住地は養馬島の東中原村であった。その当時ジャンク船を持って生業とした。船名は楊祥元で貨物積載量は八〇〇擔（八万斤）であった。中国南方の海州、塩城、上海などから各種の食糧を中国北方の天津、各港に輸送して販売することによって利益を図った。生活の水準はとても良い方であった。公の人格は優れて、貧乏な人を救済するなど、村では評判が良かった[18]」。

楊若桂の居住地である養馬島は現在山東省煙台市牟平区に所属する。大橋がかかって陸地とつながる前までは島であった。一九三〇年代養馬島には十三ヶ村に九千人の住民が住んでいた。住民の経済活動は半農半漁であって、比較的富裕な住民はジャンク船を所有しながら貿易と運輸業に携わった[19]。楊若桂もそのような部類に含まれた。楊若桂が生まれ育った東中原村は楊建民と楊先譲が生まれたところでも、楊氏家系の故郷でもあった。

ところで、楊若桂が六十歳になった一八七七年頃、養馬島の海岸に停泊してあった楊祥元が鉄製のいかりに刺されて破損する不祥事に遭遇した。船内に海水が流入して船舶が沈水し、積載の小麦などの貨物を全て消失した。楊祥元に生計を依存してきた楊若桂一家の家計経済は突然悪化して債務が累積していった[20]。楊若桂の長男は楊汝祥、次男は楊汝祺であった。楊汝祥は張氏と結婚したが、不幸にも早く世を去った。張氏は舅の楊若桂に真心を込めて仕えながら親孝行した。なお、債務を返すために畑を売り出して昼にも夜にも一生懸命に働いた。楊汝祥と張氏の間に長男の楊輔之と次男の楊翼之が生まれた。張氏はジャンク船による事業はリスクが伴うために、二人の息子には勉強をさせた。

楊翼之は一八六九年に生まれたため、祖父の事業が破綻した一八七七年は八歳の時であった。幼い歳に不幸を経験したのである。《祖業事蹟冊》には楊翼之がどこで商業知識を学んだのか記されていないが、養馬島或いは開港場の煙台であろう。ともかく、二人は地元で商業を起こして、家計の債務を全て清算した[21]。

ところで、楊翼之が開設した裕盛桟は《駐韓使館保存档案》によって確認できる。仁川中華会館が一九〇六年に仁川の主要な華商を調査した資料によれば、絹織物と綿織物を販売する裕盛桟に十一人の店員が勤めていた。当時仁川の華商経営の織物商店は十六ヶ所あった。商店の規模を店員数で考えるならば、裕盛桟は規模のある商店であった。十一人以上の店員を保有する織物商店は瑞盛春（十三人）、永来盛（十二人）、双盛泰（十一人）、錦成東（十一人）しかいなかった。このような規模を有する裕盛桟は、当時の中国の商慣行からみて楊翼之一人で開設したとは思えない。

裕盛桟とほぼ同時期にソウルで開設された養馬島出身の華商である同和東と聚成号の事例を見てみよう。織物商店の同和東の資本主は孫信卿、公晋和、孫夢九、孫嶧山、王儀山であった。雑貨商店の聚成号の資本主は食徳堂、孫方臣、孫嶧山、同聚恒、孫信卿、義元堂、信元堂であった[23]。同和東と聚成号は聯号として同系列の商店であった。両方の商店に資本主として参加した孫信卿、孫夢九、孫嶧山は全て養馬島出身の商人であった。食徳堂は養馬島所在の商店、公晋和は養馬島出身の商人が煙台で開設した商店であった。煙台で開設された山東幇系商店は「資本ハ山東内地即チ彼等カ郷里ノ遊金ヲ利用」[24]することが一般的であったことから、商業が発達した養馬島出身華商が煙台に多数進出していたことが分かる。

楊翼之も上記の同和東と聚成号の如く合夥（合資）で裕盛桟を開設したのだろう。しかし、《祖業事蹟冊》では合夥のパートナーは出てこない。ただ、「裕盛桟商号の創業草創期中国の上海から国産のシルク、夏布、織物類などを輸入して韓国の八ヶ道で販売した。その時、日本とロシアが仁川港沖で開戦して、海上運送の海路が閉ざされた。韓国での各商品の価格は暴騰して、裕盛桟は盛業して莫大な利益を上げた」と記されている。「仁川港沖で開戦」というのは、一九〇四年二月九日仁川港沖でロシア軍艦が日本軍艦によって撃沈されたことを指す。この事件で海路運輸が閉ざされて輸入が出来なくなり、商品の価格が暴騰した。裕盛桟はこの時に在庫商品を高値で販売して多額の利益を上げたのである。事実、このような現象は日清戦争の時にもあった。広東幇系華商の同順泰は日清戦争勃発後に店員の一部が残留したほか、山東省に一時避難していた店員も間もなく朝鮮に戻ってきて、商売を再開した。その時織物をはじめとする商品輸入が途絶されて品物の価格が高騰した。同順泰はこのような供給者中心の市場で高値で商品を売り出して莫大な利益を得た[26]。裕盛桟もそのような幸運を経験したのである。

ところで、裕盛桟は「光緒三四年に東家の間に異見が生じて休業に追い込まれた。翼之公は黒字の利益があって人の紹介で孫家方面と仁川和聚公を合資で設立して営業した」という。孫家方面というのは、孫氏家系の商人を指す。前掲した同和東と聚成号の資本主として参加していた孫信卿、孫夢九、孫嶧山、孫方臣などであろうと推測されるが定かではない。

《祖業事蹟冊》には和聚公の設立が他のところでは一九一二年と記されている。裕盛桟が休業した一九〇八年直後に早速設立されたのか、その四年後に設立されたのかは定かではない。しかし、一九三五年に発行された『仁川華商商会華僑状況報告』の資料では和聚公の設立が一九〇一年と記されている[28]。この設立年は《祖業事蹟冊》に裕盛桟の設立を一九〇三年とした設立年に近い。いずれにせよ、和聚公の設立を裕盛桟の設立まで遡ることは確かである。

ところで、一九一三年に組織された仁川中華商務総会の初代役員のリストの中で、和聚公の林桐が議員として含まれていることが注目される。林桐は山東省寧海県出身で当時四十九歳であった。当時養馬島は寧海県に属されていたため、彼は養馬島出身者のようである[29]。楊翼之は当時四十四歳で林桐が五歳年長者であった。仁川中華商務総会の役員として選出される者は各商店の支配人（経営者）が多かったため、当時は林桐が支配人であったと考えられる。楊翼之が支配人（経営者）として初めて登場するのは一九二一年であるが[30]、一九二四年と二九年には楊子声に代えられていた[31]。再び支配人（経営者）が楊翼之に代えられて変わらない時点は一九三〇年に入ってからである[32]。

一方、和聚公の「営業は依然として上海から夏布、シルクを海運して韓国で販売した。民国元年和聚公を開業してから毎年黒字の利益を上げた。翼之公は得られた多額の利益を和聚公の貿易発展の資金として使用した」という[33]。植民地期朝鮮華商の織物商店は全般的に一九一〇年代と二〇年代前半期までが全盛期であった。上海から英国産の綿織物、特に高級品の晒金巾と中国産の絹織物、麻織物を独占的に輸入して販売することによって、日本人商人を圧迫する勢力を形成していた[34]。

和聚公は朝鮮華商の織物商店の中でも主要な商店として発展した。和聚公の年間売上高は一九二三年に四十万五千円に達した。当時仁川の華商織物商店のうち和聚公の年間売上高を超える商店は徳順福（八十万円）、永来盛（六十万円）の二ヶ所しかなかった[35]。和聚公は各種の織物を上海から直輸入して全国の華商卸売り織物商店と小売り織物商店を通じて販売した。例えば、黄海道載寧郡所在の徳余恒織物商店に卸売りをしていたことが確認される[36]。

3　和聚公の経営危機と活路の模索

和聚公は一九三〇年代に入って経営危機に直面した。《祖業事蹟冊》には「(一九二〇年代)日本が韓国の経済統制して中国から仁川へ輸入される貨物に増税をした。商売はよくなかった」と記されている。[37]「中国から仁川へ輸入される貨物に増税をした」というのは、朝鮮総督府が中国から輸入する織物に対して関税を引き上げた措置を指す。朝鮮総督府は一九二〇年日本と朝鮮の間に統一関税率を適用した。日本は一九一〇年八月西洋列強の介入を意識して、韓国併合を円滑に行うために朝鮮の関税率を十年間据え置きし、以前の関税率をそのまま維持していた。その据え置き期間が終了することを受けて、朝鮮総督府が統一関税率を導入したのである。この措置に伴い日本国内と同率の関税率が適用されたため、中国から輸入する織物の関税率が自然に引き上げられた。その上、朝鮮総督府が一九二四年に中国産絹織物に対して一〇〇%の贅沢品関税を賦課したため、華商は中国産絹織物の輸入を中止せざるを得なかった。朝鮮総督府は華商が独占していた中国産麻織物に対しても漸次に関税を引き上げる一方、日本で製造された人絹が日本人商人によって大量に移入されて、中国産麻織物の販売も減少に転じた。[38]《祖業事蹟冊》が「商売はうまくいかなかった」といったのは、そのような事情を言う。

雪上霜を加えて発生したのが一九三一年に発生した排華事件であった。この事件は華商の織物商店にダメージを与えた。《祖業事蹟冊》はこの部分に一切言及していない。この事件で織物商店の経営者と店員が閉店して大量に本国へ帰国した。満州事変はそのような閉店と帰国に拍車をかけた。朝鮮全域の華商経営の織物商店はくもの巣のようなネットワークを形成していたため、その打撃は甚大であった。農村所在の華商小売店は各府所在の華商卸売商店に掛け売り代金を返済せずに閉店することによって、卸売商店を資金窮迫に陥れた。朝鮮の各銀行は華商卸売

表2　仁川の主要な華商織物商店（1935年）

商号	住所	資本金（万円）	開業年限	経営者	出身地
協興裕	中国街[42] 20	7	18	張殷三	山東省
錦成東	中国街 22	3	3	曲仁瑞	山東省
和聚公	中国街 6	5	35	楊翼之	山東省
永盛興	新町 62	5	2	李仙舫	山東省
徳生祥	仲町 3-2	6	7	郭古栄	山東省
同生泰	内里 212	2	12	許寿臣	山東省
同盛永	内里 215	5	31	沙藺堂	山東省
東聚盛	内里 213	1.5	13	于哲卿	山東省

出典：李正熙・宋承錫、『仁川華僑의社会와経済』、ソウル：学古房、2018、70 ～ 71 頁。

商店への貸付を引き締めて資金融通は一層悪化した[39]。

ソウルと仁川所在の和聚公のような大手織物輸入商店は各地の華商卸売商店と小売商店に商品を掛け売りで販売していただけに、その経営にも大きなダメージを受けざるを得なかった。前掲した徳余恒の経営者及び店員が掛け売り代金を返済せず故郷の黄県に帰国して問題になったことがある。徳余恒が和聚公をはじめとする九ヶ所の織物輸入商店に返却すべき借金総額は四、〇六一・四三円に上った[40]。このような事情により朝鮮全域の華商織物商店のうちほぼ半分が閉店した。ソウルと仁川の華商織物輸入商店も相次いで閉店した。ソウルの瑞泰号、永来盛、徳順福、広和順、仁川の永来盛、徳順福、釜山の瑞泰号などが閉店したのが確認される。

一方、和聚公は閉店せず生き残った。一九三三年中国産麻織物を継続して輸入する主要な華商織物輸入商店は七ヶ所に過ぎなかったが、和聚公はその一つであった[41]。和聚公の輸入量は仁川の裕豊徳、協興裕、釜山の徳聚和に次いで四番目であった。〈表2〉は一九三五年に仁川の主要な華商織物商店をまとめたものである。和聚公は主要な織物商店の八ヶ所のうち最も歴史が古い商店であった。資本金は五万円で三番目に多かった。和聚公が危機を乗り越えて主要な織物商店として生き残れた原因はどこにあっただろうか。

その問題と関連して注目すべきは和聚公が多数の不動産を保有していたことである。[43] 支那町六番地所在の和聚公は九十六坪の敷地にレンガ積み二階建ての建物であった。一九三五年当時の不動産時価では一万円の高値であった。[44] 支那町十三番地所在の三十五坪敷地のレンガ積み二階建ての建物の時価は八千円であった。[45] 六番地の不動産所有者は和聚公と楊翼之、十三番地の不動産は和聚公と王紹西の共同名義になっていた。また、仁川府花水里七番地にも五、〇六六坪（時価二、五〇〇円）の不動産が和聚公と楊翼之の共同名義で登記されていた。このように和聚公は仁川府に総五、一九七坪、時価二〇、五〇〇円の不動産を保有していた。[46] 当時仁川華僑が保有していた不動産は総一六、二九五・五坪、時価総額八十四万円であったため、和聚公と楊翼之保有の不動産は総坪数の三一％、総時価額の二・四％を各々占めていた。仁川所在の織物商店のうちでは時価基準では協興裕十五万円・一四三坪、裕豊徳二・九万円・二一九坪に次ぐ三番目であった。協興裕と裕豊徳も一九三〇年代初期の経営危機を乗り越えた織物商店であった。

もう一つ注目すべきは楊翼之一家と和聚公が仁川の華商に投資をしていたことである。《祖業事蹟冊》の最後のところに楊翼之一家が仁川の中華料理店と商店に投資したことが記されている。「共和春の株券は朝鮮戦争時に焼失された。共和春は株主帳簿を持っているため、それを裏付けられる。楊勵堂が保存していた共和春株券一枚は韓国戦争時に焼失したが、民国五一年に焼失した株券一枚を于鴻章が証書を作成して、呂季直に要請して保証の印鑑を押してもらい、焼失の株券を売り渡した。……楊建民が価格を協議して韓貨四十万ウォンと換えた。[47]」

共和春は仁川を代表する華商経営の中華料理店であった。于希光などが合夥で設立した料理店で一九三五年の資本金は五千円であった。一九四二年の経営者は于希光の息子である于鴻章に代わっていた。共和春は朝鮮解放後仁川最高の中華料理店として名を馳せたが、経営不振で一九八三年に閉店した(48)。楊勵堂は楊翼之で、彼の字が楊勵堂であった。彼は共和春の株式に投資して株券一枚を保有していたが一九四三年に死亡した。楊建民がその株券を受け継いで株券を持っていたところ、朝鮮戦争時に株券を焼失したという。一九五〇年九月に行われた仁川上陸作戦で彼が居住する善隣洞一帯が艦砲爆撃の被害を被ったため、その時に株券が焼失したのだろう。

該当の株券がどのようなものであったかは知るすべがない。しかし、共和春を改装して開館した「じゃじゃ麺博物館」には一九二二年一月十五日発行の株券が展示されていて、それと類似した株券であったと思われる。展示品は于希光に発行された株券である。発行側は仁川華商共和春股份有限公司と記載され、額面価は一〇〇円であった。株券に記載された共和春の役員は総理人は王心甫、副理人は畢明斎、経理人は于希光であった(49)。

《祖業事蹟冊》には「共和春は父の事業を継承して約十年過ぎたが、帳簿の清算をしておらず、社外株券の評価額の返還に迫られていた」と記されている(50)。すなわち、初代経営者の于希光が一九四九年に亡くなって于鴻章が新しい経営者になって約十年が過ぎたにもかかわらず、いまだに東家の株主に対する帳簿清算が行われなかったのである。于鴻章本人も、朝鮮戦争休戦直後共和春の営業を再開しようと以前発行された株券を買い入れる時点と、楊建民が父親の共和春の株券を売り渡した時点がほぼ一致する(51)。

楊建民は、このような経緯で経営者の于鴻章と話し合いを通じて、楊翼之投資の共和春株券一枚を韓貨四十万ウォンで売り渡したのである。于鴻章は一九六〇年に初代仁川華僑協会長に選出された人物で、仁川地域社会の有力者でもあった。株券の保証人になった呂季直は仁川万和鋳物工場の経営者で、仁川華僑自治区の区長、仁川華僑学校の理事長などを歴任した華僑社会のリーダーであった(52)。

ところで、楊翼之は共和春の東家として参加していただけでなく、共和春の不動産買入れにも加わっていた。共和春は一九一七年旧暦三月七日（新暦四月二十七日）に当時支那町三十八番地の義源興宅を五、二〇〇円で買入れた。この不動産の買入れに出資した華僑及び商店は元和桟三、〇〇〇円、共和春六〇〇円、宋蔭南二〇〇円、宋匯川二〇〇円、孫金甫四〇〇円、楊勵堂二〇〇円、官文軒二〇〇円、王心甫二〇〇円、牟義堂二〇〇円であった。楊勵堂は楊翼之である。彼はこの不動産買入れに参加したため、共和春より受け取る賃借料のうち配当金が割り当てられたことだろう。

以上の議論を通じて、楊翼之一家と和聚公は仁川華商経営の中華料理店に東家として参加していたことを確認できる。その外にも東和昌という雑貨商店の株主としても参加していたことが《祖業事蹟冊》に記されている。仁川の華商は自分の商店のみならず、他の商店にも株主として投資を行っていた。すなわち、華商の間には相互出資の慣行があって、このような関係は相互関係をより一層密接にする役割を果たした。このような楊翼之及び和聚公による他の華商への投資、不動産への投資は経営危機に瀕していた和聚公の経営安定に少なからぬ寄与をしただろう。なぜなら、一九三一年に発生した排華事件後、各銀行は各華商に従来の信用貸付から担保貸付に切り替えて資金窮迫に追い込まれて倒産する商店が相次いだが、和聚公は担保になりうる不動産と華商へ投資した株券を多数保有していたため、経営危機をうまく克服したのである。しかし、和聚公を取り巻く対外経営環境は厳しさを増していき、活路を模索することになる。

二　和聚公の「満州」投資

1　和聚公油坊及び英米煙公司代理店の設立

和聚公は一九三〇年代に商号を和聚昌に変えて既存の株主構成に変化が生じた。《祖業事蹟冊》には「民国二十二年に至り和聚公は休業した」と記されている。[54]休業により合夥で設立された和聚公は出資者の資本金清算をして、「民国二十二年から父親翼之公は再び仁川和聚昌を設立させ、夏布とシルクを販売した。自分の資本金は日本貨幣で四万円であった[55]」という。〈表2〉の和聚公の資本金が五万円であったため、総資本金の八割が楊翼之所有のものであったことになる。つまり和聚昌は楊翼之所有の織物商店に他ならなかった。

ところで、ここで一つ問題がある。一九三三年に和聚公から和聚昌へ商号が変更されたというが、そうではない事実を記した資料もある。〈表2〉の仁川華商商会の一九三五年の資料では、依然として和聚公の商号が使われているし、大阪所在の民間信用調査会社の商業興信所発行の『商工資産信用録』の一九三六年四月調査でも和聚公の商号がそのまま使われている。[56]和聚昌の商号が『商工資産信用録』に初めて登場するのは日中戦争以後である。[57]このような事実は楊建民の《祖業事蹟冊》が一貫して一九三三年に商号が変わったと記されていることと矛盾する。しかし、和聚公が朝鮮華商を代表する織物輸入商店として知られていて商号を和聚昌に変えた後もそのまま和聚公の商号を使用した可能性がある。

一九三三年和聚公から和聚昌へ商号を変えた頃、楊翼之は「満州」に積極的に投資を行うことになる。《祖業事蹟冊》には「仁川和聚公は全ての資本をハルビンの和聚公製油工場へ移転して、帳簿上に収入として上げて、大豆の買入流通資金として使用した」という。[58]そして、「父親が創業した家業の財産は巨万の富であった。……長男の建民を中国東北ハルビンに派遣して工場の和聚公油坊を設立した。資本金は上海規銀四万両であった。和聚公の財産は全てハルビン香坊東号四街の和聚公油坊へ帰属され、本業となった[59]」という。

この内容をまとめてみると、楊翼之は和聚公が休業すると自身が築いてきた財産全てをハルビン香坊東号四街に投資して和聚公油坊を設立したという。工場は大規模ではなかった、製造業に投資を行ったことが興味深い。なお、朝鮮華商の織物輸入商店が経営危機に直面していた時点で、楊翼之がハルビンに大豆の製油工場に果敢な投資を行ったことが注目される。しかし、和聚公油坊が楊翼之個人によって設立されたとは思えない。当時の商慣行を考えると同郷出身の華商と合夥で設立されたのだろう。

楊翼之が和聚公油坊をハルビンで設立した背景は何だろうか。それを明らかにするためには近代ハルビンの地域経済について見る必要がある。ハルビンは中東鉄道と松花江水路が交差する地点に位置した交通の要衝で、最初はロシアが開発した都市であった。ハルビンの主要な輸出品は大豆関連の製品（大豆、豆油、豆餅）であった。ハルビン付近で大豆が大量に栽培されたこと、世界市場で豆餅肥料に対する需要が急増したことが相まって、大連に次ぐ豆油生産基地として発展した。一九二〇年のハルビンでは外資系豆油工場が八ヶ所、民族系豆油工場が三十二ヶ所稼働していた。「満州国」樹立後、ハルビンは日本当局の計画によって都市建設計画と投資が行われ、さらなる発展を遂げることになる。一九三四年にハルビンの人口は約四十八万人で奉天（瀋陽）とともに「満州国」では人口が最も多い都市として発展した。「満州国」は一九三三年にハルビンを都市計画の一環としてハルビン特別市公署を設立し、「満州」第二の都市として建設する計画を推進した。「満州国」を実質的に統治していた日本は、一九三四年までハルビンで一・一億万円を製粉業、醸造業、製糖業と卸売市場などの商工業に投入した。特に、香坊地域などを新しい工業地区として開発した。(60)

要するに、楊翼之が和聚公油坊をハルビンで設立した背景には、ハルビン発展の見込みと豆餅などの生産で高い収益を上げることが期待されたからである。特に和聚公油坊が位置した香坊は新しく開発された工業地区であった。

しかし、重要な和聚公油坊の経営と実績に関する内容は《祖業事蹟冊》には残念ながら言及されておらず、その実態を具体的に把握することはできない。

ハルビンの和聚公油坊は日本敗戦直後稼働中止となった。《祖業事蹟冊》にはその過程を次のように述べている。「日本天皇投降後もう一つの省の領土はソ連に接収された。本人の建民はハルビンを離れて仁川へ避難に来た。その時家族もハルビンに残しておいてきた。母親は山東の故郷の家が日本軍人によって攪乱されて不安であったため、ハルビンへ避難に来て居住していた。長男の嫁である黄氏は母親と一緒に暮らしていたが亡くなった。……母親は民国四一年旧暦三月二十八日に死亡した。ハルビンの山東義地に葬られた[61]。」

このような《祖業事蹟冊》の記述は和聚公油坊が稼働中止をする当時ハルビンの時代状況とほぼ一致する。ソ連は一九四五年八月八日対日宣戦布告をして、九日に一〇〇万人のソ連軍が「満州」各地の日本関東軍を武装解除した。ハルビンがソ連軍に占領されたのは八月十八日であった。中国共産党がソ連軍の協力を得て十月一日ハルビンに松江省政府を樹立して統治したが、中国国民党軍隊の反撃で一九四六年一月一日に奪還された[62]。しかし、その年四月二十八日に中国共産党の軍隊によって再びハルビンが占領された。したがって、楊建民が和聚公油坊の工場稼働を中止して仁川へ避難したのはその頃であったと推定される。

一方、楊翼之の次男である楊子平（本名は楊従和）は奉天でタバコ販売代理店を設立した。《祖業事蹟冊》には楊子平について次のように記述している。「私の弟は幼い十四歳の時に山東煙台毓璜頂所在の米国（人）教会運営の実益学館（後に益文学館へ校名が変わる）の英文課程に入学して勉強した。十九歳の時に卒業し、志があって一人で東北遼寧省へ行った。英米煙草公司に就職して会計を担当された。業務処理をよくして厚い信望を得て、英国人田克大総辧は自身の代理とさせた。彼は遼寧省各地にタバコ販売拡張のために商店を設立した。子平の販売商店は毎月二千箱を販売し、毎月現在の大洋約一万元の利益を獲得した[63]。」

楊子平が卒業した実益学館は一八六六年米国人宣教師の郭顕徳博士によって設立された煙台最初の新式商業専門学校であった[64]。彼が実益学館卒業後就職した会社は奉天の英米煙公司（British American Tobacco,B.A.T）であった。英米煙公司はJ・B・デューク（J.B.Duke）経営の米国煙草公司と英国の帝国煙草公司が合併して誕生した多国籍企業であった。この企業の中国進出は一九〇二年上海に拠点を設置して、一九一九年には中国現地で工場を稼働した。英米煙公司は中国進出後販売を拡大して中国煙草市場を独占することになる。中国で一九二三年から一九四一年の間に販売された煙草のうち英米煙公司の製品が占める割合は六〇～八〇％に上った[65]。英米煙公司が奉天に「満州」総店を開設したのは一九〇二年、工場を設立したのは一九〇八年であった。楊子平が奉天の英米煙公司に入社した一九一六年は、「満州」へ先に進出した日本の東亜煙草会社と競争するために積極的な販売戦略を展開していた時であった。市場拡大のために中国人特約店と卸売商店を開設し、これらの商店に奨励金を支給した[66]。

このような英米煙公司の販売戦略は《祖業事蹟冊》に「遼寧省各地にタバコ販売拡張のために商店を設立した[67]」という内容と一致する。しかし、楊子平が業務処理をよくして田克大総辦の代理として委任されたことはやや誇張されたようである。一九三〇年を基準としても彼は三十三歳にすぎなかった。いくら能力が優れていても、この歳に大都市に所在した英米煙公司の大総辦の代理に委任されたことは納得しがたい。いずれにせよ、楊子平が会社の市場拡大を果たして経営者の厚い信望を得たのは確かであろう。一方、楊子平は英米煙公司の特約店である泰豊号を設立して経営していた。泰豊号は合夥で設立された商店で和聚公の資本も投入された。その販売は非常に順調であったという。

ところで、「突然愛国心が発動して民国二〇年以後中国共産党員として参加した。遼寧省瀋陽市口辺西門外三徑路に党部が成立して党員を募集した。日本盗賊の野心は予期せぬ中国東北三省の領土を侵略して中国人愛国志士に危害を加えた。民国二十四年二月、子平は日本盗賊の憲兵隊に逮捕されて監禁の身となった。その年七月七日に至ると子平を市街行進させて群衆の前で殺した。経理の営業と特約店の泰豊号は日本盗賊と結託した商人泰東洋行に奪取されて利益を図られた[68]。」

楊子平が中国共産党員として抗日活動で死亡した事実は楊先譲によって立証された。《祖業事蹟冊》を入手した楊先譲は叔父の抗日活動を裏付けるために努力した。その結果、楊子平は一九二九年中国共産党に入党して奉天特委財務部長になった。彼は財務部長として党員の抗日活動を積極支援する活動を展開したこと、一九三六年四月に当局に逮捕されて八月二十日に公開処刑されたことを明らかにした。

《祖業事蹟冊》は楊子平の中国共産党入党を「一九三一年以後」と記しているが、実際はそれより二年ほど早かったのである。逮捕された時点は一九三五年二月、公開処刑されたのは八月と記されていたが、実際はそれより一年遅い一九三六年八月であった。楊建民が《祖業事蹟冊》を書いたのが、この事件が発生して三十年が経った後であることを考えれば殆ど正確である[70]。

楊建平は弟が逮捕された直後、弟の釈放と泰豊号の処理のためにハルビンから急いで奉天に行った。《祖業事蹟冊》は奉天到着後の自分の活動を次のように述べた。「その年、私の弟は囚人となって殺害された。公司販売部の英国人李斯特は公司の各タバコ関連の債務を追及した。私は公司事務室に招待されてタバコ関連の債務の件について議論した。小売商に掛け売り金の返済を督促したが、うまくいかなかった。私はハルビンの和聚公油坊から持ってきた現洋四万元で、不足する公司のタバコ関連債務の臨時維持費として充てた[71]。」結局、楊子平の死亡で泰豊号も閉店を余儀なくされたのである。

2　和聚公の没落

和聚公から商号を変えた和聚昌は一九四三年まで引き続き営業をした。一九四二年和聚昌の店員リストは〈表1〉によくまとめられている。楊翼之が主人、曲信之が支配人として実際の経営を担当していた。店員の出身地は全て山東省であって、山東省の中でも楊翼之と同郷の牟平県出身であった。呂譜文だけが福山県出身であったが、福山県は牟平県の隣の県であった。当時、朝鮮華商経営の商店は経営者及び支配人が自分の同郷から連れて来るのが一般的であった。店員の年齢は三十代が四人、二十代が四人、十代二人であった。

〈表3〉は一九四二年の主要な仁川華商十一ヶ所の現況をまとめたものである。和聚昌の店員数は十人であったため、永盛興と徳生祥十七人、同盛永十六人、双盛興十五人、誌興東十四人に次ぐ六番目に多かった。店員数を基準とするならば、和聚昌より以前年間売上高がはるかに少なかった永盛興、徳生祥、同盛永、双盛興、誌興東に逆転を許されたのである。なお、商業興信所が一九四一年に調査した『商工資産信用録』によれば、和聚昌の売上高は四十〜四十五万円で永盛興の一〇〇〜二〇〇万円、誌興東の五十〜七十五万円より少なかった[72]。和聚公の資本をハルビンの和聚公油坊へ投資した影響がそのまま反映されたと考えられる。

各仁川華商の織物商店の経営者は全て山東省出身であった。県別に分けてみると、楊翼之のように牟平県出身が四人で最も多く、掖県（現在の莱州）出身が三人、黄県・蓬莱県・栄成県出身が各々一人であった。これをもって仁川所在織物商店の経営者はほとんど山東省東海岸の沿海地域出身であることが確認される。経営者の年齢は楊翼之が最高齢の七十四歳、六十代が二人、五十代が二人、四十代が三人、三十代が三人、二十代が一人であった。

ところで、和聚昌が一九四三年に突然閉店した。経営者の楊翼之が旧暦一九四二年十二月二十日（新暦一九四三

表3　仁川華商の経営者及びその出身地（1942年）

商号	経営者	店員人数	出身地	生年	住所
和聚昌	楊翼之	10	牟平県	1869（74）	弥生町6番地
裕豊徳	王志軒	10	蓬莱県	1911（32）	弥生町17番地
同盛永	王棟堂	16	黄県	1880（63）	弥生町4番地
天合桟	周錫九	9	栄成県	1876（67）	弥生町20番地
誌興東	王少楠	14	牟平県	1901（42）	花房町20番地
徳盛興	郭鴻童	11	掖県	1915（28）	仲町3丁目2番地
永盛興	李仙舫	17	牟平県	1892（51）	新町62番地
天順裕	王伝□	5	牟平県	1904（39）	西京町213番地
双盛興	林豊年	15	莱陽県	1896（47）	西京町213番地
同生泰	李文珍	11	掖県	1894（49）	西京町212番地
徳生祥	郭古栄	17	掖県	1884（59）	西京町212番地

出典：仁川華商商会、『華僑領取小麦粉詳細表』、仁川市立博物館所蔵、1942.4.。

年一月二十五日）に亡くなった。次男の楊子平の悔しい死に精神的なダメージを受けた影響もあっただろうが、年齢から見ると老いの病で逝去したと見られる。楊翼之が死亡して間もなく閉店したのである。

《祖業事蹟冊》にはその原因に対して、「民国三十二年日本刑事によって検挙・逮捕された楊従謂が獄中で死亡した。これと連累された和聚昌の商売は蹂躙されて、営業を停止して閉店した」と記した。楊従謂は〈表1〉に店員として登場するその人物である。彼が逮捕される当時の年齢は三十九歳であって、楊建民とは同郷の親戚であった。楊先譲が訪韓の際に鞠柏嶺顧問に「叔父が思想問題で逮捕されて病死した」[73]と話したという。

《祖業事蹟冊》と楊先譲の証言は朝鮮総督府の資料で裏付けられる。韓国の国史編纂委員会が所蔵している《京城地方法院刑事事件

記録二六五　中共八路軍系謀略団日東会事件》資料に、楊従謌が一九四三年四月頃日東会事件の嫌疑で逮捕されたことが記されている。日東会というのは、仁川居住の山東省出身華僑のうち二十一人が組織した中国共産党関連の抗日団体で、一九四〇年二月二十二日から一九四三年四月二十四日まで約三年間放火十二件、軍事機密提供二件などを行い、六十八万円の財産損害を与えた。[74]

その資料に楊従謌は和聚昌の店員、出身地は牟平県養馬島東中原村、居住地は和聚昌の住所である弥生町六番地と出ている。[75] 年齢は四十二歳と出ていて、《祖業事蹟冊》の三十九歳と三歳の差がある。上記の朝鮮総督府の資料と〈表1〉、《祖業事蹟冊》の記述はほぼ一致することが判明される。しかし、朝鮮総督府の資料には楊従謌が獄死した事実は出てこない。

ところで、日東会事件で逮捕された仁川華僑のなかでは楊従謌以外にもう一人の和聚昌店員がいた。孫建治という人物である。彼は一九二〇年牟平県養馬島孫家□に生まれて、故郷で小学初級と高級の八年過程を終了した。一九三六年の春に朝鮮へ移住して、黄海道新川郡新川邑武井里所在の父親孫日志経営の織物商店恒昇和に入った。一九三九年に和聚昌の店員として移った。彼は同郷の知人である孫徳進の紹介で日東会に加入した。彼は一九四〇年五月十四日に日本人住宅放火、一九四二年煙台で王秉経を日東会に加入させた活動、一九四三年四月二十三日に仁川税関倉庫爆破事件に関与したことで逮捕された。[76] しかし、《祖業事蹟冊》には孫建治に関して一切言及されていない。いずれにせよ、和聚昌は店員二人が日東会事件で逮捕されたことは、経営に大きなダメージを与えたことは想像しうる。

楊建民は和聚昌閉店の原因を店員の抗日活動で求めたが、それだけが原因ではなかった。仁川華商の織物商店のうち和聚昌のみが閉店したのではなかったためである。〈表3〉に登場する織物商店ほとんどが日中戦争末期に閉店を余儀なくされた。生き残った一部の織物商店も瀕死状態に陥っていた。朝鮮総督府は戦時統制経済を強力に推進した。戦時の状況で織物の生産量が減少したばかりか、生産された織物も軍需用に優先配分された。なお、民需用織物も配給制が実施されると華商の卸売織物商店は小売商店に転落し、商店の強制統合による閉店も行われた(77)。一九四三年に閉店された和聚昌は解放後再び営業を再開できなかった。四十年に亘った和聚公の歴史は幕を閉じたのである。

楊建民は《祖業事蹟冊》に閉店の心境を「国があってこそ家があり、国の基が不安定であれば、人民の財産をどう守れるか(78)」と嘆いた。山東省養馬島から始まって仁川で本拠地を置きながら東北アジアを舞台に経営活動を展開した和聚公も、結局時代の政治的波高を乗り越えられなかった限界をよく表現した言葉である。

おわりに

我々は楊建民が書いた《祖業事蹟冊》を通じて山東省養馬島出身の楊氏一家の朝鮮移住と和聚公が東北アジアを舞台に展開した経営活動を検討した。検討結果、明らかになった事実は次のようである。

和聚公は一九〇三年に仁川清国租界で裕盛桟という商号で楊翼之をはじめとする山東系華商によって合夥で規模のある織物商店として設立された。資本出資者の東家の間に異見が存在して裕盛桟が休業を余儀なくされ、一九一〇年を前後する時期に和聚公として再出発した。楊翼之は一九一〇年代と一九二〇年代には和聚公の実質的な経営者として経営活動しておらず、一九三〇年代に入ってからそのような地位になった。和聚公は一九三〇年代に経営危機に直面して商号を和聚昌に変え、楊翼之が和聚昌の資本総額の八割を占めて、事実上楊翼之が支配株主の織物商店となった。和聚公は上海から麻織物、絹織物、綿織物などの織物を輸入して朝鮮各地に散在する華商経営の卸売商店と小売商店を通じて販売しながら有力な織物輸入商店として発展を遂げた。

和聚公は一九三一年の朝鮮華僑排斥事件直後に資金の流動性危機に直面したが、豊富な不動産保有と仁川華商に行った投資資金があって、この危機を乗り越えられた。そして、和聚公は朝鮮における織物商店の経営が限界に直面していることと判断して、「満州」への投資から活路を開こうとした。和聚公はハルビンに多額の資本金を注ぎ込み、和聚公油坊を設立して豆餅などを生産した。楊翼之はこの工場に長男の楊建民を派遣して経営に当たらせた。なお、楊翼之は次男の楊子平が奉天の英米煙公司の職員として働いたことを契機に、公司の特約店である泰豊号を次男とともに設立して、経営が順調であった。しかし、楊子平が中国共産党に入党して党員の抗日活動を財政的に支援していたことが発覚されて、結局当局に逮捕されて公開処刑された。この事件によって泰豊号は閉店を余儀なくされた。

日中戦争時期、和聚昌は店員数と年間販売額において他の華商織物商店に逆転を許されたばかりか、経営活動は停滞していた。楊翼之一家は経営の軸足を仁川からハルビンと奉天へ移したためである。さらに、朝鮮総督府による戦時統制と織物の配給制が実施されて、和聚昌の経営は一層萎縮した。和聚昌店員の楊従謌と孫建治が抗日組織の日東会に加入して抗日活動を展開した嫌疑で逮捕されると、商店を閉店せざるを得なかった。一方、和聚公油坊は、日本の敗戦後、ハルビンがソ連軍、中国共産党の軍隊、中国国民党の軍隊に占領される不安定な政治下で、正常的な工場稼働をすることができず、稼働中止を余儀なくされた。これをもって和聚公の歴史は完全に幕を閉じることになる。

以上の検討により、山東幇系華商の和聚公は山東省の養馬島、煙台、上海、奉天、ハルビンという東北アジアを舞台に経営活動を展開していたことが初めて明らかになった。広東幇系朝鮮華商の同順泰が上海、香港、横浜、「満州」などをネットワークに活発な経営活動を展開したことと類似している。しかし、和聚公も同順泰も東アジアに吹き付けられた戦争の高波を乗り越えられなかった。

注

(1) 本稿は次の韓国語論文を大幅に修正・加筆したことを明らかにしておく。李正煕「近代朝鮮華商和聚公의経営活動――『祖業事蹟冊』을根拠로」『東洋史学研究』第一五二輯、ソウル、東洋史学会、二〇二〇年九月、三三七～三七〇頁。

(2) 主要な研究成果は次のようである。李正煕『朝鮮華僑と近代東アジア』京都大学学術出版会、二〇一二年。李正煕『韓半島華僑史』ソウル、동아시아、二〇一八年。

(3) 李正煕（二〇一八）前掲書、一八～六三九頁。

(4) 李正煕（二〇一二）前掲書、一～二一〇頁。

(5) 姜抮亜『同順泰号：東아시아華僑資本과近代朝鮮』大邱、慶北大学校出版部、二〇一一年。姜抮亜『移住와流通으로본近代東아시아近代史』ソウル、亜研出版部、二〇一八年。姜抮亜『東亜華僑資本和近代朝鮮』広州、広東人民出版社、二〇一九年。

(6) 石川亮太『近代アジア市場と朝鮮』名古屋大学出版会、二〇一七年。

(7)《同順泰文書》は二〇一九年七月に広州所在の広東人民出版社によって復刻出版された（周湘・柏峰編『韓国首尔国立大学蔵同順泰号文書』広州、広東人民出版社、二〇一九年）。

(8) 楊建民『祖業事蹟冊：楊建民備忘録』一九六六年。

(9) 当時、仁川華僑小学の校董会の構成は次のようである。董事長は林耕宇駐京城総領事館総領事、董事は王建功駐仁川辦事処主任、王成鴻仁川南幇会館理事長、孫景三仁川華商商会主席、郭華亭仁川華商商会常務理事、沙蕭堂山東同郷会館会長、李仙舫・孫志軒・王少楠・王興西・趙甸侯山東同郷会館副会長、名誉董事は楊建民とともに譚徳文・趙星舫・王香濤・柳楽堂などであった（駐仁川辦事処、〈仁川辦事処轄境内僑務概況〉、「駐京城総領事館半月報告」、『汪偽僑務委員会檔案』、南京第二歴史檔案館所蔵（管理番号二〇八八―三七三）、一九四二年。仁川清国租界は一九一四年四月一日の租界撤廃後に仁川府支那町、一九三六年に弥生町、朝鮮解放直後は善隣洞に、名称が各々変わった。

(10) 楊先譲は《祖業事蹟冊》に自筆で家族関係を次のように書いて置いた。「妻黄宝蘭生於光緒一八年　長子楊先温　次子楊先良　幼子楊先譲　長孫楊国泰　次孫楊国興　幼孫楊海郎」。楊建民の夫人の名前は黄宝蘭であることが分かる。生年は光緒一八年（一八九二年）と書いたので〈表1〉と正確に一致する。

(11) 楊先譲は「Baidu」の自分の経歴欄に生年を一九三〇年と紹介していて、〈表1〉の仁川華商商会の資料とは異なる。一九二九年十一月十六日は旧暦、一九三〇年は新暦を基準としたと思われる（Baidu 人物検索 https://baike.baidu.com/item/杨先让、検索日二〇二〇年十月二日）。

(12) 一九三〇年代朝鮮美術展覧会に出品された作品のうちチャイナタウンを描いて入選された作品が少なくなかった。米沢康司の作品「家」、海老原覚太の作品「支那町」（一九三二年第十一回）、伊与田温の作品「支那町」（一九三三年第十二回）、内海辰三の作品「支那街」（一九三三年第十二回）、鮫島高麗男の作品「支那町風景」（一九三五年第十四回）などがある。これらの作品は支那町の清日租界境界階段の近所で構図を定めた作品がほとんどである（朴석태「仁川을보는또다른視覚」『작가들』通巻第一号、仁川作家協会、二〇一九年、二八一～二九一頁）。

(13) 張玉搖「〝島里人〟楊先譲」『北京晩報』二〇一六年十二月二十七日。

(14) 路艶霞「八九歳楊先譲回憶〝黄河十四走〟」『北京日報』二〇一九年十一月三日。

(15) 宋承錫・李正熙『仁川에잠든中国人들』ソウル、学古房、二〇一五年、一一四～一二〇・一六七～一七六頁。一九七八年当時万寿洞の中華義地に埋蔵されていた華僑墓地は縁故のある墓地一三九一基、無縁故の墓地一四八二基であった。その後、仁川家族公園墓地へ移葬された。

(16) 楊陽教授は父親の楊先譲と一緒に中国民間伝統芸術、版画と関連して次のような著作を残した。楊先譲・楊陽『黄河十四走　民芸考』作家出版社、二〇〇三年。楊先譲・楊陽 編著『中国郷土芸術』新世界出版社、二〇〇〇年。

(17) 鞠柏嶺顧問インタビュー（二〇一九年十月二十二日、二〇二〇年七月二十二日）。祭文は楊先譲によって二〇一二年四月八日に作成された。

(18) 楊建民『祖業事蹟冊：楊建民備忘録』一九六六年。
(19) 航業聯合協会芝罘支部『昭和十四版　芝罘事情』航業聯合協会芝罘支部、一九三九年、一九四頁。
(20) 楊建民『祖業事蹟冊：楊建民備忘録』一九六六年。
(21) 楊建民『祖業事蹟冊：楊建民備忘録』一九六六年。
(22) 仁川中華会館→駐仁川領事館、一九〇六年四月、〈仁川本業港興商号戸口人数〉、「華商人数清算……各口華商清冊」、『駐韓使館保存档案』、台湾中央研究院近代史研究所所蔵（管理番号 02―35―041―03）。その他織物商店及び店員数は次のようである。徳順福十人、義源興十人、仁来盛十人、西公順十人、源生東十人、徳増祥八人、公源厚七人、東昌興七人、裕盛号七人、同順泰六人、順成恒五人。
(23) 仁川税関長→駐朝鮮中華民国総領事、一九一四年六月二十九日、「華商調査」、『駐韓使館保存档案』、台湾中央研究院近代史研究所所蔵（管理番号 02―47―021―02）。
(24) 外務省通商局『在芝罘日本領事館管内状況』外務省通商局、一九二一年、四二頁。
(25) 楊建民『祖業事蹟冊：楊建民備忘録』一九六六年。
(26) 姜抮亜（二〇一八年）前掲書、一七一～一九四頁。
(27) 楊建民『祖業事蹟冊：楊建民備忘録』一九六六年。
(28) 李正熙・宋承錫『仁川華僑의社会와経済』ソウル、学古房、二〇一八年、七〇頁。
(29) 李正熙・宋承錫（二〇一八年）前掲書、九七頁。
(30) 商業興信所『明治大正期　商工資産信用録』第十二巻（大正十年）(下)、クロスカルチャー出版、二〇〇九年。
(31) 商業興信所（二〇〇九年）前掲書。商業興信所『第三十回 商工資産信用録』商業興信所、一九二九年、一一～一九頁。
(32) 商業興信所『第三三回 商工資産信用録』商業興信所、一九三二年、一～五頁。
(33) 楊建民『祖業事蹟冊：楊建民備忘録』一九六六年。
(34) 李正熙（二〇一二年）前掲書、三一～一四八頁。
(35) 朝鮮総督府『朝鮮に於ける支那人』一九二四年、一〇四頁。

(36) 京城中華商会→駐朝鮮中華民国総領事、一九三二年二月九日「僑商債務糾糾案」『駐韓使館保存档案』台湾中央研究院近代史研究所所蔵（管理番号 02—47—218—14）。

(37) 楊建民『祖業事蹟冊：楊建民備忘録』一九六六年。

(38) 楊建民『祖業事蹟冊：楊建民備忘録』一九六六年。

(39) Michael KIM, "The Hidden Impact of the 1931 Post-Wanpaoshan Riots: Credit Risk and the Chinese Commercial Network in Colonial Korea", Seoul: Sungkyun Journal of East Asian Studies, Vol.10 No.2"2010. 李正熙（二〇一八年）前掲書、一八八～二一六頁。

(40) 京城中華商会→中華民国駐朝鮮総領事、一九三二年二月九日、前掲資料。掛け売り代金を返済してもらえなかった織物輸入商店は京城の錦成東八五四円、裕豊徳六〇一・九四円、徳順福三四六・八八円、仁川の錦成東七一一・五二円、復成桟七〇四・六二円、和聚公三四八・六三円、永来盛二五五・一五円、徳順福一六一・二六円、協興裕七十六・三三円であった。

(41) 駐釜山領事館報告、一九三四年、「本年朝鮮中国麻布市況及其回顧」（復刻版、中国第二歴史档案館編『南京国民政府外交部公報』第七巻第八号、江蘇古籍出版社、一九九〇年、九六～九七頁）。

(42) 「中国街」は「支那町」を指す。仁川華僑は支那町という名称を好まなく仁川府に名称変更を何回も請願をしたが受け入れられなかった。仁川華僑はやむを得ず自ら「中国街」という名称を使用していた。仁川府は日中戦争勃発を前後して華僑と何の関係のない「弥生町」という名称に換えた。

(43) 李正熙・宋承錫（二〇一八年）前掲書、一八一～一八四頁。

(44) 仁川市中区庁発行の土地台帳によれば、支那町六番地の土地は一九一四年の租界撤廃時に所有者が楊勵堂（楊翼之の字）と記載されていたが、一九三四年二月一日には本名の楊翼之に変更された。そして、楊翼之が死亡した一九四三年十月二十六日には所有者が楊従中（楊建民）に変更された（仁川市中区庁『善隣洞六番地土地台帳』二〇一六年十月十七日）。

(45) 仁川市中区庁発行の土地台帳によれば、支那町十三番地の土地は元来華商王銘先が永代借地権者であった。しかし、土地台帳には楊翼之が所有主になっていなかった。朝鮮解放後、この土地は楊順成、楊従和へ者が変更されていた（仁川市中区庁『善隣洞十三―一、十三―二番地土地台帳』二〇一六年十月十七日）。

(46) 李正熙・宋承錫（二〇一八年）前掲書、一八一～一八四頁。
(47) 楊建民『祖業事蹟冊：楊建民備忘録』一九六六年。
(48) 李正熙・宋承錫・宋伍強・鄭恩娃『韓半島華僑事典』ソウル、인터북스、二〇一九年、四二～四三頁。
(49) 韓東洙「仁川清国租界地内共和春의歴史変遷에関한研究」『中国学報』六十、韓国中国学会、二〇〇九年、三七八頁。
(50) 楊建民『祖業事蹟冊：楊建民備忘録』一九六六年。
(51) 韓東洙、前掲論文、三七八頁。
(52) 李正熙・宋承錫・宋伍強・鄭恩娃、前掲書、二四六頁。
(53) 韓東洙、前掲論文、三七九～三八〇頁。
(54) 楊建民『祖業事蹟冊：楊建民備忘録』一九六六年。
(55) 楊建民『祖業事蹟冊：楊建民備忘録』一九六六年。
(56) 商業興信所『第三八回　商工資産信用録』商業興信所、一九三七年、外国人一～六頁。
(57) 商業興信所『第四二回　商工資産信用録』商業興信所、一九四一年、外国人一〇～一九頁。
(58) 楊建民『祖業事蹟冊：楊建民備忘録』一九六六年。
(59) 楊建民『祖業事蹟冊：楊建民備忘録』一九六六年。
(60) 曲暁范著・朴佑訳『中国東北地域都市史研究：近代化와植民地経験』ソウル、진인진、二〇一六年、一八〇～二〇九・三五五～三九六頁。
(61) 楊建民『祖業事蹟冊：楊建民備忘録』一九六六年。
(62) 曲暁范著・朴佑訳、前掲書、三九七～四三六頁。
(63) 楊建民『祖業事蹟冊：楊建民備忘録』一九六六年。
(64) この学校は一九二〇年に煙台私立益文商業学校、一九二九年には煙台私立益文商業専科学校、一九三六年に煙台私立益文高級商業専科学校、一九四一年には煙台市立第二中学、一九四八年に煙台市立第一中学、一九五〇年に山東省煙台第二中学に、校名が各々変わった（山東省煙台第二中学ホームページ（www.yt2s.net.cn）、検索日二〇二〇年十月二十日）。

(65)班凱楽著・黄甫秋訳『中国煙草史』北京、北京大学出版社、二〇一八年、一三一～一四九頁。
(66)英米煙公司の中国での販売は沿海地域は公司が直接販売していたが、内陸と農村地域は中国人経営の商店と契約を結んで販売する方式をとっていた。このような販売方式は英米煙公司の中国市場の独占に大いに寄与したと評価されている(王強「近代外国在華企業本土化研究—以英米煙公司為中心的考察」復旦大学博士論文、二〇〇八年、八六～九七頁)。
(67)楊建民『祖業事蹟冊：楊建民備忘録』一九六六年。
(68)楊建民『祖業事蹟冊：楊建民備忘録』一九六六年。
(69)煙台市牟平区委党史研究室王愛民「血洒洒東北的牟平党員第一人 記抗日烈士楊子平」『水母網』二〇一八年八月三日。《祖業事蹟冊》は楊子平の長男を先恭、次男は先倹であると書いた。次男の楊先倹は行方不明となったという。
(70)中国共産党は一九八七年八月に楊子平を革命烈士として追叙し、二〇一二年七月二十四日には楊子平の故郷である養馬島東中原村に革命烈士の碑石を建立する行事を行った(煙台市牟平区委党史研究室王愛民「血洒洒東北的牟平党員第一人 記抗日烈士楊子平」『水母網』二〇一八年八月三日)。
(71)楊建民『祖業事蹟冊：楊建民備忘録』一九六六年。
(72)商業興信所『第四十二回　商工資産信用録』商業興信所、一九四一年、外国人一〇～一九頁。
(73)楊建民『祖業事蹟冊：楊建民備忘録』一九六六年。
(74)日東会の抗日活動に関しては次の研究を参照されたい。菊池一隆『戦争と華僑』汲古書院、二〇一一年、三〇九～三一一頁。李正熙「中日戦争時期朝鮮華僑의抗日活動」『東洋史学研究』一三九、ソウル、東洋史学会、二〇一七年、一七一～二一二頁。
(75)仁川警察署司法警察官↓戸沢重雄京城地方法院検事正、一九四三年九月二十八日、「捜査報告書」『京城地方法院刑事事件記録二六五　中共八路軍系謀略団日東会事件』国史編纂委員会所蔵。この資料に関しては次の拙稿を参照されたい。李正熙「中日戦争時期仁川華僑組織日東会의抗日運動—《中共八路軍系謀略団日東会事件》資料의紹介를中心으로」『中国学報』第一〇〇輯、韓国中国学会、二〇二二年五月、三八一～四一二頁。
(76)駐京城中華民国総領事館↓駐日本中華民国大使館、一九四四年九月、〈仁川僑案予審終結決定書〉、「大使館所管領事館工作報告」『汪政権大使館档案』東洋文庫所蔵(管理番号二一七四四—一二一—四三)。仁川警察署司法警察官↓戸沢重雄京城地方法院検事正、一九四三年九月二八日、「捜査報告書」『京城地方法院刑事事件記録二六五　中共八路軍系謀略団日東会事件』国史編纂委員会所蔵。
(77) 李正熙（二〇一二年）前掲書、一八七～一九四頁。
(78) 楊建民『祖業事蹟冊：楊建民備忘録』一九六六年。

参考文献

1　史料

京城中華商会→駐朝鮮中華民国総領事、一九三二年二月九日、「僑商債務糾糾案」『駐韓使館保存档案』台湾中央研究院近代史研究所所蔵（管理番号 02—47—218—14）。
仁川華商商会『仁川華僑世帯別名簿』仁川市立博物館所蔵、一九四二年。
仁川華商商会『華僑領取小麦粉詳細表』仁川市立博物館所蔵、一九四二年四月。
仁川警察署司法警察官→戸沢重雄京城地方法院検事正、一九四三年九月二十八日、「捜査報告書」『京城地方法院刑事事件記録二六五　中共八路軍系謀略団日東会事件』国史編纂委員会所蔵。
仁川税関長→駐朝鮮中華民国総領事、一九一四年六月二十九日、「華商調査」『駐韓使館保存档案』台湾中央研究院近代史研究所所蔵（管理番号 02—47—021—02）。
仁川中華会館→駐仁川中華民国領事館、一九〇六年四月、〈仁川本業港興商号戸口人数〉、「華商人数清算……各口華商清冊」『駐韓使館保存档案』台湾中央研究院近代史研究所所蔵（管理番号 02—35—041—03）。
楊建民『祖業事蹟冊：楊建民備忘録』一九六六年。
駐京城中華民国総領事館→駐日本中華民国大使館、一九四四年九月、〈仁川僑案予審終結決定書〉、「大使館所管領事館工作報告」『汪政権大使館档案』東洋文庫所蔵（管理番号 22744—12—43）。

2 著書

（1）日本語

石川亮太『近代アジア市場と朝鮮』名古屋大学出版会、二〇一七年。

李正熙『朝鮮華僑と近代東アジア』京都大学学術出版会、二〇一二年。

外務省通商局『在芝罘日本領事館管内状況』外務省通商局、一九二一年。

菊池一隆『戦争と華僑』汲古書院、二〇一一年。

航業聯合協会芝罘支部『昭和十四版　芝罘事情』航業聯合協会芝罘支部、一九三九年。

商業興信所『第三〇回　商工資産信用録』商業興信所、一九二九年。

商業興信所『第三三回　商工資産信用録』商業興信所、一九三二年。

商業興信所『第三八回　商工資産信用録』商業興信所、一九三七年。

商業興信所『第四二回　商工資産信用録』商業興信所、一九四一年。

商業興信所『明治大正期　商工資産信用録』第十二巻（大正十年）（下）、クロスカルチャー出版、二〇〇九年。

朝鮮総督府『朝鮮に於ける支那人』一九二四年。

（2）韓国語

姜抮亜『同順泰号：東아시아華僑資本과近代朝鮮』大邱、慶北大学校出版部、二〇一一年。

姜抮亜『移住와流通으로본近代東아시아近代史』ソウル、亜研出版部、二〇一八年。

曲暁范著・朴佑訳『中国東北地域都市史研究：近代化와植民地経験』ソウル、진인진、二〇一六年。

李正熙『韓半島華僑史』ソウル、동아시아、二〇一八年。

李正熙・宋承錫『仁川華僑의社会와経済』ソウル、学古房、二〇一八年。

宋承錫・李正熙『仁川에잠든中国人들』学古房、二〇一五年。

李正熙・宋承錫・宋伍強・鄭恩姃『韓半島華僑事典』ソウル、인터북스、二〇一九年。

（3）中国語

班凱楽著・黄甫秋訳『中国煙草史』北京、北京大学出版社、二〇一八年。

姜抮亜『東亜華僑資本和近代朝鮮』広州、広東人民出版社、二〇一九年。

周湘・柏峰 編『韓国首尓国立大学蔵同順泰号文書』広州、広東人民出版社、二〇一九年。

楊先譲・楊陽 編著『中国郷土芸術』新世界出版社、二〇〇〇年。

楊先譲・楊陽『黄河十四走　民芸考』作家出版社、二〇〇三年。

中国第二歴史档案館編『南京国民政府外交部公報』第七巻第八号、江蘇古籍出版社、一九九〇年。

3　論文

（1）韓国語論文

朴석태「仁川을보는또다른視覚」『작가들』通巻第一号、仁川作家協会、二〇一九年。

李正熙「中日戦争時期朝鮮華僑의抗日活動」『東洋史学研究』一三九、東洋史学会、二〇一七年、一七一～二二二頁。

李正熙「近代朝鮮華商和聚公의経営活動―『祖業事蹟冊』을根拠로」『東洋史学研究』第一五二輯、ソウル、東洋史学会、二〇二〇年九月、三三七～三七〇頁。

李正熙「中日戦争時期仁川華僑組織日東会의抗日運動―《中共八路軍系謀略団日東会事件資料》의紹介를中心으로」『中国学報』第一〇〇輯、ソウル、韓国中国学会、二〇二二年五月、三八一～四一二頁。

韓東洙「仁川清国租界地内共和春의歴史変遷에関한研究」『中国学報』六〇、ソウル、韓国中国学会、二〇〇九年、三七一～三九三頁。

（2）その他

王強「近代外国在華企業本土化研究―以英米煙公司為中心的考察」復旦大学博士論文、二〇〇八年。
Michael KIM, "The Hidden Impact of the 1931 Post-Wanpaoshan Riots: Credit Risk and the Chinese Commercial Network in Colonial Korea", Seoul: Sungkyun Journal of East Asian Studies, Vol.10 No.2, 2010.

4　その他

鞠柏嶺漢城華僑協会顧問インタビュー（二〇一九年十月二十二日、二〇二〇年七月二十二日）。

仁川市中区庁『善隣洞六番地土地台帳』二〇一六年十月十七日。

仁川市中区庁『善隣洞十三―一、十三―二番地土地台帳』二〇一六年十月十七日。

張玉搖「〝島里人〟楊先讓」『北京晩報』二〇一六年十二月二十七日。

路艶霞「八九歳楊先讓回憶〝黄河十四走〟」『北京日報』二〇一九年十一月三日。

煙台市牟平区委党史研究室王愛民「血洒洒東北的牟平党員第一人 記抗日烈士楊子平」『水母網』二〇一八年八月三日。

Baidu 人物検索（https://baike.baidu.com/item/ 杨先让、検索日二〇二〇年十月二日）。

山東省煙台第二中学ホームページ（www.yt2s.net.cn）、検索日二〇二〇年十月二十日）。

第三部

第一章　一九一〇〜三〇年頃の日本とイギリスの綿業における起業家精神と経営管理

ジャネット・ハンター

はじめに

イギリスのランカシャーと日本の関西地方に関する独創的な研究（二〇〇〇年出版）において、イギリスと日本の繊維産業の発展を比較した研究者たちは、十九世紀後半から二十世紀初頭にかけて日本とイギリスの企業文化にはいくつかの重要な相違点があると指摘している。相違点には、事業の社会的役割、技術の採用、会社とその創業家の中心的役割、業界と商売の密接な関係などが挙げられる。[1] これらの相違点のいくつかについては、マンチェスターを拠点とする綿紡績および織布業者協会国際連合の事務局長であり、同連合向けに日本と中国の綿業についての大規模な報告書を一九三〇年に作成したアルノ・S・ピアースが、七十年ほど前に指摘している。ピアースは、日本における綿生産の成功の要因は、特に、個人よりも国家の利益を優先する集団精神、戦時利益の有効活用、効率的で合理的な組織にあると主張している。[2] 企業文化と起業家精神におけるこれらの違いが戦間期の二国の綿業の異なる運命にいかに関連していたかについては、多くの議論の対象となっていたが、一九一〇年以降の数十年に、二国の相対的な立場に劇的な変化があったことは間違いない。日本では、綿の生産と輸出が増大したのに対し、イギリスは、当初の優位性を失い、下落に転じた。さらに、一九三〇年にピアースの報告書が公表されるまでの二十年間に、イギリスは、日本と比べて自国の綿業が失敗しているようだという懸念を繰り返し表明していた。ファーニーと阿部は、中国における日本の競争に対するイギリスの反応は「遅く、限定的で、効果がなく、市場動向をまったく理解していないことを露呈している」と結論付けており、[3] 商才とリーダーシップが相対的に欠如していることを暗に示している。

本章の目的は、ピアースの報告書の結論で指摘した企業文化と経営戦略の相違点を明らかにすることであり、特に次の三点を検証していく。すなわち、この時代の二国の綿業におけるビジネスリーダーシップの役割をどのように特徴づけることができるか、これらのリーダーたちは海外の同業者によって直面した競争をどのように評価したか、それぞれのリーダーはその競争にどのように対応したかである。

二国の綿業の起業家と経営者は、そのニーズも責務も異なることは言うまでもない。ランカシャーを中心とするイギリスの綿業はすでに確立されており、世界で最も産業化が進んだ経済の一つであった。一方、日本は、綿の機械化生産の新規参入者であり、一九二〇年代でも依然として発展途上経済であった。この時期の日本とイギリスの綿業の構造と組織が大きく異なるという事実については、十分に裏付けられている。したがって、起業家と経営者の行動と戦略を評価するためには、彼らが経営を行っている状況についても考慮する必要がある。また、集団としてだけでなく個人としても考慮する必要がある。二国の産業は、多様な活動と戦略を特徴としており、多様性の管理と意見の衝突という問題がしばしば生じた。産業構造と産業の発展段階が異なるため、この時期のイギリスの綿業で、日本のように傑出した起業家を見つけるのはさらに難しい。それでも、二国のこの分野の数人の著名起業家のキャリアを比較することで、彼らの起業家精神と同時代の人々がグローバルな競争のなかで自らをどのように位置付けていたかを明らかにできるだろう。

既に述べているように、この時代の日英の綿業の相対的な業績における起業家精神の重要性についてはかなり多くの研究で論じられており、起業家による事業の失敗は、十九世紀後半以降のイギリス経済の相対的な衰退の主な要因であると多くの研究者に指摘されている。また、イギリスの起業家は、第二次産業革命の新技術や、それを管理するための大量生産などの新たなビジネス技法への投資に消極的だったと指摘されている。むしろ、競争や機械化の拡大に対して惰弱な分野に特化したままだった。(4) ランデスやアルドクロフトなどの研究者は、一八七〇年代以降のイギリスの経営者や起業家の能力を酷評し、技術的に弱く、科学研究を軽視し、マーケティング能力がないと厳しく非難した。(5) サンドバーグが指摘しているように、綿業に関しては、初期の経済史研究では、「イギリスの起業家や経営者がアメリカの同業者に倣ってリング紡績機や自動織機を全面的に採用しなかったことは重大な過失であったというほぼ同一の結論に達している」(6)。しかし、より最近の研究では、この結論に異議が呈されている。ゴドレイとキャッソンは、イギリスの起業家精神をテーマとした議論を要約し、イギリスの起業家の態度は理にかなったものだったと主張した。二十世紀初頭の三十年間は、イギリスの起業家の世界的な影響力がピークを迎えた時期であり、それと同時に、伝統的な産業がますます困難になっていった時期でもあった。古い繊維産業の収益性が低下し始めると、イギリスの投資家や起業家が海外投資と独立起業に目を向けたのは当然の成り行きだった。(7) したがって、起業家を取り巻く環境を考えると、彼らは、適切な判断をしたのである。早くも一九七〇年代には、綿業に関する研究で、サンドバーグは、経営と技術的な失敗がランカシャーの衰退の主因であるという主張を否定し、少なくとも業界リーダーシップの責任であるとの非難の一部を晴らしたが、綿業の起業家は、もっと業界に貢献できたはずであり、伝統的な繊維産業からの転換をより迅速に図ることが理にかなっていたものと結論付けている。[8]

一方、日本に目を向けると、十九世紀後半以降のビジネスリーダーたちについての歴史記述は、必ずと言っていいほど称賛にあふれている。何よりも、近代的な産業と商業の成長を牽引したビジネスリーダーたちに何らかの敬意を表さずして、日本の成長と産業化を分析することはできない。初期の議論の多くは、明治時代の起業家とその社会的出身に注目していたが、社会的出身とモチベーションとの関係についても検証しようとしていた。[9] これらの議論では、同時に、起業家精神と経済発展における文化の役割という問題を提起した。その後の研究では、さまざまな角度からビジネスリーダーについて検証し、個々の起業家や企業、または企業集団にも多く注目している。[10] 日本の文献は非常に充実しており、研究結果の多くは、日本経営史学会の研究・出版物や日本の経済・経営についての複数の歴史書に盛り込まれている。[11] これらの文献は、起業家が個人でも集団でも誤った判断をする可能性があることを当然認めているが、大要としては、優れた経営と起業家精神が二十世紀の大半を通した日本の経済成長の鍵の一つであったという広く受け入れられた見解に同意している。日本は一九二〇年代に経営者革命を経験したという指摘もある。

以降のセクションでは、二十世紀初頭の数十年間の日英の綿業における起業家精神と経営についての経験的調査によって、既存の研究で取り上げられているいくつかの問題に向き合う。主に三つのセクションで構成され、一つ目のセクションでは、この時代の二国の綿業の発展について、その相対的な段階、その構造と組織、そして急速に変化する国際環境という状況を位置付けしながら概説する。二つ目のセクションでは、二国の綿業のリーダーたちがその競争相手をどのように見ていたのかを検討し、特に、成長している日本の綿業に対するイギリスの認識に注目する。最後のセクションでは、二国の起業家、数人のキャリアについて詳しく調べ、上記の議論に照らしてそのキャリアと戦略を評価する。

一　一九一〇～三〇年のイギリスと日本の綿業—概要

二十世紀初頭の数十年間のイギリスと日本の綿業の対照的な軌跡については、多くの文書で述べられている。簡潔に言うと、この時期にイギリスの綿業が衰退したのに対し、日本の綿業は成長し、次第に世界市場で優勢となっていった。しかし、イギリスのこの衰退が日本の競争力強化の直接的な結果だったのかについては当時から熱心に議論されており、その後も重要なテーマとなっている。後に述べるように、イギリスの業界リーダーたちは、何が起こっているのか、そしてそれらの問題にどのように取り組むべきなのか、必ずしも意見が一致していなかった。そのような状況では、日本の評論家たちが、イギリスの綿業起業家や経営者が追求する戦略が自国のものよりも劣っていると批判することは容易だった。

イギリスの綿業は、当然ながら長い歴史を誇っていた。特に、北西部のランカシャーでは、十八世紀後半から綿紡績と綿織物が産業革命の原動力となり、十九世紀には、イギリスの世界的優位はほぼ揺るぎないものとなっていた。第一次世界大戦勃発直前の一九一三年でも、綿業は二十億ポンド（約九十万トン）を超す綿花を消費し、七十億ヤード（約六四〇万キロメートル）を超す綿布を輸出していた。その当時、イギリスは、世界の綿布生産の約二〇%を占めており、綿織物の貿易においては世界で五八%のシェアを誇っていた。約五十万人の労働者が綿業に従事していた。ところが一九三〇年には、綿花の消費量はほぼ半分に落ち込み、綿布の輸出は約七五％減少し、わずか十四億ヤード（約一二八万キロメートル）余りとなった。世界に占める綿布生産のシェアは、一二％以下、世界に占める綿織物貿易のシェアは、四〇％以下に低下した。[12] それでもまだ大きなシェアを占めており、五十万人ほどの労働者を引き続き雇用していたが、生産量と輸出量は激減した。

ランカシャーの綿業の構造は独特であり、小規模生産が多く、水平的分業の割合が高いという特徴があった。ランカシャー内でも、地域によって専門に扱う糸や布の種類が異なり、また生産段階も異なっていた。一九二〇年代後半でも、ランカシャーの紡績工場の規模は、平均二万二〇〇〇錘であり、例えばロシアの平均六万四〇〇〇錘と比べると小規模だった。[13] 数十年の間に、綿業は単なる紡績に特化することから綿布の生産・輸出へと発展していったが、紡績は、綿業とランカシャーの雇用にとって依然として不可欠だった。イギリスの紡績工場では、十九世紀を通じて細い糸を生産するのに最適だとされていたミュール紡績機を使用しており、インドやアメリカから輸入された原綿を有効活用していた。ミュール紡績機を操作するには高度な技術が必要であり、多数の熟練の男性作業員と技術者の持続的な作業、スキルの劣る多数の男性・女性労働者によって支えられていた。

こういった構造から、紡績と織布に分業化した多数の工場が存在するようになった。一九二八年、ランカシャーには依然として八〇〇〇近い綿織工場が存在していた。[14] 多くの綿企業が多数の工場を運営していたが、業界の所有権は非常に細分化されたままだった。一九二〇年には約二〇〇〇の企業が存在し、一九三〇年でも一七〇〇を超えていた。[15] これらの企業の大半は家族経営であり、数世代にわたるものも多かった。もちろん株式会社もあったのだが、第一次世界大戦前までは、その数は少数であった。経営は、技術の実践経験のある人たちに委ねられていたようだ。エンジニアとして正式な訓練を受けた人もいたかもしれないが、そのような経営者は、製造現場からの出世組が多かった。また、事務員や管理職からキャリアをスタートさせた人や、経営者一族に加わった人もいた。水平分業が進んでいたため、綿生産者は、購入や販売や投資を商人や仲買人に任せる傾向があった。最も重要である原綿の買い付けも、現物市場や先物市場に携わるランカシャーの企業に任せていた[16]。そのため綿業では、国際市場への販路となる商人の急増をもたらした。そこで、マンチェスター商工会義所、その他のランカシャーの商工会議所、特に、紡績業者や織布業者などの業界の各部門から成る連合会などの組織を通じて、業界内の多様な利害関係者間の何らかの調整を図ろうとした。

多くの研究者は、こういった顕著な構造的な特徴が、戦間期における業界の衰退の一因であると考えた。多様な既得権益と結び付いた生産の細分化によって、紡績部門の収益率は非常に低かった。例えば、紡績と織布を統合し、自社自身の販売網を持つ大企業の方が、より分業化した織物企業などよりも有利な立場にあっただろう[17]。しかし、株主を持つことが必ずしも生き残る能力を高めるとは限らなかった。別の調査では、株主の連合が企業撤退の大きな障壁となり、生産能力の過剰をもたらす可能性があると指摘している。また、株主の連合は配当を要求するため、そのことが再投資や設備変更の制限になった[18]。一般的な見解では、ランカシャーは、状況の変化によって求められた企業再編を行うことが出来なかった。この失敗の責任は起業家や経営者にあると、多くの研究者が指摘している。ほかにも、有望な新技術を迅速に採用または開発する失敗を続けたという批判もあり、衰退の主な要因は、起業家や経営者の失敗、そして「工場所有者の偏狭的な利益と個人主義的な態度[19]」だったという主張が強まっているようだ。

しかし前述の通り、最近の研究では、起業家の能力に対してこのように単刀直入な批判をするのではなく、これまでとは微妙に違った解釈へと移行している。つまり、綿業の起業家や経営者の責任を免除するわけではないが、第一次世界大戦勃発後に業界が直面した国内外の環境の大きな変化において突き止めようとしているのである。何よりも、第一次世界大戦は原綿価格の大幅な上昇をもたらし、海運の制約や世界貿易の混乱は、イギリスの輸出入に大きな打撃を与えた。戦争が終結すると好景気に沸いたが、やがて、世界貿易の縮小や他国の綿生産の機械化の発展に伴う過剰な生産能力よって、不況に陥った。日本やインドなどの国が国内市場のニーズを、しかも、低価格で満たすようになると、イギリスの輸出の規模は減少した。逆に言えば、イギリスの雇用主がこの問題の責任をこぞって市場の喪失に押し付けるだけで、限界企業の事業存続、リストラや合併の先送りを助ける時間労働や価格維持などの戦略を採用した[20]。結局、サンドバーグが主張したように、外国政府の保護政策、比較優位性についてのイギリスなどの先進工業国からの大規模なシフトによって世界的に生産が急拡大していく状況下において、ランカシャーの産業にできることはほとんどなかったのである。綿業などの繊維産業からのより積極的なシフトを行うことができたであろうものの、行われた投資や戦略は、この状況下では妥当なものだった。イギリスの綿織物企業の経営陣はきわめて優れていたとは言い難いかもしれないが、特に劣っていたわけでもない[21]。

イギリスとは対照的に、日本は綿糸と綿織物の機械生産に参入したばかりだった。大阪紡績会社（大阪紡）が先駆的な成功を収めたことに続き、機械化した紡績会社が急増し始めたのは、たったの一八八〇年代である。まずは、国内市場のニーズに応え、一八九〇年代からは輸出を開始し、特に日清戦争後は、主に朝鮮、満州、中国北部への輸出が増えた。これには、綿生産者が精力的に運動していた原綿輸入規制が解除されたことも後押しした。綿糸の輸入は、明治維新から間もない時期においては非常に重要だったが、一八八〇年代後半から減少し始め、一八九七年までに、日本は実質的に綿糸の輸出国となった[22]。綿布の輸入は、一九一〇年代にピークを迎えた。一九一三年までに、綿布の輸出は輸入のほぼ五倍になった[23]。同年、日本には四十四の紡績会社があったと推測され、二五〇〇万錘足らずで一五二の工場を運営していた[24]。イギリスの生産や輸出と比べると、日本の綿業は相対的に依然として小規模だったが、その急速な発展は、その後の展開の前触れであった。

第一次世界大戦によって、業界における日本の立場は強化された。イギリスの生産者が輸入原料の問題、生産能力の転用、輸送の困難さなどの制約を受けたのに対し、日本は有利な立場に立って東アジア・東南アジアへの輸出を増やしていった。生産能力が特に拡大したのは大阪広域圏であり、一九一九年までには、繊維業が全生産高の三八%を占め、また労働者数の四三%を占めていた[25]。この時期、輸出が爆発的に増加し、軍需景気崩壊後の一九二〇年代初頭には、問題が相次いで起こったものの、日本の生産者は生産を増やし続け、輸出の規模や範囲も拡大し続けた。世界大恐慌前年の一九二八年までには、錘数が約六五〇万、織機台数が八万台を超えるまでに生産能力が拡大した[26]。一九二七年には、原綿は日本の全輸入高の三分の一近くを占め、綿糸・綿布は、全輸出高の四分の一程度にまで成長していた[27]。その後の十年間、一九三一年十二月に金本位制の離脱が決定したこともあり、日本の綿布輸出はさらに拡大した。一九三〇年代後半までには、日本は綿糸と綿織物の世界貿易において大きな割合を占めるまでになった。日本の綿業の成功は疑いようのないものであった。

日本の綿業の構造は、イギリスの構造とはまったく異なっていた。大企業の大半がリング紡績機を使った紡績会社から始まり、のちに織布生産へと多角化していった。紡績でも織布でも、その傾向として低価格市場から始めて、徐々に付加価値連鎖を高めていった。例えば、紡績について見ると、工場は、当初は低所得者層向けに太糸（太番手）の生産に注力していたが、やがてリング紡績機の技術進歩や高度な混綿技術によって、既存の機械で細番手の糸の生産が可能になると、徐々に細番手の糸に移行していった。紡績生産の規模には相当のバラツキがあったが、十九世紀が終わる頃には、前述のイギリスの平均二万二〇〇〇錘よりも多くの錘を有する大規模な工場が多数存在していた。摂津紡だけでも約五万錘を有していた[28]。その一方で、特に大阪を中心とする「産地」と呼ばれる伝統的な生産地域では、小規模な綿織物業者によって多くの織布が作られ続け、これにより、これらの織物業者は、機械化紡績の発展によって可能となった生産に適した綿糸を入手しやすくなるという恩恵を受けた。戦間期には、紡績会社、産地の綿織物業者、貿易会社（商社）の間で協力関係構築が展開されたという特徴が見られた[29]。一九二〇年代を通じて、日本の綿布総輸出量中、綿布の専業企業の生産した製品が約四〇%を占めていた[30]。重要なのは、当時成長しつつあった財閥の綿業への関与がきわめて限定的だったことだ。

日本の新興の紡績会社の大半は、主に資金調達の問題や技術的な課題に直面したため、イギリスにおいて連想されるような同族会社ではなく、プロの経営者が率いる株式会社であった。一八九〇年代後半以降、紡績業界は企業間の合併が相次ぎ、第一次世界大戦中に加速した。そのため、企業数はランカシャーよりもはるかに少なかった。一九二九年までには、日本の紡績会社はわずか六十七社となり、九社だけで全紡錘数の七〇%を占めていた。これに対してイギリスには一七〇〇を超える紡績会社があった[31]。企業の集中はさらに加速し、いわゆる「三大紡」、つまり大日本紡績（大日本紡。尼崎紡と摂津紡が合併）、鐘ヶ淵紡績（鐘紡。河州紡、柴島紡、淡路紡、九州紡、中津紡、博多絹綿紡を買収）、東洋紡績（東洋紡。大阪紡と三重紡が合併）が支配するに至った。一九二三年までには、三大紡は日本の紡績工場数の三四%、紡錘数と織機台数でも四〇%以上を占めていた[32]。これらの巨大企業は高度な垂直統合を特徴としていた。原綿の輸入や輸出品の取り扱いも、イギリスにおける商人や代理店の乱立に比べると高度に集中していた。日本に輸入される原綿の四分の三以上をわずか三社の商社が扱い[33]、一方、輸出の大半は三井物産などの大手商社が扱っていた。この比較的集中した構造における協調とカルテル化は、大規模に展開された。綿業界の集団的利益は、ほとんどすべての機械製紡績企業が加盟する大日本紡績連合会を通して調整され、ランカシャーのような断片的な組織化を回避することができた。産地の綿織物業者を含めた業界全体において、生産と販売を組み入れた業界のすべての構成要素の間に、高度に効果的な調整が行われていた証拠がある。(34)

日本における近代的な繊維生産の成長の功績は、生産拡大の先陣を切った個々の起業家たちによるところが大きい。大阪紡の山辺丈夫など、最初に工場の成功を導いた初期の技術者たちは、業界の大物として認められるようになり、戦間期になっても影響力と存在感を発揮した。山辺は一九二〇年に亡くなったが、同時代のほかの技術者の中には一九二〇年代さらにそれ以降も綿業経営に携わった者もいた。一九一〇年以降、大手紡績会社の最高経営責任者や経営者のほとんどは工学の研修を修了していたが、なかには事務や管理職の経験を積んで業界トップに登り詰めた者もいた。日本の繊維業は、中でも、高等教育を修了した専門経営者の進出が著しかったという特徴がある。戦間期には、紡績と織布の両分野で一流の専門経営者たちが科学的管理法の発展の指揮を執り、製品の標準化と工程の効率化を向上させ、第一次世界大戦後の厳しい世界経済にうまく対処できるように業界を導いた。(35)明治時代の末期以降に生産高が拡大するにつれて、労働と資本の生産性も大幅に向上した。したがって、生産と輸出の持続的な成長は、日本の綿業家たちの行動が正しかったことを示唆しており、その経営の質は、同時代や後世の研究者たちから広く称賛されている。しかし、日本の綿業家たちが非常に優れていたかどうか、あるいはイギリスの綿業家のように、すでに自分たちに有利に進んでいた発展の状況において、単に適切な戦略をとっただけなのかどうかは議論の余地がある。本章の後半ではこの問題を明らかにするため、各国が他国の綿業との競争をどのように考えていたのか、そして一九一〇～三〇年の期間を通じて、綿業の起業家や経営者が直面した状況について、彼らがどのように対応したかを検証していく。

二　相互イメージ

一九二九年の著書で、ピアースは、日本の綿業の成功に貢献したと思われる多数の要因を挙げている。彼は、高度な管理と効率性だけでなく、所有権の集中や、紡績連合会がまとめた最新かつ詳細な統計情報の提供についても指摘している。そして、綿業の成長の鍵を握るものの一つとして組織が挙げられると結論付けている。ピアースの分析は、業界リーダーたちの役割を無視したものではなく、それどころか、彼らが達成したことを大きく評価すべきだと述べている。

日本の綿業を支えているのは、巨大連合のトップにいる一握りの優秀な日本人だ。中国でも彼らが工場設立に乗り出したことで、同国の綿業をより高い次元に到達させた。業界リーダーたちは、習得した技術によって選ばれるのではなく、商業に関する知識と革新に対する態度によって選ばれているのだが、その多くは技術研修も受けている。欧米のいくつかの国では、機械の研修しか受けておらず、経済学についてわずかな知識を徐々に取得しているだけの多数の人に対して貿易のリードを求められる場合が多い。筆者は、このような日本のリーダーには、いままで出会ったことがない。[36]

明らかにこの著者は、日本の綿業が質の高い経営能力に恵まれていると考えている。

マンチェスターで創刊された全国紙の『マンチェスター・ガーディアン』紙で綿業を取り上げた重要な記事を分析すると、一九一〇〜二〇年にかけて、ランカシャーでは日本との競争に対する意識が高まっていたことがわかるが、一九三〇年代ほど大々的に取り上げられていたわけではない。この分析から、イギリスの綿業は、日本の脅威の範囲と深刻さについても、これらの脅威に対処するために経営を合理化するのに必要な措置についても、意見が一致していなかったことがわかる。記事は、日本の綿業を率いる起業家や経営者についてその成功を暗に評価しているが、具体的にはほとんど言及していない。その代わり、より広範な経済状況、政府の方針、低い価格などに注目したものが多かった。例えば、一九二八年の綿糸協会（Cotton Yarn Association）の報告書では、日本が享受した主な利点として、アジアやアフリカの市場への近さ、安価な電力、優れた組織、紡績連合会の役割、効率的な輸送機関、そして「国民の自然適応能力」を強調している[37]。

このような分析は、当時の二十年間を通じては一般的なものであったが、ときには、ほかの特殊な問題が表面化することもあった。一九一一年、日本がようやく関税自主権を回復すると、日本が保護関税を採用すること、それに対するイギリスの対応、さらに広範囲には、綿業にとっての自由貿易と保護主義の相対的な利点について、懸念する意見が飛び交った[38]。第一次世界大戦の混乱とそれによって生じたイギリスの綿業の難題は、日本との競争の可能性をより鮮明にした。日本はランカシャーの綿製品と遜色ないものの生産を開始し、それをランカシャー産よりもかなり安価な価格で販売している証拠があった。『マンチェスター・ガーディアン』紙の記事は、日本がイギリスの困難につけ込んで不当な優位性を得ているとの推測を招くことになった……「日本の製品は、ダンピング政策の現れであるか、あるいは我が国が不利なときに我が国の貿易を攻撃する意図が垣間見られる[39]」。イギリスの綿業が直面する難題が戦後さらに加速するにつれ、インドなどの地域で日本との競争による脅威が高まっていることが認識されるようになったが[40]、日本が注力する綿糸のランクや綿布の種類は「イギリスとはまったく競合しない綿糸や商品であるため、イギリスにはまったく影響を与えない[41]」との理由で、真の脅威があることを否定する人も依然として多かった。業界関係者の多くは、綿貿易における日本の競争力を過大評価すべきではなく、「日本や他国との競争について悲観的に考える必要はない[42]」と主張し続けた。今から振り返ると、これらは、情報不足で自己満足な見解であり、一九三〇年代にはそのことが明らかになった。

しかし、日本に競争力をもたらしている実際の利点については、日本の生産者や貿易商が実際に何をしているのかを具体的に説明した一連の報告書によって明らかとなった。一九二七年に大阪の英国領事が日本の綿業について解説した報告書を公刊した。同報告書は、マンチェスター地方で広く公刊された。この報告書では、組織と紡績連合会の役割を強調し、「日本の優位性は安い労働力にあるという古い考え方は、今ではほとんど支持されず、貿易商は、日本の成功の鍵は日本の産業の組織、特に綿花買い付けの組織にある可能性の方が高いと考えている[43]」と論じている。その一方で、日本の綿輸出に政府が補助金を出しているという証拠はないという反対意見もあった[44]。綿糸協会の一九二八年の報告書も日本の成功を認め、「日本が新しい市場に参入して新しい販路の開拓に示した熱意と資源は、すべての競争相手が注意を払うべき最大の問題である」と述べている。さらに同報告書では、イギリスが学ぶべき教訓として、ランカシャーは、大量売買、個別商品の規格化と大量生産、荷主への利益供与といったいくつかの日本の慣行に従うべきだと論じている[45]。その後、一九二九年に日本を訪問したピアースが報告書を発表し、さらに、一九三〇年の初頭、綿貿易の経歴を持つバーナード・エリンガーが、日本の綿業を分析した論説を王立統計協会に提出した。エリンガーは、日本が自国のいくつかの市場について地理的に近いことが重要であるかどうか、そして安い労働力が本当に重要であるかどうかについては異議を唱えたが、日本の脅威に対応するためにイギリスの綿生産を改革して合理化することが強く求められることを強調した。例えば、原綿の買い付けの合理化、労働生産性の向上、選択的な賃金引き下げの実施、業界の分断を解消するための水平合併などの必要性であった。またエリンガーは、イギリスの綿業が「極端な個人主義、コストのかかる重複、無駄な内部競争の泥沼にはまった[46]」過去からまだ片足が抜けていないと嘆いた。これとは対照的に、日本の競争力は、「国家全体の愛国主義のうえに築かれた[47]」ものであった。一九三〇年代に入ると、ウォール街の大暴落を受け、日本でもイギリスでも綿業が深刻な問題に直面するなか、日本が真の脅威であるというのはもちろんのこと、日本の競争力が弱まる可能性のある高品質の製品の生産にイギリスが集中するために、イギリス側でも経営と組織について大規模な合理化に取り組むことが必要であるとのコンセンサスが明らかに高まっていった[48]。

日本の側では、イギリスの綿業とその競争力に対して、相変わらず多様な見解を持っていた。ここではその多様な見解を詳しく紹介できないが、いくつかの例を挙げることで、どのような産業でも成功か失敗かの最終責任を負うのはリーダーや経営者であるという強い思いがあったことがわかるだろう。一九二二年にマンチェスターを訪問した日本の実業視察団のリーダーの一人である三井財閥総帥の団琢磨は、マンチェスターは綿貿易において日本の競争力を心配する必要があるのだろうかとの疑問を呈した。というのも、多くの日本の製造業者は、最高品質の製品でイギリスと競争するのは難しいと認めており、いわゆる「安い労働力」には困難が伴うため決して安くはないと考えていたからだ。彼は、日本がインドや中国に綿製品の輸出を順調に増やしていることにイギリスが憤りを感じているのを認めているものの、日本の綿業は成長中であることを聴衆に再認識させようとした。「マンチェスターの実業家たちは驚いたかもしれないが、投資目的で、日本では綿紡績株ほど人気のある株はなかった[49]」と彼は述べた。イギリスは、労働者の低賃金と搾取が鍵を握っていると信じていたが、紡績連合会は、日本には「搾取労働」など存在しないと断固として否定し続けた[50]。

イギリスの相対的な衰退の責任は業界の起業家や経営者にあると指摘した日本人の論客で、『綿布週報』編集者の山本顧彌太は、一九三五年に出版した本のなかで綿貿易での自身の長いキャリアを振り返っている[51]。山本は、一九三〇年代初頭に日本が綿貿易の規模においてイギリスを凌駕したことを評価する一方で、イギリス企業の長期にわたる経営や運営について厳しく批判した。イギリスの多くの企業は多額の負債を抱えていたとの見解を示し、「これはイギリスの紡績家が……安楽を貪り、儲かるがままに配当し、甚だしきは、四半期に中間配当を行ったためとは言え、イギリスの綿業がこのような状況に陥ったことには、一掬の涙を禁じ得ない[52]」と述べた。イギリスの綿業のリーダーたちは、要するに利己的で貪欲だったのだ。彼らは間違った行動をとり、市場を十分に理解せず、日本に見られるような「我家族制度の強み」や「温情主義」を欠いていた[53]。日本人は、顧客のニーズに応えるためにわざわざ足を運び、購入者のニーズを慎重に考え、多様な海外市場にどのように対応するかを考える。この点では、イギリス人よりもはるかに優れていたと山本は指摘した。「日本人は、イギリス人のように保守的ではなく、消費者に「買ってもらう」という進歩的な行動をとっている[54]」。綿の混紡技術などの競争優位性、ひいては産業全体の成功は、日本の綿業のリーダーたちの功績だと彼は考えた。「紡績業者や綿業者は、原綿の買い付けや製品の販売において英米の業者よりも進取的な精神を持ち、機会の獲得も俊敏だった。それゆえに昨年は、とても引き合いはないと思われるような値段で次々に商品を売ることができた[55]」。山本の見解によると、日本の綿起業家は、単にイギリスの起業家よりも優秀であったのだ。次のセクションでは、この主張を踏まえて、一九一〇～三〇年にかけて綿業を牽引した二人のイギリス人と二人の日本人のキャリアを簡単に紹介する。

三　綿業のリーダーたち

前述の通り、二十世紀初頭の数十年におけるイギリスの綿業を見ると、そのリーダーのなかに、日本の山辺丈夫や武藤山治のような「英雄的」な起業家や経営者を見つけるのは難しい。これは、この時期のイギリスでは多くの企業に細分化と小規模化が進んだことも一因であるが、産業発展の段階にも関連していると思われる。産業革命におけるイギリスの綿業は、ジェームズ・ワットが完成させた蒸気機関の利用はもちろん、ジョン・ケイとリチャード・アークライト（水力紡績機を発明）、ジェームズ・ハーグリーヴス（ジェニー紡績機を発明）、サミュエル・クロンプトン（ミュール紡績機を発明）などによる有名な技術的発明と密接に結びついていた。一九一〇年まで、イギリスは一〇〇年以上にわたって綿生産で世界をリードしていた。やがて国内外の環境が大きく変化し、それに伴って、ニーズや優先順位も変わった。相対的な衰退に対処するには、生産と販売の拡大に取り組むのとは異なるスキルが必要なことは、ほぼ間違いない。また、イギリスでも日本でも、綿業の起業家や経営者が同質的な集団ではなかったことも忘れてはならない。彼らは、それぞれ異なる強みと戦略を持っており、互いに競合するものの相互協力も求められた異なる企業を経営していた。二国の綿業の経営やリーダーシップのスタイルは、アプローチと注目点が大きく異なっていた。そのため、本セクションでは、この多様性の幅を示すことを目的とし、それぞれの国の二人の綿業リーダーを、彼らが直面した急速に変化する責務と制約の中に位置付けて説明する。私は、ここでの説明が何らかの代表的な例であると主張するつもりはない。むしろ、急速に変化する時代に活躍した多様なリーダーたちの姿の一部を紹介するものである。また、二国の綿業のリーダーたちは、時として、想定されるよりも多くの共通点を持っていた可能性があることも示す。

二十世紀初頭のランカシャーの綿業で最も有名な人物の一人は、チャールズ・マカラ卿（一八四五―一九二九）である。[56] スコットランド出身のマカラは、マンチェスターの大手綿紡績会社のヘンリー・バナーマン&サンズ創業者の孫娘と結婚した。一八八〇年に最高責任者となった彼は、生産技術の進歩と電気の利用を促進し、その経営スタイルは厳しいとみなされていたが、やがて労働者に対する融和的な政策を支持するようになり、「福祉主義」の雇用主としての評判を得た。一九二〇年代までに、バナーマンのブランズウィック工場は、「モデル工場」と評され、そのビジネスには、「労働者と雇用主の間に調和のとれた関係が存在する」[57]という特徴があった。一九一五年までの二十年間、マカラは、綿紡績業者協会連合の事務局長を務め、その任期の終わりには同連合は、綿紡績の機械生産能力の六五%を占めていた。その一方で、彼は、物議を醸した人物でもあった。労使問題の取り扱いをめぐって政府と対立し、また一九二〇年代に綿業の労使関係が問題化すると、労働者調停と利益分配を強く主張した。工業専門紙に掲載された彼の追悼文は、彼の死に際し、その姿勢を認めた。

ほかの同業者たちとは一線を画す存在だった。……労働者を犠牲にして慌てて富を得ようとする資本家とはまったく違っていた。資本家と労働者の紛争を調停するという考えを誰よりも強く持っていた。……彼は、リーダーであり、パイオニアであり、彼が成し遂げたことだけでなく成し遂げようとしたことについても人々に記憶されるだろう。[58]

第一次世界大戦まで業界を牽引してきたマカラのリーダーシップを、多くの業界関係者は称賛した。例えば、一九一七年出版のある書籍では、「ランカシャーに新しい感覚と新しい組織習慣をもたらしたのは彼であり、集団精神の新しい時代の到来を告げたのだ[59]」と評している。しかし、多くの業界リーダーたちからすれば、第一次世界大戦以降に業界が直面した危機に対応しようとしたマカラは争いの種となる人物であり、実際に彼らはしばしば対立した。こういった対立は、労使関係に対するマカラの考え方に起因する部分もあったが、大規模な合理化を求めたことが大きく影響していた。

一九一四年以降、イギリスの綿業が次々に困難に直面すると、マカラは、貿易規制政策と協力的な労働関係戦略を統合させ、業界の包括的な再編成を強く主張するようになった。彼は、かつて事務局長を務めていた綿紡績業者協会連合を強く批判し、その戦略によって価格低下競争が起こり、業界内のコンセンサスが崩壊したと非難した。一九二二～二五年にかけて、マカラは、主にオールダム地域の綿紡績業者から成る新設の臨時緊急綿業委員会（Provisional Emergency Cotton Committee）の会長を務め、業界の戦略を検討し、それに従って連合に助言を与えることを目指した。委員会の会議の報告書から明らかなように、業界の状況が悪化していることについては加盟業者の間でコンセンサスが得られているが、連合はこれを認め、適切な処置をとることにまったく消極的であった。[60]委員会は、業者間の価格引き下げ競争を避けるため、何らかの統制制度を導入することを強く望んだ。マカラは、この制度によって海外との綿貿易競争がさらに惰弱になるという考えを否定し、イギリスの紡績業者が自社の経営状態を立て直せばすべてうまくいくと主張した。[61]問題の解決は、新たな国際競争や外的環境の変化に対応することよりも、綿業の組織の在り方を考えることにあると、彼は示唆しているようだった。重要なことに、綿業界の多くの業者が日本や他国の増加している生産者との競争に対してイギリスの保護を強化しようとしていた当時でも、マカラは自由貿易を熱心に支持していた。

委員会の会合での見解を受け、マカラは自ら進んでロンドンを訪問し、政府が新たに設立した貿易問題委員会（Committee on Trade Problems）で陳情を行った。彼は、委員会での自身の発言内容やイギリスの綿業が進むべき道についての自身の幅広い見解が確実に広範に伝わるようにした。[62]世界の綿製品の需要が減少したことを認める一方で、彼は、イギリスの苦境の主な原因は、政府の政策や綿紡績業者協会連合の失敗、そして過剰生産と資本喪失にあると改めて主張した[63]。マカラは、海外との競争は取るに足りない問題だと考えていた。「(業界の問題は)イギリスの海外市場での競争における海外の業者の動向とは何も関係ない。……ランカシャーが生産する特定種類の製品、つまり最高級の品質を誇る製品においては、現時点でライバルは存在せず、従業員を公平で寛大に待遇することで一丸となって経営を進めれば今後も負けることはないはずだ。綿紡績や製造の緻密さというのは、一代や二代で習得できるものではなく、しかも、人材や設備という点で我が国は長い歴史を誇っており、追い抜かれることはないだろう。特に、繊維製品の生産に適した気候については他に類を見ない利点がある[64]。」

海外視察の結果、マカラは、業界の問題は海外ではなく国内にあると確信した。

いわゆる競合者がどのような設備を持ち、どのような困難な状況で経営しているのかを自分の目で見た私は、イギリスの繊維産業のどの部門の将来についても心配するのをやめた。不安を抱く批評家たちも、我が国に競争で勝っていると思われているいくつかの国を訪問すれば、非常に有益な効果が得られるだろう。我が国と比べてこれらの国の紡錘数がいかに少ないか、そして国民の需要(これは、工場建設の主な動機である)に対応するにはまったく不十分であることがわかるだろう[65]。

政府の貿易委員会への声明のなかで、マカラは、イギリスの業界に対する批判を繰り返し、製造業者や貿易商が需要減に対応できず、事業の大幅な減少をめぐる熾烈な競争に参入し、その一方で、すでに締結した短時間労働に関する労働協約の合意を回避しようとしていると非難した[66]。

私の論点は、海外との競争は無視できる量であり、自国内の問題にきちんと対処できれば海外の生産者を恐れることはほとんどないことだ。海外の生産者は、今後しばらく、我が国よりも大幅に前進するとは考えられない。好きなようにやらせても大丈夫だ。[67]

今にして思えば、一九二〇年代の業界の危機に対するマカラの見解は、全くの無知とは言わないまでも楽観的であったようだ。明らかに、彼の見解に異議を唱える人も大勢いた。前述の通り、日本の綿業に関する報告が増えたことから、マカラのように、業界がその経営状態を立て直しさえすれば、すべてうまくいくと考えるのではなく、外部との競争という現実的な脅威を認識していた人も多かったことがわかる。しかし、この誤った判断を酌量したとしても、おそらくマカラは、ランカシャーの産業がその直面した状況に対処する時期が来た時、同産業が組織的にも戦略的にも不十分であることを適切な形で強調した。何よりも、彼は、経営者としての実力を証明し、労使関係について革新的なアプローチで取り組んでいた。ある学者によると、マカラは横柄で短気で自己顕示欲が強く、さまざまな出来事に対する自身の貢献を誇張して述べていたかもしれない[68]が、彼のキャリアや考え方から、綿業の起業家やリーダーが直面したジレンマに対応するために期待された正しい態度は、一つとは限らなかったことがわかる。

マカラとはまったく異なるタイプのランカシャーの綿業起業家のエイモス・ネルソン卿（一八六〇―一九四七）は、代々手織り機職人であり、動力織機の監視員の息子であった[69]。ネルソンは、幼い頃から撚糸職人として働き始め、[70]その後、織物職人を経て、一八八〇年代初めに父親とともに織布業を始めた。彼は実践から得た技術知識を持つことで知られており、「織布工場のどの部署でも働くことができ、どの機械でも使いこなし、新しい品質について初期に起きる問題を解決してくれるなど、大いに役立つという評判を確立し、後々まで語り草になった」[71]。一九一〇年に至るまで、マンチェスターの約三十マイル北に所在した会社は、週四〇〇、〇〇〇ヤード（三六五、七六〇メートル）以上の布を生産していた。その二年後には、その工場は、三〇〇〇台の織機を稼働させて二〇〇〇人の従業員を雇い、主に中国市場向けの布を生産し、町の最大の雇用主になった。一九一四年、同社は、有限会社ジェームズ・ネルソンとして法人設立された。エイモス・ネルソンは、亡くなる直前まで取締役会の会長を務め、三人の息子と親族以外の数人のベテラン従業員と共同で会社を運営した。同社を公開会社にすることを決定したのは、エイモス・ネルソンが亡くなる直前の一九四六年であった。その後、紡績会社や合糸会社の株式を購入し、織布用の糸の供給を確保した。一九三〇年までには、ミュールおよびリングの紡績機約四十万錘と五六四四台の織機を直接的または間接的に稼働させた。

エイモス・ネルソンのリーダーシップのもとで、同社は、第一次世界大戦中に多額の利益を上げ、一九二〇年代を通じて投資を続け、アメリカにおける極細ポプリン生地販売のニッチ市場に参入して成功を収めた。やがて、この分野の生産が次第に押され、一九三〇年代前半には負債を抱えることになったが、その後、新製品であるモスクレープ織への移行をさらに進めて財政を立て直した。しかし、かなり以前から、エイモス・ネルソンは、人工絹（レーヨンおよび別の人工繊維）が市場を席巻すると予測し、その需要に応えるために一九二三年と一九二七年に二つの工場を建設した。この工場の稼働には多額の資金が必要となったが、経営者の先見性が証明された。そして一九三〇年代までに、同社は、従業員について時間動作研究（時間と労力の点から最も効率的な方法を見つける分析）の適用を真剣に考えるようになった。

綿業の家系に生まれ育ったエイモス・ネルソン（彼の息子たちもそうだった）が、自身の事業だけでなく業界全体が直面する経営的・国際的問題に対応した態度は、実際の生産プロセスに常に密接に関わってきたことから形成されたものだった。彼の孫は、「祖父はビジネスが好きだった。繊維も大好きだった」と述べており、本人も一九二〇年代後半のインタビューで「繊維業が退屈なキャリアだという人はナンセンスだ。私は大好きだ」と答えている。いつまでも熱意を失わないその姿勢は、彼の家族や従業員の忠誠心を刺激した。親しみやすく理解力のある人物だったが、厳格な雇用主でもあり、勤勉、プロ意識、決断する能力と意欲を周囲に求めた。[72] マカラと同様に、当初は労働者や組織との交流に苦労したが、やがて組合労働者と良好な関係を築いた。彼は、経営の人的側面に資金を使うことを信条としていたが、労働組合が工場の内部管理に不当に干渉をしていると考え、自動機械や省力製造法の導入に反対する組合の態度には批判的だった。

一九二〇年代の緊急事態にどのように対応するかの難問について、ネルソンもまた、同業者たちとしばしば対立した。マカラが広く公表しているような詳細な情報は得られないが、ジェームズ・ネルソン社は他社と比べ、一九一四年以降の数十年間の困難を乗り切ることに成功し、その要因が、新製品への積極的な投資、および技術や組織の革新への意欲にあることはわかっている。レーヨン生産への投資だけでなく、垂直統合化を進め、世界的なマーケティングの支配力を強化しようとした。さらに、ネルソンは海外との競争を軽視しているようには見えなかった。早くから関税改革を提唱しており、一九一〇年には保護制度導入のための活動を行い、一九二〇年代を通じて、イギリスの産業と市場を新たな競争から守るために必要な場合の保護主義の強化を提唱し続けた。それに加え、ほかの雇用主と同様に、自社の生産性と競争力を向上させるという大きなプレッシャーがあったが、自社の生産性と競争力を向上させ、ひいては、自社を存続させるために設計された変革を導入する際には、労働者の利益を考慮する必要があると信じていた。実際、早くも一九〇九年に、彼は利益分配制度を提案している。これは労働者から拒否されたが、ほかの雇用主よりも多くの便益を労働者に提供し続けた。賃金というかたちで提供するだけでなく、例えば一九一四〜一八年の第一次世界大戦中には、戦地に赴いた従業員の扶養家族に対して毎週手当てを支給した。彼の努力は必ずしも成功したとは言えなかったが、一九二〇年代までには、調停の提唱者としてランカシャーで評判を得た。一九三〇年代初頭には、この評判は確固たるものとなったが、彼の融和的な態度がほかの同業雇用主の反感を買った。この雇用主たちは、「労働組合と協力する彼の能力に特に腹を立て、ジェームズ・ネルソン&サン社が競争上優位になることを恐れたのだ。……エイモス卿の成功と綿業、特に織物部門における労使関係の悲痛で悲惨な歴史との対比ほど際立つものはないだろう。[73]」

エイモス・ネルソンは、いろいろな意味で革新的な経営者として知られている。家族経営とランカシャーの伝統を重視することにこだわる一方、状況の変化にビジネスを対応させた。彼自身は、ほかの多くの実業家と同じく、自分が本質的には保守主義者であると見なしていた。

多くの場合、実業家はきわめて保守的でなければならない。例えば、ある紡績業者の糸を使用しており、しかも、その業者が信頼できる安定した品質の糸を供給し、価格も妥当で、人間的にも筋が通っていて親切な人だとわかったら、業者を変えるように説得するには多大な労力を要する。その一方で、ストライキなどの理由で紡績業者を変えなければならなくなり、同じように優れた別の業者を見つけることができた場合でも、優れたサービスを受けている限り、その業者にこだわるべきだ。私は、実業家というのはこういう風に働くものだと考えている。

ネルソンにとって、試行錯誤を重ねた関係こそが、会社の存続に欠かせない信頼と信用の基盤となっていた。起業家や経営者は、そのような基盤があった場合に限り活動できるものである。戦間期のイギリスの綿業の厳しい状況と考えると、成長どころか存続することが、起業家としての能力の証であったことは間違いない。

日本に目を向けると、山辺丈夫と、動力織機の発明家である豊田佐吉と並び、鐘ヶ淵紡績の武藤山治（一八六七—一九三四）は、二十世紀初頭の数十年における日本の綿業起業家として最もよく知られている。[74] 美濃国（岐阜県）出身の武藤は、慶應義塾を卒業したのち、アメリカに留学した。一八九〇年代に、当時は三井財閥傘下にあった鐘ヶ淵紡績に入社し、一九〇六～〇八年の期間を除いて（株主が提起した倍額増資に反対して一時的に解任された）キャリアの大半を鐘紡で過ごした。一九〇八年に専務取締役として鐘紡に復帰すると、鐘紡はほかの小規模会社を買収して経営を多角化し、当初はさまざまな種類の糸の生産に参入し、やがて織布生産、染色、養蚕、人工絹などにも進出し、ますます経営力を強化していった。事実上の垂直統合化が始まったのである。第一次世界大戦後の困難な状況下でも高額配当の実施を続け株主の絶対的な信頼を得ると、武藤の指揮のもと、同社は成長し続けて大きな利益を生み出した。[75] 一九二三年までには、鐘紡は二十七の工場を有する国内第二位の綿紡績会社となり、「三大紡」の一角を占めた。[76] 一九二一年に武藤は社長に任命され、一九三〇年に正式に辞任し、その四年後に亡くなった。[77]

武藤は、同社が自主独立経営を必ずできること、株主からの理不尽な要望を回避できることに尽力した。一般に広まっていた「資本＝所有者支配」の企業観を批判し、そのような考え方は、従業員にとって好ましくなく、所有者が期待するような利益をもたらすものでもないと主張した。[78] 社長就任後の革新の中でも特筆すべき革新は、社長および取締役は会社に五年以上勤務した者とし、これらの役員はほかの会社の役員を兼任できないなど定款を変更したことである。この変更によって、大株主というだけで経営幹部に就任させることの配慮を防ぎ、これにより、会社一筋でキャリアを積んで出世を目指していた中間管理職の学卒社員を勇気づけた[79]。また、社長の任期を三期に限定した。この変更は、社外から学卒者を採用して、組織に必要な知識を蓄積させることが会社にとって有益だという考え方を具体化したものだった。

ただし、武藤が最もよく知られるようになったのは、鐘紡で家族主義・温情主義的管理を推進したことだった。早くから、従業員持株制度の拡大と福利厚生施設の充実に力を注いだ。また、武藤の名は、労使協調という概念に結び付けられることが多い。第一次世界大戦前からもすでに、鐘紡は、工場経営の改革に取り組んでおり、その多くは後に他社に模倣された。永年勤続する献身的な労働者を核とすることで生産は利益を上げられるという考えに基づき、武藤は、労働者教育の推進や福利厚生の利用によって労働者の忠誠心の向上を図った。また、日本の家制度に沿った経営を推進することで、多くの会社が理想とする家族主義経営を醸成し、同社は戦後の労務管理戦略の先駆者となった。このような戦略によって、鐘紡が戦間期に業界が直面した労働争議を回避できたわけではないが、労働者に対する制度は、ほかの会社よりも多くの点で優れていた。

ただし、このような経営形態を純粋に利他的だとみなすことは間違っている。綿業の生産工程に対する武藤の考え方において、労働者のモチベーションは不可欠な要素であり、それは短期的な利益に注力するのではなく「生産工程による付加価値の向上」に集中していたことに象徴されていた[80]。重要なのは生産の組織化だった。このアプローチに欠かせないのは、あらゆる情報をより適切に提供することである。新しい組織構造と職務内容の詳細を労働者に適用させることで、現場から経営トップへの情報の流れが改善された。一九〇二年から一九三〇年にかけて、武藤は「回章」を定期的に作成し、工場の具体的な問題に対するコメントやフィードバックを掲載した。この回章によって、すべての部門間で一貫した情報の流れが確保され、特定された問題の解決に向けた取り組みが共有されるようになった[81]。一九二〇年代には、作業の標準化と労働の最適な組織化を進めるために、時間動作研究が行われた。こういった「科学的操業法」の大規模な追求は、工場内の一貫した組織化を促進しただけでなく、鐘紡が成長の過程で買収した複数の企業や工場における管理の標準化にも役立った[82]。桑原は、論文のなかで次のように指摘している。

武藤の素晴らしい点は、綿紡績工場を技術システムとして理解したことだ。各工程は、ほかの工程に依存ししかも互いに影響を及ぼしていた。彼は、最終製品の品質はすべての工程に由来するものだと考えていた。買収した工場の製品の品質や低生産性は、一連の紡績工程に問題があることが原因だと判明した。その原因を理解し、問題の根源を突き止めるために、統計的手法が用いられた[83]。

このように、生産現場での活動の重要性に特に注目した武藤は、工場構内以外に事務所や営業所を設置するべきではないと主張した。というのも、製造業に関わる会社にとって重要な要素は工場だと考えたからだ。効率的な経営と安定した労使関係を実現するためには、経営者は、現場で生産と操業を管理する必要があると彼は述べた。業務執行取締役兼社長であった武藤は、東京の本社ではなく、兵庫工場のオペレーションセンターに通っていた[84]。

技術そのものよりも操業活動を重視していた武藤は、おそらく日本の大手綿紡績会社のトップとは一線を画していたようだった[85]。山辺のキャリアは、もちろん技術に根差したものであったが、技術によってキャリアを形成したもう一人の綿業起業家の例を紹介したい。それは、菊池恭三（一八五九―一九四二）である[86]。菊池は、工部大学校を一八八五年に卒業した。一八八八年、マンチェスターで技術学校に通いながら綿紡績工場の操業を実地研究し、帰国後は綿業でそのキャリアを過ごした。帰国後まもなく、大阪エリアの三つの紡績会社の工場で、同時に技術を担当することになった。(87) その後、菊池が担当した工場は、互いに合併し、さらに多数の綿生産施設も買収して、一九一八年に正式に大日本紡績となり、戦前の綿業の「三大紡」の一つになった。一九二九年初頭にピアースが訪問したときには、大日本紡は、二十三の工場に約九十万錘の紡績機と九六〇〇台以上の織機を有し、資本金では日本第二の綿紡績会社であった。(88) 菊池自身は、各紡績会社の工務長兼支配人から取締役、社長へと歴任し、一九一八年に大日本紡の社長に就任した。第一次世界大戦後、中国で綿紡績工場(在華紡)の建設を推進させ、一九二六年には分社化した新会社である日本レーヨンの社長になり、多角化を進めて繊維生産の分野に新たに参入した。彼は国家機関である紡績連合会に深く関わり、委員長にもなった。兼任を否定した武藤とは異なり、菊池は、大日本紡の取締役がほかの機関に関与してはならないとは考えず、実際、多数の金融機関の役員を務めた。

大日本紡は、鐘紡やその他の紡績会社と似たような状況で経営を強化しなければならなかったが、多くの点で、菊池は、武藤とはまったく異なるアプローチをとった。何よりも、菊池は技術者出身であり、経営トップの座には就いていたが、その戦略は技術者としてのバックグラウンドに裏打ちされていた。この点で、彼は同時期に活躍した東洋紡(およびその前身会社)の山辺丈夫や斉藤恒三に近かった。ランカシャーのエイモス・ネルソンと同様、菊池は、生産技術に関する優れた知識を持つ「実践的」な経営者として知られていた。同時代の多くの人が、彼の判断は技術的知識に基づいていたと述べており、菊池の死後、ある同僚は、菊池が経営トップとなってからも生産ラインを定期的に視察していたことを思い起こした。(89) 阿部武司が記したように、菊池は大手紡績三社にフルタイムで技術指導をするという超人的活動を勤勉にこなしていた。(90) 後年は、新技術を同社の全工場に拡大する際に保守的な姿勢を見せたとも伝えられているが[91]、だからと言って、日本の綿業の国際競争力を拡大するために設計された新技術の開発と活用を推進し、技術とは関係のない職務に就いたときでも技術的課題に取り組み続けたのは菊池のような技術者たちだった、という事実が損なわれることはない。おそらく、ここで重要なのは、菊池のアプローチが技術的可能性と技術的問題によって形成されていたのに対し、武藤が重視したのは生産能力の効率的稼働を最大限にすることだったという点である。二十世紀初頭に大日本紡も鐘紡も著しく成長したことを考えると、明らかにどちらの戦略にも可能性があったと言えるだろう。

おわりに

一九一〇～三〇年の日本とイギリスの綿業の軌跡を調べ、その時期に活躍した起業家や経営者について簡単な所見を述べると、発展の時期と段階によって二国の業界が直面した環境がまったく異なるものだったということだけでなく、二国の業界を牽引していた起業家や経営者の特徴を一律に憶測するのは誤りであるということが明らかになった。共通の状況に対処するために、個々の人物は当然、それぞれの強みと知識をもとにして多様な戦略を立てていたのだ。マカラとネルソンは、相対的な衰退に対して全く異なる対応をとったが、両者とも、製造そのものであれ方針策定という点であれ、業界に何らかの足跡を残すことができた。武藤と菊池のケースでは、大「成功を収めた」二人の綿業起業家を比較したが、生産設備の全体的な運営方法はこれ以上ないほど異なっていた。菊池とエイモス・ネルソンには、生産技術そのものについての知識があり、それに興味を持ち続けるという共通の経営手腕が見られた。マカラ、ネルソン、武藤は、それぞれ異なる方法ではあるが、会社の経営にとって最も重要な要素の一つが人的資源であることを認識し、程度の差はあるものの、労使関係に対して融和戦略をとり、労働者の福利厚生を向上させようとした。生産活動の多様化を追求し、科学的管理に移行することで、直面する問題に対処しようとしたのは日本企業だけではなかったが、イギリスの企業よりも迅速かつ積極的に取り組んだと言えるかもしれない。

彼らの戦略や見解を考えると、この時期のイギリスの起業家の失敗と日本の起業家の成功を論理的に証明するのは難しいことがわかるだろう。一九二三年、綿業の起業家精神をどのように評価するかについてのジレンマが明らかになった。ある実業家が、イギリスの綿業は起業家精神に乏しいが、それと同時に起業家としての可能性を秘めていると公の場で認めたのだ。

> 発明の天才として他のすべての産業よりも高い名声を得たこの産業が、現在の巨大な難題の前に頭を垂れ、敗北を認めるだろうか。気概と能力によってこの偉大な産業を築き、拡大し、確立した人たちのような特徴と手腕を持つ人物は、もういないのだろうか。……知識、想像力、勇気を持ち、この産業の最高の利益のために惜しみない努力をする人たちがいることを、我々は知っているのだ[92]。

注

（1）Douglas Farnie et.el. (eds.), *Region and Strategy in Britain and Japan: Business in Lancashire and Kansai, 1830-1990* (London & New York: Routledge, 2000), p.64.

（2）Arno S.Pearse, *The Cotton Industry of Japan and China* (Manchester: International Committee of the International Federation, 1930). Pearse's findings were summarised in a review in the *Journal of the Royal Statisitical Society* vol.93, no.1, 1930, pp.135-8.

（3）Douglas A.Farnie & Takeshi Abe, 'Japan, Lancashire and the Asian Market for Cotton Manufactures, 1590-1990., in Farnie et.al. (eds.), *Region and Strategy in Britain and Japan*, p.137.

（4）Andrew Godley & Mark Casson, 'History of Entrepreneurship: Britain, 1900-2000', in David S.Landes, Joel Mokyr & William J.Baumol (eds.), *The Invention of Enterprise: Entrepreneurship from Ancient Mesopotamia to Modern Times* (Princeton NJ & Oxford: Princeton University Press, 2010), p.244.

（5）These views are noted in Lars G.Sandberg, *Lancashire in Decline: a Study in Entrepreneurship, Technology, and International Trade* (Columbus OH: Ohio State University Press, 1974), p.9.

（6）Sandberg, *Lancashire in Decline*, p.8.

（7）Godley & Casson, 'History of Entrepreneurship', pp.246-66.

（8）Sandberg, *Lancashire in Decline*, pp.11-12, 133-4.

（9）See eg. Gustav Ranis, 'The Community Centred Entrepreneur in Japanese Development', *Explorations in Entrepreneurial History* 7, 1955; Johannes Hirschmeier, *The Origins of Entrepreneurship in Meiji Japan* (Cambridge: Cambridge University Press, 1964); K.Yamamura, 'A Re-Examination of Entrepreneurship in Meiji Japan', *Economic History Review* 21, 1968; K.Yamamura, *A Study of Samurai Income and Entrepreneurship* (Cambridge MA: Harvard University Press, 1978).

（10）For example, studies relating to entrepreneurs and entrepreneurship in the period 1910-30 include Barbara Molony, *Technology and Investment in the Prewar Japanese Chemical Industry* (Cambridge MA: Harvard University East Asia Center, 1990), which deals with the career of the Noguchi Jun; H.Morikawa, *Zaibatsu: the Rise and Fall of Family Enterprise Groups in Japan* (Tokyo: University of Tokyo Press, 1992); Kazuo Wada & Tsunehiko Yui, *Courage and Change: the Life of Kiichiro Toyoda* (Tokyo: Toyota Motor Corporation, 2002).

（11）These include *Japan Research in Business History, Keiei Shigaku, Nihon Keiei Shi* (5 vols. Iwanami Shoten, 1995); 経営史学会編『日本経営史の基礎知識』（東京、有斐閣、二〇〇四年）、宮本又郎他著『日本経営史―江戸時代から二一世紀へ』新版、（東京、有斐閣、二〇〇七年）。

(12) Sandberg, *Lancashire in Decline*, pp.4-5, 179.

(13) Douglas Farnie & David J.Jeremy, 'The Role of Cotton as a World Power', in Farnie & Jeremy (eds.), *The Fibre that Changed the World: the Cotton Industry in International Perspective, 1600-1990s* (Oxford: Oxford University Press, 2004), p.6.

(14) Farnie & Jeremy, 'The Role of Cotton as a World Power', p.5.

(15) David J.Jeremy, 'Organization and Management in the Global Cotton Industry, 1800s-1990s', in Farnie & Jeremy, *The Fibre that Changed the World*, p.201.

(16) Jeremy, 'Organization and Management', p.200.

(17) David M.Higgins & Steven Toms, 'Firm Structure and Financial Performance: the Lancashire Textile Industry c.1884-c.1960', *Accounting, Business and Financial History* 7, 2, 1997, pp.198, 214.

(18) David M.Higgins, Steven Toms & Igor Filatochev, 'Ownership, Financial Strategy and Performance: the Lancashire Cotton Textile Industry, 1918-1938', *Business History* 57, 1, 2015.

(19) Higgins et.al., 'Ownership, Financial Strategy and Performance', p.196 uses this phrase to sum up the arguments of scholars such as Chandler and Lazonick.

(20) Sue Bowden & David M.Higgins, 'Short-time Working and Price Maintenance: Collusive Tendencies in the Cotton-spinning Industry, 1919-1939', *Economic History Review* 51, 2, 1997, pp.319-343.

(21) Sandberg, *Lancashire in Decline*, pp.12, 133-4, 218.

(22) R.Miwa & A.Hara (eds.), *Kingendai Nihon Keizai Shi Yōran* (Tokyo: Tōkyō Daigaku Shuppankai, 2007), p.77.

(23) Sandberg, *Lancashire in Decline*, pp.170-1.

(24) Pearse, *Cotton Industry of Japan and China*, p.21.

(25) 阿部武司・沢井実著、大阪大学総合学術博物館 監修『東洋のマンチェスターから「大大阪」へ―経済でたどる近代大阪のあゆみ』（大阪、大阪大学出版会、二〇一〇年）八五頁。

(26) Pearse, *Cotton Industry of Japan and China*, p.23.

（27）Pearse, *Cotton Industry of Japan and China*, p.135. The lower export share was in part the consequence of the huge importance of silk exports at this time, a trade that collapsed dramatically after 1929.
（28）K.Katō, 'Mengyō ni okeru Gijutsu Iten to Keitai', UNU Working Paper HSDRJE-18J/UNUP-68, (Project *Gijutsu no Iten, Hen'yō, Kaihatsu – Nihon no Keiken*), no date, p.38. The capacity was spread over two mills.
（29）Takeshi Abe, 'Organizational Changes in the Japanese Cotton Industry during the Interwar Period', in Farnie & Jeremy (eds.), *The Fibre that Changed the World*, p.463.
（30）西川俊作他編著『日本経済の二〇〇年』（東京、日本評論社、一九九六年）二四四頁。
（31）Jeremy, 'Organization and Management', p.201.
（32）前掲、西川俊作他編著『日本経済の二〇〇年』二四一頁。
（33）Jeremy, 'Organization and Management', p.199. The three firms were Tōyō Menka, Nippon Menka and Gōshō KK.
（34）Abe, 'Organizational Changes', p.464.
（35）沢井実・谷本雅之『日本経済史―近世から現代まで』（東京、有斐閣、二〇一六年）二六四～二六五頁。
（36）Pearse, *Cotton Industry of Japan and China*, pp.13, 26.
（37）As reported in E.B.Dietrich, 'Japan's Cotton Textile Industry', *Barron's* (Boston MA), 04/02/1929.
（38）E.g. 'Japanese Competition', letter in *Manchester Guardian* 28/06/1911.
（39）'Japan as a Competitor', *Manchester Guardian* 12/11/1915.
（40）E.g. 'The Trade of India', *Manchester Guardian* 13/12/1919.
（41）'Japan's Cotton Mills', letter from William Hilton of Stockport, *Manchester Guardian* 04/03/1925.
（42）'Japan's Cotton Trade – Lancashire's Interest', *Manchester Guardian* 10/03/1925.
（43）'Japan's Cotton Industry – Strength in Combination', 10/10/1928. The original report is W.B.Cunningham, *Report on the Cotton Spinning and Weaving Industry in Japan, 1925-6* (London: Department of Trade, 1927).
（44）'Japan's Cotton Mills – British Consul on the Trade's Progress', *Manchester Guardian* 20/01/1927.

（45）‘Cotton Industry in Japan’, *Manchester Guardian* 31/08/1928.

（46）B.Ellinger & H.Ellinger, ‘Japanese Competition in the Cotton Trade’, *Journal of Royal Statistical Society* vol.XCIII pt.2, 1930, p.218. See also ‘Japan’s Cotton Industry – Mr. Ellinger’s Views’, *Manchester Guardian* 22/01/1930.

（47）Ellinger, ‘Japanese Competition’, p.229.

（48）‘Cotton Slump in Japan’, *Manchester Guardian* 12/08/1930.

（49）‘Japan as our Rival in Industry – Her Cotton Trade’s Limitations’, *Manchester Guardian* 10/01/1922.

（50）‘Japan’s Cotton Mills = Charges of Sweated Labour Denied’, *Manchester Guardian* 18/02/1926.

（51）Koyata Yamamoto, *Thirty Years in Cotton Circles* (Osaka: Koyata Yamamoto & Co., 1935). Yamamoto’s book includes a number of addresses or writings from the 1920s as well as the early 1930s. 日本語版も同時に刊行された。山本顧彌太『綿業三十年』（大阪、山本顧彌太商店、一九三五年）。

（52）Yamamoto, Thirty Years in Cotton Circles, p.22.

（53）Yamamoto, *Thirty Years in Cotton Circles*, pp.27-42.

（54）Yamamoto, *Thirty Years in Cotton Circles*, pp.45-46.

（55）Lecture delivered at the Jitsugyō Kaikan in November 1924, reproduced in Yamamoto, *Thirty Years in Cotton Circles*, p.89.

（56）Except where indicated otherwise, the biographical information on Macara comes from David J.Jeremy (ed.), *Dictionary of Business Biography*, vol.4 (London: Butterworths, 1984), pp.7-13.

（57）Jeremy (ed.), *Dictionary of Business Biography* vol.4, p.8.

（58）*Cotton Factory Times* 4/01/1929, cited in Jeremy (ed.), *Dictionary of Business Biography* vol.4, p.13.

（59）W.Haslam Mills, *Sir Charles W.Macara Bart.: a Study of Modern Lancashire* (Manchester: Sherratt & Hughes, 1917), p.3.

（60）The proceedings of the Committee’s meetings can be found in *The Crisis in the Cotton Industry: Report of the Proceedings of the Provisional Emergency Cotton Committee* (4 volumes, Manchester: Sherratt & Hughes, 1923-25).

（61）*The Crisis in the Cotton Industry* vol.3, pp.54-5.

（62）Sir Chas. W.Macara, *Business Possibilities of 1926 and the Case for the Cotton Trade* (Manchester: Sherratt & Hughes, 1926).

（63）Macara, *Business Possibilities*, pp.3-13.

（64）Macara, *Business Possibilities*, pp.18-19.

（65）Macara, *Business Possibilities*, p.77.

（66）Macara's statement to the Committee is given in full in Macara, *Business Possibilities*, pp.27-68.

（67）Macara, *Business Possibiities*, p.48.

（68）Jeremy (ed.), *Dictionary of Business Biography* vol.4, p.8.

（69）Biographical information on Nelson is based on Jeremy (ed.), *Dictionary of Business Biography* vol.4, pp.413-415, and David Nelson, *The Nelsons of Nelson: The Story of a Lancashire Textile Firm and Family*, 1881-1981 (Harvey Publishing Company, 1951). Available at http://www.nelsonsofnelson.co.uk/, accessed 06/11/2019.

（70）*Dictionary of Business Biography* says that he started work at age 13, but *The Nelsons of Nelson* says that he started part-time at the age of seven, going full time at the age of ten.

（71）Nelson, *The Nelsons of Nelson*, ch.1. (This source has no page numbers.)

（72）Nelson, *The Nelsons of Nelson*, chapter 1.

（73）*Dictionary of Business Biography* vol.4, p.415.

（74）Major sources of biographical information on Mutō's life and career used here are Kanebō Kabushiki Kaisha Shashi Hensanshitsu, *Kanebō Hyakunen Shi* (Osaka: Kanebō, 1988)（鐘紡株式会社社史編纂室編『鐘紡百年史』鐘紡、一九八八年）; Irimajiri Yoshinaga, *Mutō Sanji* (Tokyo: Yoshikawa Kōbunkan, 1987)（入交好脩『武藤山治』吉川弘文館、一九八七年）. 武藤山治 Unless indicated otherwise, the information provided here is based on these sources. The most comprehensive publication on Mutō is *Mutō Sanji Zenshū*（『武藤山治全集』）(6 vols., 1963).

（75）経営史学会編『日本経営史の基礎知識』（東京、有斐閣、二〇〇四年）一八七頁。

（76）前掲、西川俊作他編著『日本経済の二〇〇年』二四一頁。

（77）Mutō was assassinated in 1934 by an individual whose exact motives remained unclear.

（78）由井常彦・島田昌和「経営者の企業観―労働観」安岡重明他編『日本経営史 三 大企業時代の到来』（東京、岩波書店、一九九五年）二七六～二七七頁。

（79）前掲、経営史学会編『日本経営史の基礎知識』一八七頁。

（80）Tetsuya Kuwahara, 'The Development of Factory Management in Japan during the Early Stages of Industrialization: the Kanegafuchi Cotton Spinning Company before the First World War', in Farnie & Jeremy (eds.), *The Fibre that Changed the World*, p.499.

（81）Kuwahara, 'Development of Factory Management', p.499. 沢井実・中林真幸「生産組織と生産管理の諸相」佐々木聡・中林真幸『講座 日本経営史 第三巻 組織と戦略の時代―一九一四～一九三七』（京都、ミネルヴァ書房、二〇一〇年）九二～九五頁もみよ。

（82）前掲、沢井実・中林真幸「生産組織と生産管理の諸相」九〇頁。

（83）Kuwahara, 'Development of Factory Management', p.517.

（84）前掲、由井常彦・島田昌和「経営者の企業観―労働観」二八三頁。

（85）阿部武司『近代大阪経済史』（大阪、大阪大学出版会、二〇〇六年）一三八頁。

（86）I have written previously on Kikuchi in 'British Training for Japanese Engineers: the Case of Kikuchi Kyōzō (1859-1942)', in H.Cortazzi & G.Daniels (eds.), *Britain and Japan*, 1859-1991: *Themes and Personalities* (Routledge: London & New York, 1991) and 'Reviving the Kansai Cotton Industry: Engineering Expertise and Knowledge Sharing in the Early Meiji Period', Japan Forum 26, 1, March 2014. The main source on Kikuchi is Nitta Naozō (ed.), *Kikuchi Kyōzō Ō Den*（菊池恭三翁伝）(Osaka: Kikuchi Kyōzō Denki Hensan Jimusho, 1948). 藤本鐵雄『菊池恭三伝―近代紡績業の先駆者』（松山市、愛媛新聞社、二〇〇一年）もみよ。

（87）These were the Hirano, Settsu and Amagasaki mills.

（88）Pearse, *Cotton Industry of Japan and China*, p.28.

（89）Nitta, *Kikuchi Kyōzō Ō Den*, p.628.

（90）前掲、阿部武司『近代大阪経済史』一三五～一三六頁。 Abe also notes that Kikuchi was something of a work obsessive, appearing to have had no leisure pursuits beyond *sake*.

（91）Takeshi Abe, 'Organizational Changes in the Japanese Cotton Industry during the Interwar Period', in Farnie & Jeremy, *The Fibre that Changed the World*, p.488.

（92）T.R.Openshaw, speaking at a mass meeting of spinners, manufacturers and operatives' leaders held in Manchester 17/05/1923, reported in *The Crisis in the Cotton Industry*, p.189.

第二章　より良い社会のためのより大きなビジネス
――渋沢栄一、アンドリュー・カーネギー、ジョン・D・ロックフェラーの起業家としてのヴィジョン――

ジョン・セイガーズ

はじめに

十九世紀末から二十世紀初頭にかけての東アジアの起業家を考察する際には、経済的な機会や障壁に強い影響を与えた国際的な背景を検討することが重要である。一八五〇年以降、欧米諸国の事業は、急速に規模、範囲、複雑さを増していった。中でも鉄道事業には、これまでになかったほどの大規模かつ統合された企業が必要となった。アメリカでは南北戦争後、鉄道建設が急成長し、他の産業もそれに追随した。明治の日本と南北戦争後のアメリカは、工業化が進み、大企業に富が集中するというよく似た傾向があった。本章では、渋沢栄一（一八四〇―一九三一）、アンドリュー・カーネギー（一八三五―一九一九）、ジョン・D・ロックフェラー（一八三九―一九三七）の経済思想を比較し、彼らの経歴や産業発展・慈善事業に対する考え方には共通点があるものの、その思想や動機には重要な違いがあることを明らかにする。

南北戦争後、アメリカの産業は急速な勢いで拡大した。鉄道の拡大は、技術革新と組織革新の両面で大企業の成長を促すことに貢献した。鉄道は新しい方法で都市を結びつけ、国内市場の開拓につながった。また電信通信は、企業がより遠く離れた各拠点と連絡を取ることを可能にし、国内市場の発展を促した。鉄道は大量の資金を必要とするため、銀行や証券取引所の発展も促した。鉄道を調整するにはより高度な計画、スケジュール管理、記録管理が求められる。鉄道会社は遠隔地の事業所の運営に十分な自由を与えつつ、管理の集権化を維持する方法も考えなければならなかった(1)。

また鉄道は、破壊的な競争の問題に最初に直面した産業の一つであった。このように大規模な設備投資を行い、輸送量を増やさなければならなかった。このために、鉄道各社は激しい値下げ競争を繰り広げ、存続が危ぶまれるほどだった。この問題を解決するために、鉄道会社は、優良顧客に対して秘密裏にリベートの支払いを行った。しかし、農民や民衆はこのような優遇策に反発し、政治的な解決策を模索した結果、政府が産業を規制する新しい時代が始まった(2)。

アンドリュー・カーネギーは、鉄道の拡張によって大きな利益を得た。一八四八年に、スコットランドからアメリカに移住したカーネギーは、織物工場で働いた後、電報配達の仕事に就いた。やがてペンシルベニア鉄道のトーマス・スコットの秘書となり、経営や投資について学んだ。その後、鉄道会社での経験を活かして、自分の鉄鋼会社を立ち上げた。事業が成長するにつれ、カーネギーは垂直統合を利用してコストを削減した。グレン・ポーターは、「会社は、鉱業、コークス、そして巨大なベッセマー転炉に供給する銑鉄の生産に転じ、それが会社の圧延工場に供給された」と述べている。[3] 一九〇一年にカーネギー鉄鋼会社を売却すると、慈善事業に尽力し、財産の大半を図書館や大学、財団に寄付した。カーネギーは著作の中で、金儲けに抜きん出た才能を持つ者はそれを生かして、技術、文化、社会福祉の発展に必要なところに資金を提供していく義務があると主張した。

ジョン・D・ロックフェラーもまた、貧しい家庭に育ち、そして石油産業で財を成した。当初、石油元売り各社は、鉄道会社が行っていたと同様の団体を作り、価格調整を行おうとした。しかし、このような協調的な戦略では十分でないと考えたロックフェラーは、価格を引き下げることで競合他社に自社との合併を迫り、スタンダード・オイル（Standard Oil）の設立に動いた。[4] スタンダード・オイルの力が強まるにつれて、同社は、独占禁止法を通じて大企業を規制しようとする政府の標的となった。[5] ロックフェラーは、独占禁止法の公聴会での証言や回顧録の中で、自分のビジネス取引は極めて倫理的であり、スタンダード・オイルは、混沌とした石油業界に秩序をもたらし、消費者に低価格をもたらす前向きな力であると一貫して主張した。

二十世紀初頭、アメリカ人は、農業に対する価値観の低下を憂い、大企業の成長に警戒感を抱いたが、工業化と大企業が可能にした安価な商品や、都市や郊外の生活を手放そうとはしなかった。[6] 政府の事業規制の動きに対して、カーネギーとロックフェラーの両者は、私有財産と自由市場を擁護し、その一方で、富裕となった者にはその富を社会のために使うことを呼びかけた。

一八六八年の明治維新後、日本は、鉄道やその他の産業を西洋から輸入すると、同じようなパターンの工業化を進めていった。渋沢栄一は、近代日本における最も重要な資本家かつ実業家の一人となった。明治維新後、渋沢は、大蔵省の役人として国立銀行制度の法的枠組みの整備に取り組み、三井組と小野組の豪商の協力を求め第一銀行を設立した。退官後、渋沢は、その人脈を生かすことで第一銀行の頭取となり、必要とする産業のために資本を集めることができた。渋沢は、投資家としておよび取締役として、王子製紙、大阪綿紡績、東京電力、帝国ホテル、日本鉄道など、数多くの企業の設立を支援した[7]。また、教育や社会福祉を推進するために非営利団体の設立にも積極的に取り組んだ。渋沢は、その生涯を通し、事業の倫理性や日本の近代化においてビジネスリーダーが果たした不可欠な役割を熱心に提唱した。演説では、「道徳と経済の一体化」を進めるために儒教の教義に従うことを提唱した。

本章で取り上げるこれら三人のリーダーは、いずれも、文明と進歩の大義を推し進める大規模な組織の開拓の先駆者として特別な役割を担っていたと考える。彼らの道徳規範の源泉と特徴は、それぞれ異なるものであったが、その個人的な信念は、この三人のリーダーに多大な目的意識を与え、仕事に邁進させた。労働組合やジャーナリスト、政治家の反対にもかかわらず、彼らが自信の無さを示すことは、ほとんどなかった。また、彼らは、野心と努力と徳を正しく用いることで誰もが成功できるという神の摂理、自然の摂理あるいは道徳の摂理に従うことで成功したとの信念を守り抜いた。演説や回顧録の中で、彼らはそれぞれ、成功は勤勉と徳の見返りであるとの物語を巧妙に作り上げた。また、巨万の富を得た者にその資産をより広い社会のために使用する道徳的な責任を与える哲学をも掲げた。

一　若い頃の教訓

この三人のリーダーは誰一人、それぞれの社会の上流階級に生まれたわけではない。渋沢は農家の出身で、一時期、大蔵省在籍を経て第一銀行の頭取となり、そこから多くの産業プロジェクトを育てる資本家となった。カーネギーは、スコットランドからアメリカに移民し、織物工場で働く児童労働者としてスタートした。カーネギーは、鉄道会社の重役に認められる幸運に恵まれ、的確な投資によって鉄鋼業界のリーダー的存在となった。ロックフェラーもごく普通の家庭に生まれ、石油事業で成功した。非上流階級の出身者として、三人ともに、自分の行動を伝統的な価値観の面から正当化し、上流社会から認められることがある程度必要だと考えていた。

若い頃に学んだ経験が、それぞれのビジネスリーダーの性格や成功の秘訣に対する見方を形成した。渋沢栄一が青年時代を過ごした日本は、非常に階層化しており、いくら経済的に成功したとしても、農民は武士階級の役人に敬意を払わなければならなかった。その悔しさをバネに、渋沢は、商業活動を行うために社会的な地位の向上に向けて努力し、若者が追い求めるに値する職業としての起業を促進した。それとは対照的に、スコットランドからアメリカに移民してきたアンドリュー・カーネギーの経験は、知性と勤勉と運の組み合わせが莫大な富をもたらし得ることを教えた。こうした経験から、カーネギーは成功の秘訣として、自立と道徳にかなった労働を重視するようになった。ジョン・D・ロックフェラーの考え方には、勤勉の重要性を重んじる楽観主義と極めて予測困難な実業の世界における慎重さが混在していた。ロックフェラーにとって成功の秘訣は、綿密な計画とその入念な実行であった。三人は、それぞれの回想録の中で、今後における自分の実業家としてのキャリアへの取り組みを形成することになる時期を指摘している。

渋沢栄一は、野心家で、才能の劣る者がその生まれによって支配的地位に立てる社会構造を猛烈に憤慨していた。若い頃、渋沢は、高官たちの横暴な態度に耐えていた。一八四〇年、東京の近郊、現在の埼玉県深谷市の豪農に生まれた。父の渋沢美雅（市郎右衛門元助）は、家業の農業を営みながら、副業として、盛んだった織物職人向けの藍染加工を行っていた。渋沢は、父と一緒に農家や顧客との取引の交渉に行くことが多く、時には、武士の役人に出会うこともあった。十九世紀半ばの日本は、平民が社会的な上位者に敬意を払わなければならない、厳格な階層化された身分社会であった。後年、渋沢は、社会に浸透している「官尊民卑《かんそんみんぴ》」の考え方が日本の国富と国力を発展させる上で大きな障害になっていたと回想している。

渋沢は、役人に対して極端までの敬意を示すことが求められる社会通念に非常に不満であった。その一方で、小役人は、しばしば、強い権利意識を持っていて、民衆に対して乱暴な態度を取ることもあった。自伝の中で、渋沢は、自分の家族や他の豪農の人たちが、租税のほかにいわゆる上納金を武士から定期的に迫られたことに憤りを感じていたと回想している。彼はまた、ある事件をきっかけに、以下のことを回想している……「徳川幕府の体制は良くないとの思いに至った。私の考えでは、人は、自分の財産を完全に所有し、人間同士を相手とする場合は自分の知性と能力に基づいて判断されるのが当然であると思う。(8)」そのため、若者として、渋沢は、徳川の世襲制が権力の濫用を助長していること、他方、人々の才能や能力の開花を阻害していることに懸念を抱いていた。渋沢の演説や回想録は、世襲による特権に対する深い反感に貫かれている。彼は、そのキャリアを通じて、野心的で才能のある人が社会で出世できるような改革に役立とうとした。後年、渋沢は、儒教の倫理と資本主義の手法を融合させることで、市場資本主義の競争が儒教の教義に基づく旧体制よりも優れた能力主義社会をもたらすことに気が付いた。

アメリカに移住したアンドリュー・カーネギーは、幸運と個人の意志の強さがあったため、実業界で出世をした。一八三五年、スコットランドのダンファームリンに生まれ、一八四八年に両親とともにアメリカに移民し、ペンシルベニア州ピッツバーグ付近に居を定めた。まず、彼は、綿工場でボビンボーイとして週六日、一日十二時間働いた。その後、電信のメッセンジャーボーイの仕事に就き、後に、モールス信号を習得して電信技師となった。メッセンジャーになるための面接について、彼はこう振り返っている。

面接は上手くいった。ピッツバーグにはなじみがないこと、あまり役に立たないかもしれないし、体力も十分でないかもしれないが、試しに使ってみてほしいと一生懸命説明した。いつから来られるかと聞かれたので、今からでも構わないと答えた。その状況を振り返ってみると、十分に考えても、若者にはおかしくない対応と思う。機会を逃しては一生の不覚だ。仕事の口を与えられたのだ。何かが起こるかもしれないし、別の少年が呼ばれるかもしれない。そこで、私は、できることならその場に留まりたいと考えた。(9)

カーネギーは、このような出会いの描写において、その勤勉さと高潔な人間性を雇用主や彼のために門戸を開く力を持つ人々に認めてもらった、ホレイショ・アルジャー物語（Horatio Alger story）の登場人物に自分を見立てている。十八歳の時、彼は、ペンシルベニア鉄道のトーマス・A・スコットの秘書兼電信技師になった。スコットは、カーネギーを会社の西部部門の監督者に任命し、この職で、カーネギーは、大企業の経営について多くを学んだ。フィラデルフィア・ピッツバーグ間を結ぶペンシルベニア鉄道についての特別な輸送特権を与えられたアダムス・エクスプレス社に対してカーネギーが初めて多大な利益を生む投資ができたのは、スコットやペンシルベニア鉄道とのつながりを通じてであった。カーネギーは、労働ではなく投資で儲けることに満足し、この仕組みの中でインサイダーとして利益を得ることについての道徳性には何ら疑問を持たなかった。(10)

後年、カーネギーは、自叙伝の中で「これが私の最初の投資だった」と回想している。「この古き良き時代には、毎月の配当金が今よりもっと多く、アダムス・エクスプレスは、毎月、配当を支払っていた……額に汗して働いたわけでもない私に、資本から得られる最初の一ペニーを与えてくれた。「ユリイカ！」（分かった！）」と私は叫んだ。

「金の卵を産むガチョウはここにいる。」[11]カーネギーにとって、アメリカは、勤勉と幸運、そしてチャンスをつかむ能力によって、貧しく育った人々が財産を築き、社会的に上昇することができる場所であった。

ジョン・D・ロックフェラーは、一八三九年に生まれ、自由奔放な父と信仰心の厚い母の価値観の狭間で育った。一家は、ニューヨーク州内で引っ越しを繰り返し、最終的にはオハイオ州に居を定めた。父のウィリアムは、特許医薬品の巡回販売をしており、詐欺師として記憶されている。母のエリザは、敬虔なバプテスト教徒で、息子に信仰心と倹約の大切さを教えた。

「ジョン・D・ロックフェラーが、スタンダード・オイルの経営の舵取りに際して、最終的に父親の質の悪いずる賢さに従ったのか、それとも母親の厳格で立派な態度に従ったのか、それが彼の歴史的評価に最も重くのしかかっている問題である」と、伝記作家ロン・チャーノは述べている。[12]ロックフェラーは、クリーブランドにある公立のセントラル高等学校に通い、フォルサム商業大学で十週間の簿記講習を受けた。一八五五年、農産物を出荷していたヒューイット&タトル社に帳簿係として雇われ、ビジネスの進め方を学んだ。彼が輸送料の交渉を担当したことは、後に、とりわけ貴重な経験となる。[13]

回顧録の中で、ロックフェラーは、自分の家庭生活をもっと牧歌的に描いている。父親があれこれ怪しげな投機事業に手を染め一家を捨てた時代については、一切触れていない。その代わり、ロックフェラーは、以下を覚えている。

父に対しては、私を実践的に鍛えてくれたことについて大きな恩がある。父は、さまざまな事業に取り組んでいた……これらについて、その意味を説明しながら私に教えてくれたものだ。そして、事業の原理と方法を教えてくれた。少年時代から、私は、小さな帳簿を付けており、それを「帳簿A」と呼んでいたのを覚えている。……この小さな帳簿を今でも持っている。そこには、私の収支、そして定期的に少額の寄付をすることについても記録されている。当然ながら、多数の使用人がいて何でもやってもらえる人たちよりも下流家庭の人の方が、家族生活が緊密である。私は、自分が下流家庭の階級であったことを幸運に思っている。(14)

ロックフェラーは、事業の原理原則を学び、それを系統的に実践したことが自分の成功の要因であるとした。合法的な事業で利益を稼ぐことについては道徳原則に従っており、稼いだお金の一部を慈善事業に寄付する教会の教えにも従っていると自ら信じていた。草創期に受けた銀行融資について、ロックフェラーは、「ハンディ氏は、私たちが保守的でしかも適切な路線で事業を行うものと信じ、私を信頼してくれた。この時について、私は、人が正しいと思う経営理念を貫くことが時にいかに難しいかという例をよく思い出す」と回想している。(15)

渋沢、カーネギー、ロックフェラーの三人は、若い頃の経験を振り返りながら、これらの出来事が自らのキャリアを形成する重要な教訓になったと語っている。渋沢は、ビジネスキャリアによる社会的地位を高めながら、野心的で優秀な人材が社会で活躍する方法として公務員になる以外の道を提供することが自分の使命だと考えた。カーネギーは、勤勉で徳の高い者は出世し、怠け者で不道徳な者は出世しないという自然法則を信じるようになった。ロックフェラーは、お金を稼ぎ、それを賢く使うことが宗教的な義務であると信じていた。彼ら各人のストーリーには実際に多くの紆余曲折があったけれども、皆、自分のビジネスキャリアを決めるきっかけになった若い頃のエピソードを覚えている。

二　大企業の積極的な役割の明確化

各リーダーは、それぞれの社会で大企業の新しい役割を定義していた。明治の日本だけでなく南北戦争後のアメリカにおいても、企業の規模は、それまでとは比較にならないほど大きくなっていた。政府だけでなく、中小企業のリーダーたちも大企業の力を恐れた。渋沢は、日本におけるビジネスリーダーの倫理性を高めると同時に、大企業には何も恐れるものはないことを人々に納得させるために、現代のビジネスリーダーが江戸時代の商人よりも道徳的に優れていることを明確化しようとした。カーネギーは、進化の自然法則が働いていること、および大企業は文明と人間の可能性の進歩を象徴するものであることを著作の中で主張した。ロックフェラーは、スタンダード・オイルのような大企業が規模の経済、効率性の向上、そして消費者にとってより安価な製品をもたらすと信じていた。

南北戦争後のアメリカや明治維新後の日本では、急速な工業の発展により、起業家にとって新たな機会が生まれた。カーネギー、ロックフェラーそして渋沢も、それまでの世代が考えていたよりもはるかに大きく、強力で、豊かな事業を構築していた。産業界の大物の初期の例として、彼らは、大企業のリーダーのために自分たちの社会における新たな役割を作り、このため、しばしば、厳しい批判にさらされた。彼らは、大きな富を得たが、経済生活への貢献が必ずしも、社会のエリートに受け入れられたとは、または一般大衆から感謝されたとは限らなかった。渋沢は、第一銀行の頭取として、国づくりのために捧げられた近代的なビジネスと徳川時代の倫理的に疑わしい商人層とを峻別することで、ビジネスにおけるキャリアをより魅力的なものにしようとした。ロックフェラーは、当初は自分の行動を説明しようとしなかったが、やがて口を開き、スタンダード・オイル設立という行動は混沌とした石油業界に秩序をもたらす自分に与えられたキリスト教の使命であると説明した。他の二人とは対照的に、カーネギーは、高次の権力に訴えることなく、鉄鋼業における自分の仕事を文明と科学の進歩に役立つという非宗教的な観点に置いていた。三人とも社会的地位や名声の向上を切望していたが、その目標へのアプローチの仕方は異なっていた。

この三人の中で、渋沢は、ビジネスに対して最も敵対的な社会情勢に直面していた。一八六八年以前は、商人は寄生虫とみなされ、営利を目的とする企業は道徳的に疑わしいとされていた。一昔前の商人と現代のビジネスリーダーを区別するために、渋沢は、国に奉仕しかつ全体の利益のために働く新しいタイプの企業家として、「実業家」、文字通り、「実業の人」という概念を用いた。歴史学者のヨハネス・ヒルシュマイヤーは、以下を示唆した……渋沢によるこの新しい言葉の使用は、政府の役人の儒教的価値観と実業家の商業的利益の双方に受け入れられる言葉で、日本の資本主義の将来像を上手く伝えた彼の努力の一部であった。実業家が低い社会的評価に甘んじていたロシアと対照的に、ヒルシュマイヤーは、「日本では、早くから社会的地位を得ることによって起業活動が刺激された」と述べている[16]。

渋沢は、日本の国の繁栄と国力に貢献する実業家（起業家）の倫理観を説明する際に、「道徳と経済の一体化」という言葉をよく口にした。「論語と算盤」と題した講演集で、彼は、儒教の教養を経営への応用に向けた解釈を示している。「武士道と実業道」と題したこの著作の中の一節で、渋沢は、徳川時代の商人や職人たちが儒教の教義を根本的に誤解し、武士階級にしか通用しないものと考えていたことを指摘している。また、かつての儒学者たちも、商業活動が社会道徳と相容れないと考え、同様に誤解していた。自分の主張を裏付けるために、渋沢は、「地位と富は、賢者が望むが、貧しさや欠乏は、誰も望まない」と書いている[17]。その後、西洋諸国が文明的であるのは商業を非常に重んじるからであると、そして西洋の人々は利益を重視するから公衆道徳が高いのだと主張した。

欧米の実業家をかなり理想化し、「(これらの国の商人は) 損得勘定があるので互いの契約を尊重し、一度約束すれば、必ず守り、破らない」[18]と主張した。彼は、西洋の誠実で公正な取引についての自分の考えと、束の間の利益のためなら何でもするであろうと自分が考える日本の伝統的な商人階級についての自分の見方を対比させた。

ロックフェラーや渋沢以上に、カーネギーは、自分についての世間のイメージの管理に特に気を配っていたようだ。伝記作家のデビッド・ナッソーは、アンドリュー・カーネギーに関する記述の冒頭で、「我々は、彼を知っているつもりだったが、そうではなかった。そして、それが彼の望みでもあった。」との一節を残している。彼の「アンドリュー・カーネギー自伝」(*Autobiography of Andrew Carnegie*) は、彼の生涯を通じて書かれ、死後は、妻ルイーズ・カーネギーの選んだ編集者によって改訂もされた。金持ちになったカーネギーは、ニューヨークに移り住み、ハーバート・スペンサーやマーク・トウェインといった作家と親交を深めた。自分の道徳観や産業観を公表するために「富の福音書」(Gospel of Wealth) に関する一連のエッセイを出版し、また、定期的にマスコミに発言していた[19]。彼の著作や公的な発言から、カーネギーが定期的に自分の政治的、哲学的な見解を喧伝し、自分の産業上の成功物語を注意深く作り上げていたことがわかる。

カーネギーは、しばしば、知識人と交際し、ダーウィンの思想を社会科学に応用したハーバート・スペンサーの強力な支持者になった。カーネギーは、スペンサーが提唱した進化論的変化に賛同し、能力のある人間は、文明を発展させ、その蓄えた富を次世代の野心家が活用する。カーネギーは「富の福音書」に続くエッセイで、優秀な経営者であれば必然的に金持ちになれるだろう、生まれつき恵まれている者は神聖な責任を負っていると示唆した。

競争、蓄財および分配についての今の法律は、得られる最良の条件であり、これを通じて、人類は、その最も価値のある果実を得ることができると仮定された。したがって、これらの法律は、受け入れられ、支持されるべきものである。これらの法律の下で、巨万の富は、必然的に非常に優れた少数の経営者の手に流れ込むものと考えられた。ここで、疑問が生じた。彼らの余剰の富をどうすればいいのか？　そして、「富の福音書」は、余剰財産は神聖な信託とみなすべきで、所有者が生きている間は、その財産を得ていた地域社会の最善の利益のために信託管理人としての上記の所有者によって管理されるべきであると主張している[20]。

ここでは、カーネギーは、富裕層に地域社会への還元を求めており、地域社会は才能によって富を得た人々を尊敬すべきであることを暗に示した。さらに、この尊敬は、富裕層がその富を自ら分配することを認めることにも及ぶべきである。

ロックフェラーは、渋沢やカーネギーに比べると、自分の主張を説明する必要性をあまり感じておらず、考えていることを自分の胸にしまっておく人物と記憶されている。一八八八年、スタンダード・オイルに関するニューヨーク上院の調査で尋問を受けていたとき、ロックフェラーは、法的に要求される以上の情報を開示しないように注意した。後年、彼は、以下のように回想している……「私は、ブリュースター氏やフラグラー氏のように、弁護士と口論になるような短気な証言はしていない。自己の感情を抑えた。任意に証言に応じることは、私の証人としての義務ではなかった。私を罠にはめようとしたなら、彼らを自ら路面電車に乗り込ませた（逆に罠にはめ、追い出した）。

またロックフェラーの弁護士ジョセフ・チョートは、ロックフェラーのパートナーたちが「ロックフェラーが何を考えているかはほとんどわからないが、ロックフェラーは、彼らが何を考えているかはいつもわかっていた」と語っていた[21]。ロックフェラーは、パートナーや競合他社、議員やマスコミには説明せず、ほとんど沈黙を守っていた。これは、いろいろな意味で強みであったが、世論には不利に働くこともあった。

反トラスト法違反の訴訟が法廷を通過する中、出版社のフランク・ダブルデイは、ついに、ロックフェラーを説得し、一九〇八年、ダブルデイのゴーストライターによる回顧録を連載し、「人物と出来事のランダム回想録」(*Random Reminiscences of Men and Events.*)として出版した[22]。ロックフェラーは、回顧録の中で、スタンダード・オイルの隆盛は国にとって有益であり、努力と創意工夫の賜物であると述べている。

スタンダード・オイル・カンパニーは、長年にわたり、一歩一歩発展してきた。私は、スタンダード・オイル・カンパニーが事業の効率化を進める中で価格を低下させつつ石油製品を国民に供給する業務を十分に果たしてきたと確信している。顧客の家を訪ね、実際に使う人の都合に合わせて石油を配達しながら、まずは、大きな中心地へ、次は町へ、そして今では小さな町や村へと徐々にサービスを拡大していった。これと同じ仕組みを世界各地で展開している。例えば、ヨーロッパの町や小さな集落に至るまでアメリカの石油を供給するタンク貨車を三、〇〇〇台保有している。日本、中国、インド、そして世界の主要な国々で、自社所有の給油施設と従業員がほぼ同様の方法で石油を届けている。この商売が勤勉以外の何かで発展してきたとお考えでしょうか？[23]

ロックフェラーの出世はアメリカのサクセスストーリーであるという話を、多くの人が信じようとしたのである。

一九〇八年五月二十日、ダブルデイ社は、ニューヨークでロックフェラーとマーク・トウェインを基調講演者に迎え、雑誌出版社の昼食会を開催した。ロックフェラーは、それまで敵対していたマスコミを味方につけて、見事な成功を収めた。マーク・トウェインも以下のとおり述べている。

ロックフェラー氏は、立ち上がり、愛想よく、思慮深く、分かりやすく、倫理的に、そして驚くほど効果的に話し、話の区切りではほとんどすべて、拍手喝采に遮られた。彼が席に座ったときには、全員が彼の友人になっており、彼は、私が知る限り最も完全な勝利を収めた中の一人である。そして、昼食会が終わると、人々は皆同じ衝動に駆られて前へと進み、一人一人が勝者に心のこもった握手をし、それとともに、彼の演説家としての演技に心からの賛辞を送った。(24)

これら三人のビジネスリーダーはいずれも、自分の出自を超える出世をし、社会的な地位を得ようとした。彼らはそれぞれ、社会のエリート層にすればアウトサイダーである。渋沢は、農家の出身であり、このため、徳川時代の官尊民卑を良しとはしなかった。彼は、その生涯を通じて、ビジネスリーダーが学者や官僚の理想とするものと道徳的に同等であり得ることを示そうとした。カーネギーは、アメリカに移民し、児童労働者からスタートして名を成していった。彼は、ビジネスの成功と寛大さによって尊敬に値する典型的な立志伝中の男を演じた。ロックフェラーは、キリスト教的な謙遜からか、それとも鋭いビジネスセンスからか、そのキャリアを通じてほとんど沈黙を守っていた。しかし、引退後は、パートナー、従業員、顧客、さらには競合他社の利益のために石油業界を組織化したことを自分のストーリーの一つとして語ることにより積極的であったようだ。リーダーはそれぞれ、自分は社会をより良くするためにビジネスに取り組んでいると考えていたため、ジャーナリストや政府の規制当局から激しい攻撃を受けたことに驚いた。彼らは回顧録の中で、大企業が社会の中で肯定的な力であることを訴えようとした。

三　哲学と宗教

各リーダーは、回顧録の中で、個人的な哲学的・宗教的信念に、特に突き動かされていたと語っている。カーネギーは、進化の自然な過程を宗教とは無関係に信じており、こうした力が、必然的に、他の起業家や企業をはるかに凌ぐ成功に導いたと考えた。ロックフェラーは、敬虔なバプテストであり、ビジネスの成功は、人生におけるキリスト教徒としての一部であると信じていた。渋沢の信念は、この二つの中間的なものであった。彼は、ロックフェラーほど信心深くはなかったが、高潔な者には報い、利己的な者には罰を与える宇宙における道徳的な力として天を信じていた。それぞれの事例では、個人の哲学や宗教が自分の人生を語る上で重要な役割を担っていた。

多くの経営者が、自分と株主のために利益を上げること以上には、自分の事をあまり考えなかったのに対し、渋沢、ロックフェラー、カーネギーは、それぞれ個有の経営哲学を創り、演説や著作でその哲学を分かち合った。渋沢は、金儲けの道徳や日本のために働く義務についての考え方の基礎として、常に儒教の論語に信を置いた。ロックフェラーの場合は、彼のバプテスト派の宗教的背景により、石油産業の効率を上げ、消費者に安価なエネルギーを提供しながら金儲けをする天命を彼に与えた。カーネギーは、社会の進化と文明の進歩を助けるために鉄鋼業を経営する、世俗的な哲学を作り上げた。自分の事業活動を自他ともに正当化させることの必要性は、巨万の富の追求や贅沢な暮らしが不道徳とされる環境で育ったことによるとみられる。渋沢もまた、「道徳と経済の両立」を提唱し、商人を強欲と見なし、金儲けを卑しい行為と見なし、見下す、日本社会の積年の伝統に対抗していた。江戸時代、徳川の役人は、長期にわたる内戦の後の日本社会を安定させるために儒教を利用した。社会の身分階層は、文武両道の教育を受けた武士を頂点に、これに農民や職人が続きそしてその下層の身分を占める商人で固定化されていた。孔子曰く、「高貴な人は、誠実さを知る。小人は、利を知る」（語録Ⅳ、６）と。道徳と商業は、通常、両立しないことが当然とされ、武士階級の役人がその地位を利用して下層階級の人々を虐待することが、頻繁であった。

ロバート・ベラは、徳川時代の宗教の研究において、宗教の変化が地方における経済合理化に寄与していることに気が付いた。経済的利益は、地域社会の繁栄に寄与するものであれば、道徳的に許されるものであった。特に十九世紀初頭の農民思想に影響を与えた二宮尊徳は、こう述べている。

産業と経済によって、見捨てられた荒れ地の再生と開発、借金の返済、貧しい人の救済、村や地方の救済のための基金として自分の余ったお金を貯めることによって、家々の救済や村々の救済を行うことによって、己の天分に従い身の丈にあった生活をしている人は誰もが、日本全体が豊かになることで（この豊かさは外国にも広がるべきである）、天、地、人から受けた数々の恩恵をその見返りとして受けている。

二宮の主な考え方は、勤勉と倹約は共同体の物質的繁栄に貢献する人の道徳的義務を果たすための一つの方法であることだ。

歴史的に見て、欧米社会でも利己的な利益を追求することには懐疑的な見方があった。聖書の中で、イエスは、「人は、二人の主人に仕えることはできない。一方の主人を憎み、他方の主人を愛するか、または、一方の主人に固執し、他方の主人を軽んじるかのいずれかである。あなたは、神とマモンの両方には仕えることはできない（マタイ伝6：24）」と言っている。この考え方では、人々が金儲けに集中しすぎると、神を礼拝し、隣人を気遣う義務を怠ることになる。やがて、人々が生計を立てるための正当な稼ぎと、罪深い欲に駆られた利得は、区別がされるようになった。キリスト教が強い影響力を持つ地域で資本主義が定着したことについて、社会学者のマックス・ウェーバーがこれを勤勉と倹約の美徳を称え、物質的な豊かさを神の祝福の証拠とみなした。「現生的な禁欲主義」と呼ぶものを人々が受け入れていると論じたことは有名である。「富が倫理的に悪いのは、怠惰と罪深い人生の享受への誘惑である限りにおいてであり、その獲得が悪いのは、後日を気兼ねなく陽気に暮らすことを目的としている場合のみである。しかし、使命における義務の履行としては、道徳的に許されるだけでなく、実際に命じられている。[26]」

十八世紀、アダム・スミスは、人々が自己の利益を追求することで、分業や貿易による利益を通じて、より豊かな社会が実現すると主張した。スミスは、「道徳感情論」（*The Theory of Moral Sentiments*）の中で、人は、一般に互いの成功を見たいと思うものであり、この共感が利己的な野心を抑えるのに役立つと指摘した……「人間は利己的であるとしても、ある道理がその本質にあることは明白である。自分には何も得るものがなくとも、他者の幸運に関心を持ち、その幸運を自分にとってもかけがえのないものにすることである。[27]」スミスは、人々が互いに共感し合うことで、規制のない市場で起こりうる貪欲な搾取を抑制することができると考えた。市場の利点について、スミスは有名な文章を残している……「われわれが食事をできるのは、肉屋や酒屋やパン屋が博愛心を発揮するからではなく、自分の利益を追求するからである。我々は、彼らの人間性ではなく自己愛に訴え、彼らに自分の必要性を話すのではなく、彼らの利益を話すのである。[28]」市場は、人々が特定の職業に特化し、すべての人に利益をもたらす財やサービスを交換することを可能にした。利潤追求は、直観とは異なり、慈善に呼び掛けることよりも、豊かな生活と才能の分かち合いにつながった。

国全体のレベルでは、スミスは、自由市場が国民の生産的エネルギーを解き放つと考えた。「各人が自分の状態を良くしようとする自然な努力は、非常に強力であり、何の援助がなくとも、それだけで社会に富と繁栄に導くことができるだけでなく、人間の法律の愚かさがあまりにも頻繁にその活動を妨げている百の不遜な障害も克服することができる。(29)」

渋沢は、儒教の「天」についての見方は非人間的な道徳的な力であり、善人には恩恵を与え、悪人からは恩恵を取り去ると考えた。渋沢は以下を述べたとき、自分のキャリアにおける儒教への傾倒を強調した。「経営者としての責任において、私は、仕事が国家にとって重要であること、道徳的な原則に合致していることを心の中で忘れなかった。どんなに小さな事業でも、どんなに個人的な利益が少なくても、その事業が国にとって重要なことであれば、合理的に経営することに喜んで応じた。こうした理由から、私は、論語を商売の「聖書」と考え、孔子の説く道から一歩も外れないように懸命に働いた。(30)」渋沢は、道徳原則に導かれたビジネスの重要性が要点であることを繰り返し強調した。

ロックフェラーは、地上の神の仕事を進める者は神から祝福されると信じる敬虔な福音主義バプテストである。しかし、彼は、競合他社を事業から追い出すための卑怯な手段を使うことに、何ら道徳的な呵責を感じていないようだった。これを偽善と捉える者もいたが、伝記作家のロン・チャーノは、ロックフェラーの信仰は本物であり、ビジネスにおける彼の衝動を抑制するのではなく、むしろ強化するものであると主張した。「宗教は、物惜しみしない遺産分配に劣らず彼のビジネス上の悪行をも正当化し、彼の強い欲求の支えとなった。宗教が彼を偉大にしたとすれば、それはまた、彼の行動を神学的に正当化するための武装であり、その残酷な結果に対して彼を盲目にさせたかもしれない。[31]」ロックフェラーは、自分が石油産業を組織する神の代理人であると信じ、その大義の正しさには疑いを持つことはなかった。

渋沢やロックフェラーが道徳的な指針を得るために高次の権威に頼るのとは異なり、カーネギーは、他者の自助努力を支えるために文明の大義を進めることが必須であるとしたハーバート・スペンサーの「社会ダーウィニズム」(Social Darwinism)に基づく非宗教的な哲学を持っていた。カーネギーは、ダーウィンとスペンサーの思想を知った時のことをこう語っている。

> 人間が有益なものを持ち続けながら、有害なものを拒絶しながら、自分にとって有益な心の糧をどのようにして吸収してきたかを説明するページに至ったとき、私は、光が洪水のようにやってきて、すべてがクリアになったのを覚えている。神学や超常現象から解放されただけでなく、進化論の真理を発見した。「すべてが良くなれば、万事が良い」(All is well since all grows better) が私の座右の銘となり、心の拠り所となった。人間は、自己を堕落させる本能をもって創造されたのではなく、低次のものから高次の形態へと昇華していったのである。また、人間が完成の域まで進むには、考えうる限りの終わりはない。顔は光に向けられ、日差しの中に立ち、上を向いている。[32]

これは進化論を楽観的に解釈したもので、カーネギーは、自然の力と協力して自然界や人間社会を改善できると信じた。

渋沢、ロックフェラー、カーネギーは、農耕経済から工業経済への移行期にあたる社会に生き、それまでの道徳観と自分の事業活動を調和させる哲学を身につけた。渋沢は、徳川時代の儒教の流れを汲み、民衆に繁栄をもたらす商工業の役割を見直した。ロックフェラーは石油産業を合理化し、自分の富を人助けに使うことで、自分の良心を通して明らかにされた神の意志を実行していると信じていた。カーネギーは、他者が自らを助けることに資するため、巨万の富を蓄積する産業界の大物が進化の自然法則によって優遇されていると考えた。いずれの事例でも、自信喪失を取り除き、新たに獲得した富がそれまでの道徳的価値観と一致していることで、彼らは、その信念を確かなものにした。

四　労使関係

カーネギー、ロックフェラー、渋沢は、労働者に対する家父長的な態度が似ており、労働組合やあらゆる形態の社会主義に反対した。カーネギーは、自分が工場の現場で働く労働者であったことから、従業員に対して特別な理解とつながりを持つことができると考えた。彼は、労働争議は根本的に対立する利害関係ではなく、誤解の結果であると考えた。ロックフェラーは、賃金を決定する自然法則としての市場原理を固く信じ、神の寵愛を受けた者は裕福になれると信じていた。団体交渉で賃金を上げようとすることは、神や自然の法則に干渉するものだと考えた。渋沢は、企業を儒教的な国家としてとらえ、資本は、仁を以て治め、労働は、従順な感謝をもって働くべきとした。資本と労働の両指導者の道徳的修養が、渋沢にとって労使関係の調和への道であった。自力で成功を収めた人として、彼らは、資本主義は実力主義であり、賢く、勤勉で、徳のある労働者は自分たちのように裕福になれるという信念を持ち続けていた。

カーネギーは、元工場労働者であったことから、労働者の考えを理解し続けることができると考えた。次の文章で、彼は、労働争議の多くは誤解の結果であることを示唆している。何が労働者のためになるのかを経営者が明確に理解し、温かい配慮を示せば、ほとんどの労働トラブルは防げるはずである。

労働問題が単に賃金に関わる問題ではないことを証明するような出来事が、私の実業人生には数多くあった。私は、もめ事を防ぐ一番の方策は、労働者を評価し、誠実に関心を寄せ、彼らのことを本当に大切に思っていること、そしてその成功を喜んでいることを彼らに納得させることだと思う。これは、私が心から言えることである。労働者との話し合いは、必ずしも賃金に関するものばかりではなかったが、いつも楽しかった。労働者のことをよく知れば知るほど彼らを好きになった。彼らは、通常、雇用主の一つの美徳に対して二つの美徳を持っており、お互いにもっと寛大であることは間違いない(33)

カーネギーは、労働者が有用であることを理解し、その関心は、低賃金と長時間労働にあるのではなく、労働者の幸せを維持するために、福利を十分にすることにあった。

ロックフェラーは、信仰者と無信仰者に分かれる世界という宗教観を持っており、これが組合労働者に対する理解にも影響を与えたようである。彼は、スタンダード・オイルで働く会社の内部関係者は家族の一員として厚遇されるべきであり、外部からの不正行為には十字軍的な熱意をもって対抗すべきだと信じていた。結果的に、ロックフェラーは、外部の人が自分の経営判断に影響を与えようとするいかなる試みにも抵抗した。政府であれ、ジャーナリストであれ、労働組合であれ、これらを、無駄を省き、秩序あるビジネスを維持する自分の使命に対して干渉する不正行為と非効率の元凶とみなしていた。彼は、経営者と労働者の間のいかなる問題も、キリスト教の愛と憐れみの精神で解決できるものと信じていた。

実際、多くの従業員が、彼を親切で寛大な雇用主であると記憶していた。ある製油所の従業員は、「彼は、いつもみんなにうなずき、優しい言葉をかけていた」と振り返る。彼は、決して人を忘れなかった。私たちは、初めの頃、事業が困難な時期があったが、ロックフェラー氏は常に友好的で親切であり、穏やかだった。何があっても感情を高ぶらせることがなかった。[34] また、別の人が同社についてこうも語っている……「これまで、ストライキもなく、労働者が不満を抱いたことはない。今日、スタンダード・オイル・カンパニーほど、年功者の老後を気遣う企業組織はない。[35]」

ロックフェラーは、多くの競合他社よりも良い賃金を支払っていたが、スタンダード・オイルでは労働組合の組織化を容認せず、規制のあらゆる試みに抵抗した。スタンダード・オイルは、安定した収益性を持っていたため、経営陣は、石炭や鉄鋼業の労働者よりも自社の労働者を手厚く扱うことができたが、ロックフェラー自身は、組合活動の開始を決して許さなかった。[36] 彼は、回顧録の中で、自分の労働観を明言した……「労働者は、雇うに値するものであり、それ以上でもそれ以下でもなく、長い目で見れば、給料に相当する貢献をしなければならない。これをしなければ、おそらく、非常に貧乏になる。物事のバランスを一気に崩してしまう。この条件を人為的に維持することはできないし、職業の根本的な法則を変えることもできない。[37]」もし、自然の法則が賃金や労働関係を支配しているならば、労使間の不公平は完全に正当化されるとロックフェラーは考えた。

ロックフェラーは、労働組合についてこのように述べている……「自分たちの組織に立派な名前をつけ、一連の正しい原則を宣言するので、最初は、すべてがすばらしい。しかし、すぐに彼らの組織化の真の目的ができるだけ少なく働き、できるだけ多くの報酬を得ることであることが明らかになった。」また、彼は、労働者は余分な稼ぎを悪行に使うだけだとも考えていた……「映画やウイスキーや煙草にお金を使う[38]」ロックフェラーは、労働者が組織化する理由は、怠け者の労働者を保護すること、または、生産的な投資から無駄な娯楽へと利益を誤った方向に導く賃金の引上げを扇動すること以外にないと考えていた。彼は、企業が利益を上げるために結託することには何の問題もないと考えていたが、同じ権利を労働者にまで広げることはしなかった。

渋沢は、工場や労働組合を規制する法律に反対し、労働争議を克服する一つの手段として、雇用主側の儒教的な仁義を信用していた。一九一七年の講演でこのように言っている……「労働者は、できる限り、会社における家族の一員となるべきである。会社が親切な待遇、病気の時の十分なケア、労働者の子供の教育、レクリエーション施設など、労働者を支援する慈悲深いルールのある統一された王国となれば、労働者が労働組合を結成する必要がなくなるだろう[39]。」

一九二六年の論文で、渋沢は、再び労働問題の道徳的・人間的解決策の考え方を推し進めた。「日本の実業家は、家父長主義やそれと似たような考え方を口にする。組織が大きくなると、それ相応の考え方が必要になる。しかし、彼らは、常に労働者の人間性を無視し、単なる商品として考えている。これは大きな間違いである。もちろん、実業家は、過激化しそうな労働者の態度が気に入らない。同時に、資本家は、労働者の人間性を認識することが必要である。日本の労働問題を解決する根本的な方針は、資本家と労働者が王道の道徳的な道を並んで一歩進み、個人の欲望のために道を見失うことのないように努力することである[40]。」

渋沢は、一九一九年、協調会に入会した。このグループは、官僚とビジネスリーダーで構成され、労働不安への対処を任されていた。彼らは、労働争議の調停や労働者の自己啓発の集まりが問題解決の一助になることを期待した。この集まりは、「資本家、労働者である前に、まず人間であること」をモットーにした[41]。

渋沢は、労使は協力関係を生むために十分な共通の利益を見出すことができると考えた。彼は、このように言っている……「伝えられたところによると、イギリスでは、戦後経営の一つの方策として、労働問題解決を委託する委員会の委員に選出された同数の雇用主と労働者で成る組織を設立し労使間の調和を図ることが雇用主から提案されたとのことである。このような計画は、日本でも十分に検討されるべきものだと思う[42]。」労働組合が経営者と対立するのではなく両者の代表で構成される組織があれば、渋沢は、対立する労使関係をより協調的にできると考えた。

協調会は、労働問題や科学的な経営手法に関する報告書の発行、労働者に対する教育プログラムの実施、労働争議の調停などに取り組んだ。評伝を書いた島田昌和は、次のように記している。「協調会が仲介した労働紛争では、経済的な問題が絡むと、労働者側に比較的有利な結果となった。政治闘争の場合、あるいは労使が頑なに対立して感情的な意地の張り合いをした場合、早期解決を重視し、調停の結果が労働者側に厳しくなる傾向にあった[43]。」この記述から、政府やビジネスリーダーは、賃金福利厚生や労働条件の交渉には積極的であったが、労働組合や急進的な政党がより大きな力を得る可能性のある労働ストライキやその他の行動に対しては、強硬な態度をとったことが分かる。

カーネギーもロックフェラーも渋沢も、労使間の紛争は相互理解によって解決できるものと考えていた。彼らは、戦闘的な組合や階級闘争の考え方に反対した。カーネギーは、労働者階級の出身であることから、労働者を特別に理解することができると考えていた。ロックフェラーは、労働者の組織者は、怠け者で効率の悪い労働者を保護し不当な賃金を強要することにしか興味がないと考え、組合結成に対して最も強硬な姿勢をとった。渋沢は、経営者と労働者の双方がモラルを高めることで、問題解決に向けた協働の取り組みにつながることを期待した。彼らはいずれも、敵対的な労使関係のモデルや急進的な労働組合の正当性を認めなかった。

五　批判とスキャンダル

この三人のリーダーはそれぞれ、そのキャリアの中のどこかで世間の批判やスキャンダルに直面している。その中で、最も厳しい批判は、各人が慎重に構築してきたシナリオを覆すようなケースに集中していた。ペンシルベニア州ホームステッドにあるカーネギーの製鉄所では、ストライキの打開を図った結果、暴力事件が発生し、労働者の利益を最優先するカーネギーの主張が損なわれてしまった。ロックフェラーが亡夫の石油事業を適正価格よりはるかに低い価格で売却するよう強要したという未亡人の訴えは、スタンダード・オイルのすべての事業取引において細心の注意を払い、公正であるとの彼の自己イメージを裏切るものだった。渋沢が推薦した会社社長の自殺につながる斡旋収賄のスキャンダルで、渋沢の商道徳の訴えは嘲笑の的になった。これらの事例において、カーネギー、ロックフェラー、渋沢の三人はいずれも、報道で不当な扱いを受けたと主張し、何らも不正について咎めるものはないと主張した。

カーネギーが最も厳しい批判にさらされたのは、ホームステッド・ストライキのすぐ後であった。一八九二年七月、ヘンリー・フリックは、カーネギー自身の支援を受けて、鉄鋼労働者の賃金カットに動いた。鉄鋼労働者協会（Amalgamated Association of Iron and Steel Workers）は、ストライキを組織した。フリックは、ストライキを起こした労働者を締め出し、代わりの労働者を雇うことで対応した。カーネギー・スチールが会社の財産と代替労働者を守るために雇ったピンカートン探偵社の武装した警備員三〇〇人をスト中の労働者が攻撃したことから、暴動が勃発した。何人かが殺され、組合は最終的に敗北した。これにより、カーネギー・スチールは、自由に賃金をカットし、一日十二時間労働制を導入した。カーネギーは、公の場では労働者の友人を装っていたが、労働者への配慮なしに会社の利益を最大化しようとしていることは明白だった[44]。

カーネギーは、自伝の中で、ストライキの原因は一部のトラブルメーカーの行動と、労働者がピケラインを越えるのを防ぐためにピンカートン（Pinkerton Detective Agency）の武装警備員を雇った経営陣の軽率な判断にあるとした。

会社の規則として以前に文書に定めたことに言及したい。」……私の考えは、どのような仕事でも、労働者が仕事を止めると決めた場合、会社に必ず知らせること。それは、その人と自由に話し合って、その人が仕事に戻ることを決心するまで辛抱強く待つこと。決して、新人を雇おうとはしないことである。「人として最高の人、そして最高の仕事人は、仕事を探して街を歩いているわけではない。概して、凡庸な人だけが仕事をしないでブラブラしている。私たちが望んだような人は、たとえ、不景気なときでも、仕事を失うことはほとんど無い。近代的な製鉄所の複雑な機械を新人にうまく操作させることは、大変に難しい。新人を雇い入れようとしたことで、働きたいと願っていた何千人もの老人が、我々の政策についてのいい加減な賛同者に変わってしまったのだ。労働者は、常に、新しい人を雇用することに憤慨していると考えられるからである。誰が彼らを責められるだろうか[45]？

この評価には悪意がある。なぜならば、カーネギーは、ホームステッドで何が起きているかを電報で知らされていたが、ストライキの展開に伴って会社の方針を変更する旨の指示は送っていなかったからだ。ピンカートン探偵社は、はしけに乗り込んで製鉄所に上陸しようとしたが、製鉄所を支配する労働者の抵抗に遭った。撤退を求められたピンカートン探偵社のキャプテン・フレデリック・ハインデは、こう述べている……「我々は、この会社のためにこの製鉄所を占有し、警備するためにここに送られたのだ。血は流したくないが、上陸すると決断した以上そうするしかない。もし、あなた方が撤退しないなら、我々はあなた方を一人残らずなぎ倒しても中に入る。解散した方がいい、我々は上陸するのだから。(46)」それに続いて起きた戦闘の結果、労働者とピンカートン探偵社の双方に死者が出た。

ホームステッド・ストライキをめぐる悪評に反応して、カーネギーはこのように言った……「我々は、労働組合主義よりも非労働組合主義の方が人にとって良いことを示さなければならない。支払う賃金は、当然、市場の規制を受けなければならない。しかし、労働者とその家族の快適さと喜びへの配慮を示すものにおいては、我々は誰の干渉も受けずに、自由に取り扱うことができる。(47)」彼は、低賃金と過酷な環境での長時間労働を償うには、雇用者の慈悲の心があれば十分だと考えていたようだ。

一八九四年、ジャーナリストのハムリン・ガーランドがホームステッド工場を視察し、労働者と面会した。別れの挨拶と言おうとすると、彼らの一人が「仕事全体で一番悪いところはこれだ」と言った。

「人を残酷にする。どうしようもないことだ。最初は人間的に働けたが、だんだん機械になり、楽しみはほとんどない。過酷な労働のようなものだ。肉体的にそうであるように、精神的にも道徳的にも弱らせる。長時間労働がなければ、それほど気にならない。労働時間を短くできれば、多くの作業がうまくいく。十二時間は長すぎである。[48]」

鉄鋼労働者協会を解散させることで、カーネギー・スチールはさらに大きな利益を得ることができた。八時間だったシフトが十二時間になったことで、ますます多くの労働者が非熟練労働者となり、劣悪な環境で働くことになった。カーネギーはピッツバーグをほとんど訪れず、工場にも行かなかったが、利口で徳のある労働者は社内で出世できると考え続けていた。

ロックフェラーは、自分が廃業に追い込んだ競合他社や、独占を恐れる政治家たちから反発を受けた。スタンダード・オイルが成長するにつれ、会社やロックフェラー自身もジャーナリストや政府首脳からの監視の目にさらされることが多くなっていった。州を超えて事業を展開するために、複数の会社がスタンダード・オイル・トラストの支配下になった。競合他社は、ロックフェラーとスタンダード・オイルの不公正な事業慣行を非難した。一九〇四年に「スタンダード・オイルの歴史」（*History of Standard Oil*）として出版された『マクルーアーズ・マガジン』（*McClure's Magazine*）の一連の調査記事で、アイダ・M・ターベルは、ロックフェラーのアプローチは、競合他社に勝つことあるいは競合他社を破壊することのどちらかであると述べた。

ターベルは、スタンダードの競合他社について次のように書いた。

彼らには、なすすべがほとんどなかった。中央協会（Central Association）がスタンダード石油会社であり競合他社を支配下に置くか廃業に追い込むために密かに活動しているという事実を実際に証明する手段が何もなかった。スタンダードが他の鉄道会社の支払う最低料金に対してリベートを受ける契約をセントラル鉄道、エリー鉄道、ペンシルバニア鉄道と締結していた事実について、競合他社は、これを実際に知る由が何もなかった。[50]

独立系製油会社の製品市場開拓を阻止しようとするロックフェラーの戦略を批判し、ターベルは、次のように書いた。

ロックフェラー氏の仕事は、そのような発展を何であれ阻止することだった。彼は、「略奪的競争」のシステムによってその仕事を行う十分な知識を身に付けていた。なぜならば、ロックフェラー氏がライバルを市場から追い出すための安値販売は自分が是正する使命である不正の一つであると主張していたにもかかわらず、彼自身が躊躇なくこの不正をしたからである。実際、彼は、計算と無限の忍耐で競合他社を市場から追い出すために、自分が望む好きな価格で自由に売ることを長年にわたり行っていたのである。[51]

その中で、ロックフェラーが後年の回想録で取り上げることが必要と思ったほどの不評を買った事件がある。クリーブランドのバッカス石油のオーナーが亡くなり、未亡人が会社の資産をロックフェラーとスタンダード石油に売却する交渉をした。彼女は、適正価格を二〇〇、〇〇〇ドルと考えていた。スタンダード社は、七九、〇〇〇ドルを提示し、バッカス石油の株主全員に十年間の非競争的契約にサインさせた。

ターベルは、下記に、バッカス夫人の話を引用して、スタンダード・オイル・カンパニーの社長であるロックフェラー氏の約束は、何一つ果たされることはなかった。彼は、私に一株さえも保持することを許さず、また、私の株の売却交渉に何ら協力しなかった。それどころか、私が不動産を実際の価格よりもずっと安く売却することを余儀なくされたことに、および上記のような抑圧的契約（石油事業で競合をしないための十年間の契約）を結ぶことを要求されたことに、彼は、大きく貢献したのである。[52]

ロックフェラーは、売却は公正であり、バッカス夫人には売却の義務はなかったと強く主張したが、ターベルは懐疑的だった。ターベルは、バッカス夫人が「すべての精製センターで独立系企業が着実に破綻していくのを見守り、個々のビジネスを維持しようとするあらゆる努力が妨害されるのを見てきた」と述べている。善し悪しは別として、バッカス夫人は、販売の拒否がロックフェラー氏との戦いとなり、戦いは最終的に敗北を意味すると考えるようになり、破滅を避けるために事業を断念したのだ。[53]」

未亡人を利用したとの非難は非常に強く、ロックフェラーを、自分の帝国を築くために無力な人々を破滅させることを厭わないあこぎな悪党として仕立て上げた。彼は、自分の回顧録でこの事件を取り上げ、スタンダード・オイルがバッカス夫人を公平に扱っていたこと、彼女の請求はバッカス・オイルの資産に対して大幅に水増しされた価格に基づいていることを示す証拠を提示した。ロックフェラーは、バッカスのスタンダード・オイルへの売却がバッカス夫人を経済的破綻の危機から救ったことが書かれた、バッカス氏の兄から届いた手紙を引用した。[54]

しかし、世論は、スタンダード・オイルに反感を抱き、同社はいくつかの調査を受けることになった。これらの調査は最終的に、同社を独占禁止法上不当な独占企業であるとする下級審判決を支持し、スタンダード・オイルを小会社へ分割することを命じた一九一一年の最高裁判決につながった。

渋沢栄一は、欧米の貿易相手国における日本の商業的評価を高めることの重要性について、たびたび講演を行った。元駐日英国領事ジョセフ・ロングフォードは、一九〇五年の「日本人の商業道徳」(Commercial Morality of the Japanese) と題する論文で、日本の商人の誠実さについて厳しく批判している。

商人は、厳格な封建主義による恣意的な支配によって三世紀にわたって押しつぶされてきた。領主の個人的な要求が彼に課すのにふさわしいと思われるあらゆる要求に常に従わなければならなかったほとんど社会的のけ者である。日本の貿易商が不正直で進取の気性に欠け、商業的誠実さの最も基本的な原則を理解することができず、正直が最良の政策である場合があることを理解することさえできないことは、封建制が続く限り、何らも不思議なことでないのでは[55]?

渋沢は、日本企業が欧米から尊敬されるためには、儒教の倫理観に基づいた行動をとるべきだと考えた。東京商工会議所の代表者たちと行った一九〇九年のアメリカ旅行において、渋沢は、アメリカでのビジネスが日本に良い影響を与えるような方法でビジネスを行う旨を日系人グループに呼びかけた。

渋沢は、保護関税によって外国の砂糖生産者との競争を抑える中で、日本の植民地であった台湾の砂糖を日本に輸入し、利益を得ていた日本製糖株式会社の顧問であった。渋沢が渡米中の一九〇九年、日本製糖の利益を守るための関税を継続させるために賄賂を受け取った国会議員二十三人が有罪判決を受けるとのスキャンダルが起こった。

日本製糖の贈収賄事件がアメリカの新聞に掲載されて、渋沢はさぞかし当惑したことだろう。ニューヨーク・タイムズ紙は、一九〇九年四月十七日と八月十五日に日本砂糖疑惑を報じた。[56]

さらには、渋沢が社長に推薦していた日本製糖社長の酒匂常明が自殺した。マスコミの多くは、渋沢個人を非難した。[57]

ある雑誌はこうまで言っている。

見識のある人は、実は、酒匂を殺したのは酒匂自身ではなく、渋沢栄一であると言うだろう。……賢者の著作を読むのが趣味と言われ、今では「春秋」に合わせた文体で計画案を書く渋沢が、どんな言い訳をするのだろうか。嫌われた酒匂を日本製糖の社長に正当な理由もなく推薦したのは渋沢ではなかったか[58]?

渋沢はこのスキャンダルに直接関与していなかったが、コンサルタントとして同社と関わりを持ったことで、渋沢のイメージは悪くなった。一九〇九年、渋沢は、就任していた会社の取締役のほとんどを退任した。本人は、高齢のため、もともと引退するつもりだったと主張していたが、日本製糖の不祥事で、企業リーダーとしての渋沢の判断に疑問を抱く向きもあった。

彼らはそれぞれ、キャリアの中で様々な場面で世間の批判を浴びたが、誰一人として不正を認めなかった。カーネギーは、ホームステッドの暴動は、労働者側の少数の乱暴者と会社側の過酷な経営者による不幸な結果であると主張した。彼は、流血の原因となった自分の方針については一切責任を認めなかった。ロックフェラーは、競合他社には公平かつ寛大な取引を提供する考えを堅持していた。スタンダード・オイルが時には不正な方法で競合他社を潰す力を持っていたため、自分の戦術が小さな競合他社の事業売却を強要したことを認めることができなかった。三人のうち、渋沢は、自分のビジネス上の取引について最も批判を受けなかったようである。しかし、直接には関係ない日本製糖のスキャンダルにより、世間の非難を浴びることは免れなかった。彼は、スキャンダル発生時は米国におり、日本製糖社長とは距離を置いていた。誰一人として不正を何ら認めず、自分たちの会社が社会のプラスになるという信念を持ち続けていた。

六　企業と政府の関係

三人のビジネスリーダーは、産業経済における政府の役割について、やや異なる見解を持っていた。いずれも、民間企業が経済の支配的な力であるべきだと考えていたが、産業規制における政府については異なる役割を支持した。カーネギーは、保護関税という形で政府の関与が必要な場合もあることを認めたが、こうした政策は、連邦議会議員などの政治家ではなく、技術的な専門知識を持つ産業界の代表が行うべきだと考えた。ロックフェラーは、政府の産業界への介入に断固として反対し、反トラスト政策は、彼のスタンダード・オイル・カンパニーのような優れた産業界の巨人から非効率な企業を守るだけだと考えていた。渋沢は、政府と企業の協力関係がより強固なものと考え、より多くの情報に基づいた産業および貿易政策を推進するためのいくつかの委員会に参加した。

日清戦争当時、軍事予算が拡大する中、渋沢は、民間部門のニーズにもっと目を向けるべきだと訴えた。政府支出が民間投資を圧迫する中、渋沢は、外国資本による日本企業への融資の障壁を取り除くことを提唱した。また、日清戦争で清国から得た賠償金をインフラ投資ではなく、むしろ、民間投資の促進に使うことを支持した。[59]例えば渋沢は、鉄道の国有化に一貫して反対し、後日、批判をしている。渋沢が評しているように、「鉄道国有化法が一年後の一九〇六年に公布されたので、民間部門における鉄道公債は自然消滅した。しかし、私は、鉄道は民間会社として経営されるべきだと今でも信じている。国有化よりもそのような制度の方が発展すると思うからだ。[60]」一八九七年発行の『銀行通信録』で彼は次のように述べている。

我が国は、すでに世界の舞台に登場しているが、外資の導入は依然として禁止されている。我々は、支配権が外国人に移転したり、外国資本の導入によって経済状況が複雑になったりするのではないかと心配している。これは、ほとんど鎖国政策でありいまだに可能であったとは思っていない。一方で、気質、気候、政治、その他の状況の違いにより、外国人による日本への投資意欲はさほど大きくなく、外国資本が流入し続ける可能性は低い。

続けて彼は、外国資本の日本への参入を許可することが目標達成の最も早い方法であると主張し、それを徒歩ではなく馬車を使うことに例えた。[61]

一八六八年に徳川幕府は崩壊し、明治新政府が一連の経済改革を伴う近代資本主義の枠組みを導入したにもかかわらず、古い考え方は生き残った。一九一六年の講演で、渋沢は、次のように言っている。「今の日本の状態で最も嘆かわしい特徴は、「官尊民卑」の毒のある考え方で、やはり止めなければならない……国民が国の発展に貢献しても、その努力は認められないが、役人の小さな行為に対しては惜しみない賞賛が与えられる。[62]」明治維新から五十年近くが経っても、日本社会では政府や軍の役人に対する尊敬は依然として高かった。これに立ち向かうために、渋沢のようなビジネスリーダーは、国家の福祉に対する民間の商業活動の重要性を絶えず喧伝する必要があった。

また、カーネギーは、無制限の自由貿易と他方では、過剰な保護関税の間の中間の道を主張した。彼は、南北戦争後のアメリカ国内産業の発展を促進するにはある程度の保護が必要であるが、産業が国際的に競争できるほどに成熟すると、その時間の経過とともに保護を削減する必要があることも認識していた。

私は、戦後すぐに関税の制定に参加できるほど製造業界で目立った存在ではなかったので、常に関税の削減を支持し、極端な関税、つまり関税が高いほど良いと考える不合理な保護主義者に反対することが私の役割となった……関税は高いほど良いと考え、いかなる削減にも反対する不当な保護主義者として、すべての関税を非難し、無制限な自由貿易を導入しようとする他の過激派に対してである。[63]

カーネギーは、また、関税を政治家の手に委ねることには潜在的な問題があると見ていた。ロビイストは、国民を犠牲にして自分たちの業界に恩恵を与えるよう選挙で選ばれた議員に圧力をかける可能性があった。一九〇九年、関税をめぐる議論の中で、カーネギーは、産業に関する十分な知識を欠く議会ではなく、「超党派の専門家による常設委員会」が関税に関する政策を決定することを要求した。[64] この委員会は、政治的な利害関係ではなく、データに基づいて政策を決定し、特定の産業に対する関税の漸減を賢く導くことができると彼は考えたのである。

カーネギーは、ニューヨーク・タイムズ紙のインタビューで、「関税委員会、あるいは議会議員で構成される規制当局の難しさは、これらの紳士が、さまざまな産業の真の状態について必ずしも知らされていないことである」

と述べている。[65] さらに、独占企業には政府の規制が必要だが、規制するのは議会のメンバーではなく、利害関係のない専門家であるべきだとも言った。「したがって、独占企業を統制下に置いておくことは、国民にとって満足のいくものではない。しかし、何らかの形で統制がなければならず、それは、見る限り、一般政府の管理下にしなければならない。[66]」したがって、政府には独占を抑制する役割があったが、この役割は、政治的利益ではなく専門知識とデータによって指導される必要があった。カーネギーは、ビジネスはゼネラリストに任せるにはあまりに複雑になっており、規制は専門知識を持ったテクノクラートが行う必要があると主張した。

ロックフェラーは、カーネギーとは対照的に、複雑な産業における独占には何の問題もないと考えていた。彼は競争よりも独占の方が好ましく、消費者のニーズを最低価格で満たすには政府よりも民間独占の方が適していると考えた。議員たちが彼を独占禁止法で告発したとき、ロックフェラーは自分の事業に対する政府の権限を認めなかった。自分自身を合理化と効率化の推進力であり、混沌とした業界に秩序をもたらすよう神から定められた者だと考えていた。

伝記作家のジョン・T・フリンは、ライバルをすべて排除するロックフェラーの事業計画を次のようにまとめている。

彼は、ライバルを彼の組織の外に留まることを不可能にすることで、彼らを呼び込もうとした。それゆえ、鉄道会社や議会、生産者などからできるかぎりの利益を得た。彼に協力した人々は、これらの利益を享受できるだろう。外に残った者は、彼に押しつぶされるだろう。自分が押しつぶした人たちに何らかの権利があることは、彼の頭には浮かんでいなかったようだ。そのため、議会や政治家が自分に反旗を翻したとき、彼はそれを、

非効率的で横柄な態度をとるトラック野郎と見なした。(67)

したがって、業界の規制は、無能で非効率な人々を保護するだけだった。競合他社は、自分たちだけでは生きてはいけないほど弱っている場合にのみ、政府関係者に働きかけて便宜を図った。

スタンダード・オイルが効率化の主体としての役割を果たしているとのロックフェラーの見解は、彼の回想録の全体を通じて明らかである。例えば、彼は次のように述べている。「スタンダード・オイル カンパニーの成功は、製品のメリットと安さによって事業を拡大する一貫した方針のおかげであると考えている。最良かつ最も効率的な製造方法を利用するために費用を惜しまなかった。最高の監督と労働者を求め、最高の賃金を支払ってきた。(68)」彼は、私有財産の原則を損なうあらゆる形態の社会主義に対しても同様の議論を展開した。

現在までのところ、個人所有よりも優れた資本の取扱い方法を提供できると思われる制度は、まだ存在していない。我々は、国庫やさまざまな州の財務省に資金を預けるかもしれないが、過去の経験から見ると、国の議会からも州の議会からも何の約束もない。資金は、現在の方法よりも効果的に一般の富のために支出されるだろうし、社会主義のどの計画にも、富が一般の利益のためにより賢明に管理されるという約束は見当たらない。(69)

三人のビジネスリーダーの中で、ロックフェラーは政府による産業規制を批判し、企業活動の自由の信念において最も一貫していた。

渋沢栄一、アンドリュー・カーネギー、ジョン・D・ロックフェラーは、ビジネスにおける政府の侵食に抵抗するために活動した。彼らは、自由企業制度が大きな効率性をもたらし、消費者にとってより良い製品やサービスをもたらすと信じていた。ロックフェラーは、政府は経済に関与すべきではなく、規制の試みのほとんどは非効率な経済を保護するためだけに役立つと考えた。カーネギーは、国内産業の初期段階では保護が必要だが、段階的に削減すべきであるという幼稚産業保護論を展開した。渋沢は、特に、資本と労働者の間の紛争の調停に政府の役割があると考えた。ビジネスが大規模かつ複雑になる中、三者とも、民間企業の独立性と政府との適切な関係を維持しようと努めた。

七　慈善事業の理論と実践

カーネギーもロックフェラーも渋沢も、積極的な慈善活動家であった。なぜ、財産の一部を提供し、演説やエッセイで長々と説明する必要があったのかを私たちは考えなければならない。彼らは、それぞれ強い思想的理由を持って慈善活動に取り組んでいたが、ブルジョア的な改革への貢献のパターンを見習いたいとの思いが、彼らの思考に入り込んでいたのかもしれない。工業化によって多くの人々が豊かになるにつれ、社会的エリートのパターンを模倣して慈善活動をしようとする人々が現れた。また、慈善団体の役員を務めることは、エリートと社会的に交流するための手段でもあった[70]。また、政府主催のブルーリボン委員会での活動も強い市民性をイメージさせることができた。カーネギーや渋沢は、特にそのような活動を積極的に行っていたようだ。ロックフェラーは、自分に代わり、依頼を審査する財団を設立した。三人の中で、彼は自分が資金提供する慈善事業に個人的に関与することに最も関心がないように見えた。

ジョン・ハマーは、慈善事業に熱心な「金ぴか時代」の実業家を分析した結果、慈善的な傾向を持たない人に比べ、慈善活動家は宗教的、哲学的な責任を動機としていることに気付いた。[71] アメリカでは、十九世紀の大覚醒（the Great Awakening）による宗教復興によって、宗教界と世俗界をつなぐピューリタンの価値観が維持された。コリス・ハンティントンやジェイ・グールドのような非慈善家は「皆、お金の蓄積に対する競争的な自己利益[72]が本質的に根付いているとの南北戦争後に流行した社会ダーウィン的な考え方を共有していたようだ」。ハマーは、社会学者ピエール・ブルデューの「経済資本」と「象徴資本」という概念を用いて、慈善活動家は依然として自己利益を計算しているが、単純な利益の最大化とは異なる基準でそれを行っていることを示したのである。[73] 例えば、カーネギーは、実業家としてのキャリアを引退後、専業の慈善家になった。そうすることで、彼は、自分の経済資本を象徴資本に変換していた。ハマーは、彼が民衆の味方、労働者階級の友人というイメージを犠牲にして富を集め、その後に、慈善事業によって犠牲となったものを取り戻そうとしたと主張している。[74]

カーネギーは、人々の自助努力を支援する図書館や大学などの機関への寄付を提唱したことで有名である。カーネギーは、メリーランド州ボルチモアの図書館システムの構築に寄付をした裕福な後援者を称えて、次のように述べた。

さらに、プラット氏が三万七〇〇〇人の向上心に燃える人々が手に入れたがっていた本を手の届くところに置いたことで、大富豪や金持ちが自助努力のできない人々を助けるために行ったすべての寄付よりも、人々の真の進歩に貢献したと言っても過言ではない。彼の余剰分を管理する賢明な者は、肥料を受け入れて百倍に戻す準備ができている土壌に肥料の流れを注いだ。多くの浪費家は、その流れを決して満たされることのない、ふるいにかけただけでなく、もっと悪いことに、国民を苦しめる病気を生み出す淀んだ下水道に注ぎ込んだのである。[75]

ここで、カーネギーは、野心的だが困窮している人々を助けるための寄付を賞賛し、将来の生活を改善し生産的な労働者になる見込みがない貧しい人々に向けられる慈善活動を非難している。

カーネギーは、再び、一生懸命働いたが企業年金制度への拠出に援助を必要としている人々に対する親近感を示した。

私の慈善活動の中では、個人年金基金が最も高く、最も崇高な見返りを与えてくれる。親切で善良であらゆる意味で見返りを受けるに値する人たちだと長い間知っていたが、自分には何の落ち度もないのに、立派に暮らすために資力が十分ではない人々が、単なる生活維持のための心配から解放され、老後も安逸に暮らすことを許されたと感じることに勝る満足はない。この自由を保証するのは、ささやかな金額である。幸せな老後と不幸な老後を分けるために何らかの援助を必要としている人がいかに多いかということに驚かされた。(76)

カーネギーの考えでは、人は、見返りを受けるに値する人と値しない人に明確に分けられる。彼は、性格的な欠陥ではなく、不幸によって貧しくなることがあり得ることを認めた上で、生産性が高く、忠実な労働者であることを証明した人にのみ、援助を限定しようと考えた。

カーネギーのエッセイ「富の福音」(The Gospel of Wealth) は、富裕層に生涯を通じて財産を寄付するよう呼びかけた。慈善活動に関する別のエッセイの中で、カーネギーは、再び、寄付の利点について次のように主張した。

「富の福音」は、まさに、キリストの言葉を反映している。大富豪が母なる大地の懐に横たわって休むことを求められる前に、自分の持っているものをすべて売り払い、仲間のために自分の財産を自分で管理することによって、最高で最良の形で貧しい人々に与えることを求めているのだ。こうすることで、彼は、もはや、役に立たない何百万ものお金を溜め込む人ではなく、金銭的には実に貧しいが、仲間からの愛情、感謝、賞賛においては、豊かで、実に二十倍の大富豪となり、自分の最期に向かうだろう、さらに甘く、彼にささやきかける、内なる小さな声に癒され、支えられて生きたことで、もしかしたら、偉大な世界のほんの一部がほんの少し改善されたかもしれない。これだけは確かだ。このような富者に対して、楽園の門（Gates of Paradise）にはどんな障壁もない[77]。

ここで、カーネギーは、霊的に祝福される方法として他者に施す伝統的なキリスト教の概念を引用した。カーネギーにとって、お金を寄付するだけでは十分ではなかった。巨万の富を築いた人々は、企業を組織する上で優れた能力を証明しており、その能力を社会の物質的および文化的条件を改善するために活用する必要があった。

ロックフェラーは、自分の良心は神の影響を受けていると信じており、一貫した哲学を発展させる必要性をまったく感じなかった点でカーネギーとは異なった。彼は、石油事業を組織することで神の仕事をしていると思っており、政府も国民も彼に何をすべきかを指示する必要はなかった。彼は、自分の財産を使ったり、与えたりする際にも、同じように良心の自由を主張した[78]。

ロックフェラーは、カーネギーと同様、慈善事業の大半は人々の自助努力を助ける団体に向けられるべきであると考えていた。彼は、直接的な慈善活動は自発性を損ない、利益よりも害の方が大きいと信じていた。彼が回想録の中で次のように語っている。

人々が自らを助けるように教育されることがあれば、私たちは、世界の多くの悪の根源を打ち裂くことができる。これは、たとえ余りにも頻繁に言われ、何度も繰り返すことでその真意がわからなくなったとしても、言うべきことである。人に永続的な利益をもたらす唯一のことは、その人が自力で行うことである。本人の努力なしに手に入るお金は、めったに役に立たず、しばしば、不幸の元凶となる。(79)

ロックフェラーは、スタンダード・オイルを設立したときと同様の系統的なアプローチを慈善活動に取り入れた。彼は、都度寄付をするのではなく、組織的に依頼を募り、成功する可能性が最も高いプロジェクトに資金を振り向ける財団に財産を注いだ。財団の理事たちは、プロジェクトを運営する中で専門的な知識を身につけ、時間をかけてより効果的になっていくだろう。彼は、回顧録にこの構想を記した。

さて、人にあげられるものは、自分や子どものために残しておきたいものと同じようにしてみてはどうだろうか——財団に入れてみては？　たとえその人がどれほど優れていたとしても、経験の浅い人の手に自分の子供たちに財産を預けるはずはない。自分の家族のために将来使うために取っておくのと同じように、他人のために使うお金には注意しよう。理事は、あなたの代わりにこれらの業務を遂行する。財団や信託を設立し、我々の個人的な協力がなくとも、この慈善事業の運営をライフワークとする理事を雇おう。(80)

ロックフェラーは、自分の慈善事業を、道徳的に正しいだけでなく、経験豊富で有能な経営者に任せたいと考えていた。

渋沢栄一は、約六〇〇の社会福祉団体と関わりを持っていた。その多くには、時折寄付をするだけだったが、それ以外の団体に対しては、長年の支援者でありまたは運営に携わっていた。自分の事業と同様、渋沢は、社会福祉法人も社会の最も切実なニーズに応えるべきであると考えていた。彼は、社会福祉や労働協和、道徳や宗教の団体、ビジネス教育、女性教育、文化の向上などの団体を最も積極的に支援した。[81]

渋沢は、生涯を通じて多くの教育機関に貢献し、技術教育や道徳教育の重要性を強く信じていた。一八九三年の講演で、近代経済における起業家精神、学問、徳の関連性を取り上げ、まず、「国の富と力は売買に依存する」という指摘をした。傭夫や酒商は、お金を稼ぐために商売をしているが、社会のために貢献していた。次に、学校は、私的利益と公的利益が補完し合う例でもあると指摘した。学校は、公益のために税金を使って建てられた。学生たちは、社会的地位の向上という個人的な願望から勉強した。そして、卒業後は、すべての人に利益をもたらす社会に貢献できる人材となった。渋沢は、福澤諭吉の「実業論」を引き合いに出し、学生は、学問のほかに実地体験が必要であると主張した。学ぶだけでは不十分だった。それは、道徳的な美徳に基づくものである必要があった。ビジネスでは、誤りの責任を取るために徳が必要だ。商業には、誠実さと信頼が不可欠であり、商人たちはこれらの美徳を培う必要があった。彼は、日本が繁栄し、西側列強との不利な条約を改正するためには、彼とその仲間たちが日本の商業倫理を改善するために懸命に働く必要があると締めくくった。[82]

渋沢は、退職後、道徳と経済の結合、労使の調和、貧困層の救済などを目的とする団体に時間や資金を使った。例えば、学校、結核に苦しむ子供たちの療養所、孤児院を含む東京養育院の施設を支援した。彼は、裕福な人には社会を助ける義務があると信じていた。なぜなら、彼が言ったように、「人は、自分の成功の一部が社会のおかげであることを認識すべきである。常に率先して社会救済や公共事業に尽力すれば、社会はますます健全なものとなり、同時に自分の資産運用もより強固なものとなるだろう。[83]」ビジネスキャリアの場合と同じパターンに従い、渋沢は、社会の最も差し迫った問題に対処するためのグループの取り組みを組織し、支援した。

アンドリュー・カーネギー、ジョン・D・ロックフェラー、渋沢栄一にとって、慈善活動は、個人の経営哲学の自然な延長であった。カーネギーは、「自助努力」を重視し、このため、彼のプロジェクトは、意欲の高い人々が社会で出世できるように図書館や教育機関に焦点を当てていた。渋沢は、組織者であり、会社を設立する場合と同じ才能を教育や社会福祉を推進する慈善事業の組織化にも応用した。ロックフェラーは、資源を可能な限り効率的に使用するための組織的な経営に信を置いていた。そのため、彼の慈善活動への寄付は、最も効果的とみられる場所に資金を注ぐための明確なガイドラインを持つロックフェラー財団を通じて行われた。

おわりに

渋沢栄一、アンドリュー・カーネギー、ジョン・D・ロックフェラーの経歴と回想録を比較すると、十九世紀後半から二十世紀初頭にかけての日本の起業家と産業発展は、南北戦争後にアメリカで起きたことと似たパターンに従ったことが、はっきりと分かる。工業化に伴い大企業が出現し、社会におけるビジネスの役割が変わった。渋沢もカーネギーもロックフェラーも、それぞれの事業の先駆者として、時代の変化に応じた経営哲学を展開させる必要があった。それぞれが文明を進歩させ、人々の生活を改善するビジネスをそれぞれのやり方で構築する使命があると信じていた。

明治維新後の日本の近代化運動は、起業家に新たな機会を生み出した。政府の工業化運動が資金不足に陥ると、民間の指導者たちがそれを引き継いだ。日本の銀行、鉄道、保険、公共事業などが欧米を手本として急速に設立された。ビジネスリーダーの多くは、政府の役人と強いつながりを持っており、これらの新規事業で巨万の富を築くことに成功した。渋沢栄一は、滅私奉公の儒教の道徳観念と資本主義の利益動機とをうまく両立させるために、従来の役人への恭順に代えて、国家の繁栄を目指す道徳心に裏打ちされた個人の自発性が必要であると確信していた。彼のスローガンである「道徳と経済」は、諸刃の剣であった。企業は道徳的目的を達成し、同時に利益を上げて経営する必要があった。収益性がなければ、企業は、国際競争で生き残ることはできず、道徳的なリーダーシップがなければ、利益は短命に終わる。渋沢にとって、天は、国家社会のために使う者に富を託したのである。このように、ナショナリズムは、個人の利益追求と国家の発展に寄与する道徳的義務とを結びつけたのである。

アンドリュー・カーネギーは、自分の仕事を、文明を進歩させる進化の過程の中で捉えた。自由な市場によって、能力のある人たちが、大規模でますます複雑な組織を作ることができた。これらの組織は、以前の世代では不可能だった方法で、科学を通じ、自然の力を利用できるようになった。

その過程で生み出された富を、さらに大きな成果に投資することができた。従って、優れた能力に恵まれた人々は、他の人が自分自身を向上させるのを助ける責任があった。カーネギーは、慈善事業は教育機関、図書館、芸術など、最も多くの人々に自己を向上させる機会を与えるものに向けられるべきだと考えた。また、食料、住居、その他の基本的なニーズの提供は自発性を阻害するものであり、ほとんど避けるべきであると信じていた。さらに、皮肉なことに、できるだけ多くのお金を寄付するために働きながら、可能な限り低い賃金を支払った。これは、進化によってトップに上り詰めた人々は、下位に留まった人々よりも賢くお金を使う能力を備えているという彼の見解と完全に一致していた。

カーネギーと同様、ロックフェラーは、自分を文明の特別な仲介者であると考えていたが、彼の使命は、自分自身から出たことではなく神からの賜物であると考えた。ロックフェラーは、世界を善と悪に分けると考えた。この世界観から、味方には慈悲深く、敵対者には冷酷な態度を取らせた。競争は非効率的であり、競争に参加する企業にとって最終的には破滅をもたらすと考えた。その結果、彼は石油生産、精製、流通のほとんどをスタンダード・オイルの管理下に置くために系統的に取り組んだ。ロックフェラーにとって、政府の監視とは、政治的な動機に基づく違法なものであり、消費者の犠牲の上に非効率な企業を保護するように設計されていた。慈善活動においても、ロックフェラーは同じ使命感を持ち、問題の解決には、系統的なビジネスアプローチを用いた。ロックフェラー財団は、最大の効果が得られるところに資金を振り向ける明確な基準に従って提案を募り、資金を分配した。

渋沢栄一、アンドリュー・カーネギー、ジョン・D・ロックフェラーは、勤勉と幸運な環境の組み合わせによって、大規模な事業の構築に華々しく成功した。それぞれが、超自然的な道徳力かまたは進化の自然な力のいずれかによって、富を徳高く管理することで報われると信じていた。彼らは、自分たちが文明を発展させ、人々の生活を向上させるために働くことで正当な報酬を得られると信じていた。また、適切な態度、労働倫理、道徳的な美徳があれば、誰でも同様の社会移動を享受できると考えていた。自分たちが成功したのは、当たり前のことではなく、他の人には同じ機会がなかっただけだと認識できなかった。この認識ができなかったことから、彼らはいずれも、自らが作り出した資本主義システムの不平等に体系的に対処することよりも、道徳教育や貧しい人々のための自助プログラムに重点を置くようになった。

注

（1）Glenn Porter, "Industrialization and the Rise of Big Business," in *The Gilded Age: Perspectives on the Origins of Modern America*, ed. Charles W. Calhoun, 2nd ed (Lanham, Md: Rowman & Littlefield Publishers, 2007), 11–27, 20.

（2）Glenn Porter, "Industrialization and the Rise of Big Business," in *The Gilded Age: Perspectives on the Origins of Modern America*, ed. Charles W. Calhoun, 2nd ed (Lanham, Md: Rowman & Littlefield Publishers, 2007), 11–27, 20-21.

（3）Glenn Porter, "Industrialization and the Rise of Big Business," in *The Gilded Age: Perspectives on the Origins of Modern America*, ed. Charles W. Calhoun, 2nd ed (Lanham, Md: Rowman & Littlefield Publishers, 2007), 11–27, 23.

（4）Glenn Porter, "Industrialization and the Rise of Big Business," in *The Gilded Age: Perspectives on the Origins of Modern America*, ed. Charles W. Calhoun, 2nd ed (Lanham, Md: Rowman & Littlefield Publishers, 2007), 11–27, 24.

（5）Glenn Porter, "Industrialization and the Rise of Big Business," in *The Gilded Age: Perspectives on the Origins of Modern America*, ed. Charles W. Calhoun, 2nd ed (Lanham, Md: Rowman & Littlefield Publishers, 2007), 11–27, 25.

（6）Glenn Porter, "Industrialization and the Rise of Big Business," in *The Gilded Age: Perspectives on the Origins of Modern America*, ed. Charles W. Calhoun, 2nd ed (Lanham, Md: Rowman & Littlefield Publishers, 2007), 11–27, 25.

（7）見城悌治『渋沢栄一――「道徳」と経済のあいだ』（評伝日本の経済思想）日本経済評論社、二〇〇八年、五八～五九頁。

（8）Shibusawa Eiichi, *Autobiography of Shibusawa Eiichi: From Peasant to Entrepreneur* (Tokyo: Tokyo University Press, 1994), p. 13.

（9）Andrew Carnegie, *Autobiography of Andrew Carnegie* (Boston and New York: Houghton Mifflin, 1920), 38.

（10）David Nasaw, *Andrew Carnegie* (New York: Penguin Press, 2006), xi, 55-60.

（11）Andrew Carnegie, *Autobiography of Andrew Carnegie* (Boston and New York: Houghton Mifflin, 1920), 79-80.

（12）Ron Chernow, *Titan: The Life of John D. Rockefeller, Sr*, 1st ed (New York: Random House, 1998), 26.

（13）Ron Chernow, *Titan: The Life of John D. Rockefeller, Sr*, 1st ed (New York: Random House, 1998), 18-26; 40-47.

（14）John D. Rockefeller, *Random Reminiscences of Men and Events* (New York: Doubleday, Page & Company, 1909), 33.

(15) John D. Rockefeller, *Random Reminiscences of Men and Events* (New York: Doubleday, Page & Company, 1909), 43.
(16) Johannes Hirschmeier, *Origins of Entrepreneurship in Meiji Japan* (Cambridge: Harvard University Press, 1964), 172-174.
(17) 渋沢栄一著、守屋淳訳『現代語訳　論語と算盤』（ちくま新書）筑摩書房、二〇一〇年、一六七頁。
(18) 同右、一六八頁。
(19) David Nasaw, *Andrew Carnegie* (New York: Penguin Press, 2006), ix-xii, 237.
(20) Andrew Carnegie and David Nasaw, "The Best Fields for Philanthropy," in *The "Gospel of Wealth" Essays and Other Writings*, Penguin Classics (New York: Penguin Books, 2006), 13–30., 15.
(21) Quotes from Ron Chernow, *Titan: The Life of John D. Rockefeller, Sr*, 1st ed (New York: Random House, 1998), 296.
(22) Ron Chernow, *Titan: The Life of John D. Rockefeller, Sr*, 1st ed (New York: Random House, 1998), 533.
(23) John D. Rockefeller, *Random Reminiscences of Men and Events* (New York: Doubleday, Page & Company, 1909), 57.
(24) Quoted in Ron Chernow, *Titan: The Life of John D. Rockefeller, Sr*, 1st ed (New York: Random House, 1998), 535.
(25) Ninomiya Sontoku quoted in Robert N. Bellah, *Tokugawa Religion: The Cultural Roots of Modern Japan*, 1st Free Press pbk. ed (New York : London: Free Press ; Collier Macmillan Publishers, 1985), 128.
(26) Max Weber, *The Protestant Ethic and the Spirit of Capitalism* (New York: Scribner, 1958), 163.
(27) The Theory Of Moral Sentiments, Part I, Section I, Chapter I, p. 9, para.1. quoted in Adam Smith, "Adam Smith Quotes," Adam Smith Institute, accessed May 5, 2023, https://www.adamsmith.org/adam-smith-quotes.
(28) The Wealth Of Nations, Book I, Chapter II, pp. 26-7, para 12. quoted in Adam Smith, "Adam Smith Quotes," Adam Smith Institute, accessed May 5, 2023, https://www.adamsmith.org/adam-smith-quotes.
(29) The Wealth Of Nations, Book IV, Chapter V, Digression on the Corn Trade, p. 540, para. b 43. quoted in Adam Smith, "Adam Smith Quotes," Adam Smith Institute, accessed May 5, 2023, https://www.adamsmith.org/adam-smith-quotes.
(30) 前掲、渋沢栄一著、守屋淳訳『現代語訳　論語と算盤』一六三〜一六四頁。

（31）Ron Chernow, *Titan: The Life of John D. Rockefeller, Sr*, 1st ed (New York: Random House, 1998), 153.
（32）Andrew Carnegie, *Autobiography of Andrew Carnegie* (Boston and New York: Houghton Mifflin, 1920), 339
（33）Andrew Carnegie, *Autobiography of Andrew Carnegie* (Boston and New York: Houghton Mifflin, 1920), 252
（34）Quoted in Ron Chernow, *Titan: The Life of John D. Rockefeller, Sr*, 1st ed (New York: Random House, 1998), 176.
（35）Quoted in Ron Chernow, *Titan: The Life of John D. Rockefeller, Sr*, 1st ed (New York: Random House, 1998), 177.
（36）Ron Chernow, *Titan: The Life of John D. Rockefeller, Sr*, 1st ed (New York: Random House, 1998), 177.
（37）John D. Rockefeller, *Random Reminiscences of Men and Events* (New York: Doubleday, Page & Company, 1909), 74
（38）Quoted in Ron Chernow, *Titan: The Life of John D. Rockefeller, Sr*, 1st ed (New York: Random House, 1998), 574
（39）前掲、見城悌治『渋沢栄一―「道徳」と経済のあいだ』一二六頁。
（40）同右、一二三頁。
（41）渋沢栄一記念財団編『渋沢栄一を知る事典』東京堂出版、二〇一二年、九二頁。
（42）Quoted in Masakazu Shimada, *The Entrepreneur Who Built Modern Japan: Shibusawa Eiichi* (Tokyo: Japan Publishing Industry Foundation for Culture, 2017), 150.
（43）Masakazu Shimada, *The Entrepreneur Who Built Modern Japan: Shibusawa Eiichi* (Tokyo: Japan Publishing Industry Foundation for Culture, 2017), 153.
（44）History com Editors, “Homestead Strike,” HISTORY, April 28, 2021, https://www.history.com/topics/industrial-revolution/homestead-strike.
（45）Andrew Carnegie, *Autobiography of Andrew Carnegie* (Boston and New York: Houghton Mifflin, 1920), 229-231.
（46）Quoted in David Nasaw, *Andrew Carnegie* (New York: Penguin Press, 2006), 421.
（47）Quoted in David Nasaw, *Andrew Carnegie* (New York: Penguin Press, 2006), 459.
（48）Hamlin Garland, “Homestead and Its Perilous Trades,” *McClure's Magazine*, June 1894, https://ehistory.osu.edu/exhibitions/Steel/June1894-Garland_Homestead.

（49）David Nasaw, *Andrew Carnegie* (New York: Penguin Press, 2006), 472.
（50）Ida M. Tarbell, *The History of the Standard Oil Company* (New York: Macmillan, 1925)., Vol 1, 167.
（51）Ida M. Tarbell, *The History of the Standard Oil Company* (New York: Macmillan, 1925), Vol 1, 188
（52）Ida M. Tarbell, *The History of the Standard Oil Company* (New York: Macmillan, 1925), Vol 1, 205.
（53）Ida M. Tarbell, *The History of the Standard Oil Company* (New York: Macmillan, 1925), Vol 1, 207
（54）John D. Rockefeller, *Random Reminiscences of Men and Events* (New York: Doubleday, Page & Company, 1909), 102
（55）Quoted in Janet Hunter, *"Deficient in Commercial Morality"?: Japan in Global Debates on Business Ethics in the Late Nineteenth and Early Twentieth Centuries*, Palgrave Studies in Economic History (London: Palgrave Macmillan, 2016), 44
（56）"JAPANESE OFFICIALS HELD FOR GRAFTING," *The New York Times*, April 17, 1909, http://timesmachine.nytimes.comhttp://timesmachine.nytimes.com/timesmachine/1909/04/17/101736865.html; "THE GRAFTING LEGISLATORS OF THE NEW JAPAN," *The New York Times*, August 15, 1909, http://timesmachine.nytimes.comhttp://timesmachine.nytimes.com/timesmachine/1909/08/15/106120389.html.
（57）前掲、見城悌治『渋沢栄一――「道徳」と経済のあいだ』一〇三頁。
（58）同右。
（59）Masakazu Shimada, *The Entrepreneur Who Built Modern Japan: Shibusawa Eiichi* (Tokyo: Japan Publishing Industry Foundation for Culture, 2017), 103-105.
（60）Quoted in Masakazu Shimada, *The Entrepreneur Who Built Modern Japan: Shibusawa Eiichi* (Tokyo: Japan Publishing Industry Foundation for Culture, 2017), 120.
（61）島田昌和編『原典でよむ渋沢栄一のメッセージ』（岩波現代全書）岩波書店、二〇一四年、四二頁。
（62）『渋沢栄一伝記資料 別巻 第七（談話 第三）』竜門社、一九六九年、二七〜二八頁。
（63）Andrew Carnegie, *Autobiography of Andrew Carnegie* (Boston and New York: Houghton Mifflin, 1920), 148.
（64）David Nasaw, *Andrew Carnegie* (New York: Penguin Press, 2006), 707

(65) "CARNEGIE CRITICISES CONGRESS ON TARIFF," *The New York Times*, February 13, 1909, http://timesmachine.nytimes.comhttp://timesmachine.nytimes.com/timesmachine/1909/02/13/issue.html.

(66) "CARNEGIE CRITICISES CONGRESS ON TARIFF," *The New York Times*, February 13, 1909, http://timesmachine.nytimes.comhttp://timesmachine.nytimes.com/timesmachine/1909/02/13/issue.html.

(67) John T. Flynn, *God's Gold: The Story of Rockefeller and His Times* (New York: Harcourt, Brace, and Company, 1932), 221.

(68) John D. Rockefeller, *Random Reminiscences of Men and Events* (New York: Doubleday, Page & Company, 1909), 86-87.

(69) John D. Rockefeller, *Random Reminiscences of Men and Events* (New York: Doubleday, Page & Company, 1909), 159-160.

(70) Thorstein Veblen, *The Theory of the Leisure Class an Economic Study of Institutions*, A Mentor Book (New York: The new American library, 1953).

(71) John H. Hamer, "Money and the Moral Order in Late Nineteenth and Early Twentieth-Century American Capitalism," *Anthropological Quarterly* 71, no. 3 (1998): 138–49, https://doi.org/10.2307/3318083, 140.

(72) John H. Hamer, "Money and the Moral Order in Late Nineteenth and Early Twentieth-Century American Capitalism," *Anthropological Quarterly* 71, no. 3 (1998): 138–49, https://doi.org/10.2307/3318083, 145.

(73) John H. Hamer, "Money and the Moral Order in Late Nineteenth and Early Twentieth-Century American Capitalism," *Anthropological Quarterly* 71, no. 3 (1998): 138–49, https://doi.org/10.2307/3318083, 138.

(74) John H. Hamer, "Money and the Moral Order in Late Nineteenth and Early Twentieth-Century American Capitalism," *Anthropological Quarterly* 71, no. 3 (1998): 138–49, https://doi.org/10.2307/3318083.145.

(75) Andrew Carnegie and David Nasaw, "The Best Fields for Philanthropy," in *The "Gospel of Wealth" Essays and Other Writings*, Penguin Classics (New York: Penguin Books, 2006), 13–30, 21.

(76) Andrew Carnegie, *Autobiography of Andrew Carnegie* (Boston and New York: Houghton Mifflin, 1920), 279

(77) Andrew Carnegie and David Nasaw, "The Best Fields for Philanthropy," in *The "Gospel of Wealth" Essays and Other Writings*, Penguin Classics (New York: Penguin Books, 2006), 13–30, 29-30.

(78) John H. Hamer, "Money and the Moral Order in Late Nineteenth and Early Twentieth-Century American Capitalism," *Anthropological Quarterly* 71, no. 3 (1998): 138–49, https://doi.org/10.2307/3318083, 142.

(79) John D. Rockefeller, *Random Reminiscences of Men and Events* (New York: Doubleday, Page & Company, 1909), 152.

(80) John D. Rockefeller, *Random Reminiscences of Men and Events* (New York: Doubleday, Page & Company, 1909), 187-188.

(81) Masakazu Shimada, *The Entrepreneur Who Built Modern Japan: Shibusawa Eiichi* (Tokyo: Japan Publishing Industry Foundation for Culture, 2017), 126.

(82) 竜門社編『渋沢栄一伝記資料 第二十六巻（実業界指導並ニ社会公共事業尽力時代 第二十三）』渋沢栄一伝記資料刊行会、一九五九年、一五七～一六〇頁。

(83) Masakazu Shimada, *The Entrepreneur Who Built Modern Japan: Shibusawa Eiichi* (Tokyo: Japan Publishing Industry Foundation for Culture, 2017), 140-141.

文献目録

Carnegie, Andrew. *Autobiography of Andrew Carnegie*. Boston and New York: Houghton Mifflin, 1920.

Carnegie, Andrew, and David Nasaw. "The Best Fields for Philanthropy." In *The "Gospel of Wealth" Essays and Other Writings*, 13–30. Penguin Classics. New York: Penguin Books, 2006.

Chernow, Ron. *Titan: The Life of John D. Rockefeller, Sr*. 1st ed. New York: Random House, 1998.

Editors, History com. "Homestead Strike." HISTORY, April 28, 2021. https://www.history.com/topics/industrial-revolution/homestead-strike.

Flynn, John T. *God's Gold: The Story of Rockefeller and His Times*. New York: Harcourt, Brace, and Company, 1932.

Garland, Hamlin. "Homestead and Its Perilous Trades." *McClure's Magazine*, June 1894. https://ehistory.osu.edu/exhibitions/Steel/June1894-Garland_Homestead.

Hamer, John H. "Money and the Moral Order in Late Nineteenth and Early Twentieth-Century American Capitalism."

Anthropological Quarterly 71, no. 3 (1998): 138–49.
https://doi.org/10.2307/3318083.

Hunter, Janet. *"Deficient in Commercial Morality" ?: Japan in Global Debates on Business Ethics in the Late Nineteenth and Early Twentieth Centuries*. Palgrave Studies in Economic History. ロンドン：Palgrave Macmillan, 2016 年。

Nasaw, David. Andrew Carnegie. New York: Penguin Press, 2006.

The New York Times. "CARNEGIE CRITICISES CONGRESS ON TARIFF." February 13, 1909.
http://timesmachine.nytimes.comhttp://timesmachine.nytimes.com/timesmachine/1909/02/13/issue.html.

The New York Times. "JAPANESE OFFICIALS HELD FOR GRAFTING." April 17, 1909.
http://timesmachine.nytimes.comhttp://timesmachine.nytimes.com/timesmachine/1909/04/17/101736865.html.

The New York Times. "THE GRAFTING LEGISLATORS OF THE NEW JAPAN." August 15, 1909.
http://timesmachine.nytimes.comhttp://timesmachine.nytimes.com/timesmachine/1909/08/15/106120389.html.

Porter, Glenn. "Industrialization and the Rise of Big Business." In *The Gilded Age: Perspectives on the Origins of Modern America*, edited by Charles W. Calhoun, 2nd ed., 11–27. Lanham, Md: Rowman & Littlefield Publishers, 2007.

Rockefeller, John D. *Random Reminiscences of Men and Events*. New York: Doubleday, Page & Company, 1909.

Shibusawa, Eiichi. *Autobiography of Shibusawa Eiichi: From Peasant to Entrepreneur*. Translated by Teruko Craig. (Tokyo: Tokyo University Press, 1994),

Smith, Adam. "Adam Smith Quotes." Adam Smith Institute. Accessed May 5, 2023.
https://www.adamsmith.org/adam-smith-quotes.

Tarbell, Ida M. *The History of the Standard Oil Company*. New York: Macmillan, 1925.

The Entrepreneur Who Built Modern Japan: Shibusawa Eiichi. Tokyo: Japan Publishing Industry Foundation for Culture, 2017.
（島田昌和『渋沢栄一—社会企業家の先駆者』（岩波新書）岩波書店、二〇一一年の英訳本）

The New York Times. "CARNEGIE CRITICISES CONGRESS ON TARIFF." February 13, 1909.

http://timesmachine.nytimes.comhttp://timesmachine.nytimes.com/timesmachine/1909/02/13/issue.html.

Veblen, Thorstein. *The Theory of the Leisure Class an Economic Study of Institutions.* A Mentor Book. New York: The new American library, 1953.

Weber, Max. *The Protestant Ethic and the Spirit of Capitalism.* New York: Scribner, 1958.

見城悌治『渋沢栄一――「道徳」と経済のあいだ』（評伝日本の経済思想）日本経済評論社、二〇〇八年。

渋沢栄一著、守屋淳訳『現代語訳　論語と算盤』（ちくま新書）筑摩書房。

渋沢栄一記念財団編『渋沢栄一を知る事典』東京堂出版、二〇一二年。

島田昌和編『原典でよむ渋沢栄一のメッセージ』（岩波現代全書）岩波書店、二〇一四年。

あとがき

本書は二〇一八年度～二〇一九年度公益財団法人渋沢栄一記念財団研究助成プロジェクト「近代東アジアにおける実業家の果たした役割に関する総合的研究」の成果である。振り返ってみれば二〇一八年四月にこの研究プロジェクトをスタートしてから本書の出版までの五年間は本当にあっという間に過ぎた。二〇一八年の初夏、日中韓米の研究メンバーを集めた最初の研究集会が横浜国立大学の一室で開催されたことがまるで昨日のことのように蘇ってくる。そして翌年二月に北京外国語大学全球史研究院の戴秋娟先生が主催した国際シンポジウムには一部のメンバーが参加し、プロジェクト関連のテーマで報告し、ご参加いただいた中国の専門家から貴重なアドバイスをたくさんいただいた。さらに各研究テーマについて、日中韓以外の他国の学者のご見解を伺いたく、同年五月にドイツ・フリードリッヒ・アレクサンダー大学で行われた第十一回東アジア文化交渉学会においてメンバー全員がパネル報告を実施し、大きな収穫を得た。これらの成果を踏まえつつ、研究メンバーの先生方は同年六月から新しい資料の調査・収集を始め、原稿の仕上げを目指し、全力をあげてくださった。同年末頃、新型コロナウイルスが勃発したため、各先生の研究活動は大きく影響された。それにもかかわらず論文の執筆を続けられた各先生方のおかげで、本書の出版までとうとう漕ぎつけることができた。ここで大変な時期を一緒に乗り越え、本書の出版まで多大なご協力を賜った研究メンバーの先生方に厚くお礼を申し上げたい。

次に本書を一緒に編集してくださった啓明大学校の金明洙先生に深く感謝したい。二〇一九年一月に金先生の所属される啓明大学校が主催した国際フォーラムには研究メンバーが招待され、現地の韓国の先生方はメンバーたちの研究発表に対して、違う視点から親切にご教示くださった。さらに、金先生のおかげで本書の出版は、二〇二二年大韓民国教育部と韓国研究財団の研究助成に恵まれた。ここで大韓民国教育部と韓国研究財団にも感謝申し上げたい。

また、この研究プロジェクトの開始から、本書の出版まで終始、色々親切に助言したり、手伝ったりしてくださった木村昌人先生にも深謝したい。木村先生のご指導がなければ本書の出版を実現することができなかったと思う。最後に、困難な出版事情にもかかわらず出版を引き受けてくださった明誠書林合同会社、なかでも編集をご担当いただき大変な労を執ってくださった社長の細田哲史氏に厚くお礼を申し上げる次第である。

二〇二三年七月

于 臣

戴 秋娟（**DAI Qiujuan**）

北京外国語大学准教授、経営学博士（学習院大学）

主著：『中国の労働事情』（社会経済生産性本部生産性労働情報センター、2009 年）

「中国国営企業の人材育成機能に関する考察－計画経済期を中心に－」（『朝日大学経営論集』第 30 巻、2016 年）

李 正熙（**YI Junghee**）

仁川大学教授、文学博士（京都大学）

主著：『朝鮮華僑と近代東アジア』（京都大学学術出版会、2012 年）

「近代朝鮮における清国専管租界と朝鮮華僑」『東アジアにおける租界研究』（東方書店、2020 年）

ジャネット・ハンター（**Janet HUNTER**）

London School of Economics and Political Science 経済史学名誉教授、史学博士（オックスフォード大学）

主著：'Kikuchi Kyōzō and the Implementation of Cotton Spinning Technology: the Career of a Graduate of the Imperial College of Engineering', in E.Pauer & R.Mathias (eds.), *Accessing Technological Education in Modern Japan* vol.2 (Renaissance Books, 2022)

「明治日本と世界経済との関連─情報通信の組織化」『明治史講義─グローバル研究篇』（ちくま新書、2022 年）

ジョン・セイガーズ（**John SAGERS**）

リンフィールド大学教授、歴史学博士（ワシントン大学）

主著：*Confucian Capitalism: Shibusawa Eiichi, Business Ethics, and Economic Development in Meiji Japan,* Palgrave Macmillan, 2018.

Origins of Japanese Wealth and Power: Reconciling Confucianism and Capitalism, 1830-1885, Palgrave Macmillan, 2006.

【編著者紹介】

金 明洙（KIM Myungsoo）

啓明大学校副教授、経済学博士（慶應義塾大学）

主著：「大韓帝国期の『お雇い外国人』に関する研究—平式院の日本人技術者井上宜文の事例」（李盛煥・木村健二・宮本正明編著『近代朝鮮の境界を越えた人びと』日本経済評論社、2019 年）

「植民地期における在朝日本人の企業経営—朝鮮勧農株式会社の経営変動と賀田家を中心に—」（『経営史学』第 44 巻 3 号、2009 年）

于 臣（YU Chen）

横浜国立大学准教授、教育学博士（東京大学）

主著：『渋沢栄一と〈義利〉思想—近代東アジアの実業と教育』（ぺりかん社、2008 年）

「"在商言商" からみる近代中国商人の組織化—上海総商会と虞治卿の例を手掛かりに」（『渋沢研究』第 34 号、2022 年）

【執筆者紹介】

木村 昌人（KIMURA Masato）

関西大学客員教授、法学博士（慶應義塾大学）、文化交渉学博士（関西大学）

主著：『民間企業からの震災復興—関東大震災を経済視点で読みなおす』（ちくま新書、2023 年）

『渋沢栄一－日本のインフラを創った民間経済の巨人』（ちくま新書、2020 年）

横山 俊一郎（YOKOYAMA Shunichiro）

茨城工業高等専門学校講師、文化交渉学博士（関西大学）

主著：『泊園書院の明治維新—政策者と企業家たち—』（清文堂出版、2018 年）

『泊園書院の人びと—その七百二人—』（清文堂出版、2022 年）

東アジアの近代と企業家　ダイナミックな経済発展のキーパーソン　【普及版】

2023 年 8 月 22 日　第 1 刷発行

編著者　金 明洙
　　　　于 臣

発行者　細田哲史

発行所　明誠書林合同会社

〒 357-0004　埼玉県飯能市新町 28-16

TEL　042-980-7851

装幀　村岡志津加（Studio Zucca）

印刷・製本　藤原印刷

Printed in Japan

ISBN978-4-909942-32-6